POR QUE AS PESSOAS MENTEM

Universo dos Livros Editora Ltda.

Rua do Bosque, 1589 – Bloco 2 – Conj. 603/606

CEP 01136-001 – Barra Funda – São Paulo/SP

Telefone/Fax: (11) 3392-3336

www.universodoslivros.com.br

e-mail: editor@universodoslivros.com.br

Siga-nos no Twitter: @univdoslivros

Gregory Hartley e Maryann Karinch

POR QUE AS PESSOAS MENTEM

COMO IDENTIFICAR RAPIDAMENTE QUANDO ALGUÉM ESTÁ MENTINDO

São Paulo
2018

Grupo Editorial
UNIVERSO DOS LIVROS

Diretor editorial: **Luis Matos**
Editora-chefe: **Marcia Batista**
Assistentes editoriais: **Aline Graça e Letícia Nakamura**
Tradução: **Leonardo Castilhone, Cely Couto e Verena Cavalcante**
Preparação: **Tássia Carvalho**
Revisão: **Plínio Zúnica e Guilherme Summa**
Colaboração: **Guilherme Summa**
Arte: **Aline Maria e Valdinei Gomes**
Projeto gráfico: **Valdinei Gomes**
Capa: **Marina de Campos**

Dados Internacionais de Catalogação na Publicação (CIP)
Angélica Ilacqua CRB-8/7057

H264p

Hartley, Gregory
Por que as pessoas mentem : quando identificar rapidamente quando alguém está mentindo / Gregory Hartley e Maryann Karinch ; tradução de Leonardo Castilhone. – São Paulo : Universo dos Livros, 2018.
288 p.

ISBN: 978-85-503-0307-9
Título original: *How to spot a liar*

1. Veracidade e falsidade - Aspectos psicológicos 2. Decepção – Aspectos psicológicos 3. Comunicação interpessoal I. Título II. Karinch, Maryann III. Castilhone, Leonardo

---

18-0197 CDD 177.3

AGRADECIMENTOS

Este livro não teria se tornado realidade sem Michael Dobson, o responsável por esta colaboração, pois ele não apenas me compeliu a escrever, como também me apresentou a Maryann, com quem tenho uma relação bastante frutífera e que já rendeu sete livros. Sou grato a Allan Stein, da Faculdade de Direito da Universidade Rutgers, pelo auxílio na compreensão do processo de seleção do júri. Obrigado a Dina pelo apoio e por manter-me são mesmo com tamanha carga de trabalho. Obrigado a Jim McCormick por sua escolha de palavras e seu incentivo. Don Landrum, que foi, durante muitos anos, um mentor inestimável e fez de mim o interrogador em que me transformei. Obrigado a Mike Dyches por me ajudar a me conectar com meu passado. Maryann, obrigado por tornar esse processo o mais indolor e agradável possível. Também gostaria de agradecer a Jack Schafer, cujo trabalho citamos aqui por conta das ideias vanguardistas e pelos bons papos em anos passados. Agradeço à Career Press por dar início ao projeto e por ser uma equipe tão fantástica para se trabalhar. Acima de tudo, obrigado aos homens e às mulheres que vestem o uniforme da polícia e nos protegem diariamente no anonimato.

– Greg Hartley

Obrigada a Jim McCormick pela grande perspicácia, pelo incentivo e por outros auxílios práticos ao longo dessa jornada. Enorme reconhecimento a Michael Dobson por me apresentar ao Greg, que enriqueceu demais meu conhecimento a respeito do comportamento humano e tem sido uma pessoa divertidíssima para se trabalhar nos últimos sete anos. Também agradecemos às colaborações do Michael a esta edição. Obrigada também a Debbie Singer Dobson pela contribuição generosa de sua expertise em traçar perfis de personalidade; e a Dean Hohl, que nos trouxe uma história cativante, bem como sua maestria em organizar estilos. Também sou grata pelo apoio e pelo entusiasmo que recebemos da equipe da Career Press, especialmente Ron Fry, Michael Pye, Kirsten Dalley, Laurie Kelly-Pye, Adam Schwartz, Gina Talucci, Nicole DeFelice, Kate Henches e Karen Roy. Também agradecemos muito ao esforço de Allison Olson, que fez um trabalho incrível em divulgar nossa obra para que fosse impressa em diferentes idiomas, e à Newman Communications, por promover a primeira edição com tanta eficácia, a ponto de agora termos uma segunda edição. Obrigada também aos amigos cuja competência os coloca numa posição única de oferecer orientação em um livro sobre dizer a verdade, principalmente a Patti Mengers, Ray Decker, John Biever e Saroj Parida. Nossos agradecimentos também a David Kozinski, que ofereceu edições muito úteis na preparação da segunda edição. Também gostaria de agradecer aos especialistas cuja pesquisa e escritos proporcionaram a base para alguns dos *insights* deste livro, incluindo os psicólogos Paul Ekman e Jack Schafer, e o neurologista António Damásio. E obrigada, Greg, por ser um parceiro tão legal!

– Maryann Karinch

SUMÁRIO

INTRODUÇÃO

POR QUE VOCÊ PRECISA DESTE LIVRO?

Nossos corpos, inclusive nossos cérebros, possuem semelhanças notáveis e diferenças chocantes. Temos as mesmas estruturas físicas fundamentais – coração, boca, pescoço, córtex cerebral e assim por diante. Eu, no entanto, sou um cara ruivo e magricela, com orelhas grandes e olhos atentos. Acrescente religião, cultura, educação e outras características não físicas a essas distinções entre nós, e você e eu nos pareceremos ainda menos. Poderia ser verdade, portanto, que emitimos os mesmos sinais quando mentimos ou passamos por estresse? Não e sim. Não é verdade que *todos* os seres humanos andam para a direita quando estão mentindo, mas alguns andam. Não é verdade que *todas* as pessoas cruzam os braços quando não querem que alguém invada seu espaço vital, mas algumas agem assim. Podemos fazer afirmações contundentes somente a respeito de poucas coisas, como o fato de que os humanos em um estado de forte ansiedade exalam um cheiro terrível.

O zoólogo Desmond Morris, autor de estudos clássicos sobre conexões comportamentais entre pessoas e nossos ancestrais símios, apresentou-nos um arcabouço que serviu para documentar como somos *propensos* a reagir a certos estímulos. Contudo, suas conclusões não deveriam ser consideradas verdades absolutas, e é por isso que não posso lhe oferecer uma mera lista de como detectar um mentiroso. O que posso fazer é ensiná-lo a estabelecer, no caso concreto, se alguém está ou não mentindo pelo que está ou não dizendo. Posso também lhe oferecer os passos não apenas para extrair a verdade de alguém, mas também para resistir ao impulso de fazer com que você divulgue informações que deseja manter para si.

Este livro é um manual prático para aprender e usar as sofisticadas ferramentas psicológicas dos interrogadores. Se alguém mentiu para você, manipulou você ou o encurralou de alguma maneira, você precisa deste livro. Se tiver um relacionamento importante com cônjuge, chefe, pai, mãe, cliente, filho, empregado ou amigo que está faltando com honestidade, você precisa deste livro. Você não quer passar a vida inteira usando uma placa com os dizeres "vítima" ou "otário" na testa. Para que isso não aconteça, você precisa das técnicas tratadas nesta obra, que lhe proporcionarão aquilo que costumo chamar de "habilidades interpessoais extremas".

Este livro, porém, não foi feito só para gerenciar seus relacionamentos com uma esposa infiel ou um chefe manipulador. As mesmas técnicas que o ajudam a contornar tais situações são aquelas que o ajudam a impor sua vontade numa negociação salarial, a conduzir um cliente potencial a um resultado desejado e, em alguns casos, a descobrir por que é necessário encerrar uma relação profissional ou pessoal. Elas o ajudarão a conduzir entrevistas de emprego ou a ser bem-sucedido nelas e atrair possíveis clientes. Advogados que precisam ler expressões e estabelecer a veracidade dos fatos encontrarão dezenas de táticas confiáveis. Qualquer um que estiver tentando sobreviver ao cenário de encontros, que possui adolescentes em casa ou que trabalha no Capitólio encontrará maneiras de lidar com as adversidades e vencê-las.

As pessoas quase sempre me perguntam se uso essas técnicas com a minha família e meus amigos. A resposta é: "Não – contanto que eu tenha motivos para confiar neles".

– Greg Hartley

SEÇÃO I:
CONTEXTO

Capítulo 1

DE ONDE VÊM ESSAS TÉCNICAS?

POR QUE VOCÊ DEVERIA APRENDER ISSO?

Na vida cotidiana, uso as ferramentas descritas neste livro quando não confio em alguém ou quando preciso impor minha vontade por algum motivo. Usá-las constantemente para manipular pessoas queridas e colegas de trabalho faria de mim um sociopata. Usá-las sabiamente significa que compreendo o fato de que tenho direitos naturais – direito a um tratamento humano, à honestidade e ao jogo limpo.

Em sua vida, você tem um leque de opções para escolher aonde vai ou o que vai fazer; isso lhe permite agir com certeza. No passado, quando comecei a usar as ferramentas de interrogatório, criei dilemas para que prisioneiros tivessem apenas duas péssimas opções. Eles se viram precisando escolher entre fazer algo inerente à própria natureza, mas que ia de encontro às vontades deles, ou fazer algo que, apesar de contrariar tal natureza, desejavam fazer. Por exemplo, pessoas honestas divulgavam segredos mesmo que isso significasse traição aos comparsas, e soldados leais desertavam porque queriam parar com a carnificina. No primeiro caso, eu os forçava a resolver um problema que colocava as necessidades individuais deles em detrimento das necessidades do grupo e, no segundo caso, eu os forçava a colocar as necessidades do grupo em detrimento das individuais. Tudo o que fiz foi explorar a tendência humana de enveredar pela via de menor resistência. Essa habilidade é parte integral do que você vai aprender.

Ser um interrogador é mais ou menos como ser o valentão do recreio: trata-se de identificar os pontos fracos de uma pessoa e pressioná-los até o fim. Por isso, você deve tomar cuidado na hora de praticar as habilidades de um interrogador. Sua vida não é um campo de guerra, portanto, não saia por aí tratando seus filhos e colegas de trabalho como se fossem inimigos que você jamais voltará a encontrar. Sua meta é insistir na sinceridade ou detectar estresse a fim de que isso seja usado para obter o resultado almejado, não manipular aqueles à sua volta por esporte.

Pouquíssimas pessoas sabem usar as técnicas descritas neste livro – conscientemente, quero dizer. A maioria dessas habilidades já existe em seu repertório, mas você não pode abusar delas a bel-prazer ou usá-las em conjunto com talentos similares. Até mesmo boa parte dos tais interrogadores que lidam com suspeitos de terrorismo são, na verdade, questionadores que não possuem o treinamento adequado para influenciar a motivação humana, ler a linguagem corporal e orquestrar técnicas de interrogatório. Realizar boas perguntas é uma das muitas habilidades que você está prestes a explorar.

Portanto, quando você aprender a combinar táticas efetivas de interrogatório – linha de base, linguagem corporal, minimização, perguntas eficazes –, será único: o conjunto de experiências e peculiaridades que traz para o jogo são diferentes das minhas ou das de qualquer outra pessoa que ler este livro. Quando você compreender as mecânicas do estresse e dominar as técnicas para manipular os medos e anseios das pessoas, será poderoso. Talvez não adote essas ferramentas assim que terminar a leitura, mas dê algum tempo a si mesmo. Esse conjunto de habilidades, assim como a mente humana, tende a amadurecer com o passar dos anos.

POR QUE APRENDI ISSO?

Comecei a desenvolver habilidades de interrogatório em 1989 (e ainda estou aprendendo), durante o treinamento do Exército, o que começou com um desejo de aprender a língua árabe. A maior parte dos interrogadores do Exército quer muito mais aprender uma língua estrangeira do que ficar cara a cara com prisioneiros. São românticos genuínos, e esse é um dos principais motivos pelos quais muitos decidem largar o serviço. Na verdade, a taxa de abandono tem permanecido alta no decorrer dos anos, considerando que mais da metade dos que ingressam não conclui o programa. Eu, por outro lado, fiquei empolgado quando o Exército disse que eu faria parte da área de Inteligência. No entanto, descobri que fazer parte do mundo da Inteligência é só uma designação técnica. Os interrogadores da Guerra Fria, assim como outros oficiais da Inteligência do Exército, lidavam com materiais secretos por trás de um muro que os protegia do restante do Exército. Em outras palavras, os interrogadores não precisavam ver a ação na fronte de batalha.

A máquina de Inteligência dos Estados Unidos em modo de guerra, como tem estado desde os ataques do 11 de Setembro de 2001, abrange uma operação de coleta de prisioneiros com funções escalonadas no trato destes. Os prisioneiros saem das frentes até os locais de coleta e, por fim, até as celas na retaguarda. Jovens soldados, com nada além do desejo de usar suas habilidades linguísticas, praticamente sem treinamento em psicologia e sem a capacidade de interpretar linguagem corporal, povoam o processo da frente à retaguarda. Em sua grande maioria, são meros questionadores que conhecem o idioma; só alguns poucos mais talentosos conseguem se tornar o que chamo de interrogadores.

Interrogadores necessitam de conhecimento operacional para serem eficazes; não podem atuar como as outras pessoas da Inteligência do Exército. Eles precisam saber de maneira real, não apenas teórica, como os soldados amigos e inimigos desempenham suas funções a fim de serem capazes de lhes fazer perguntas das quais extrairão fatos essenciais.

Em resumo, eu precisava estar na linha de frente para aprender a interrogar os soldados inimigos que faziam parte das forças mobilizadas. Felizmente, fui enviado com o 5º Batalhão de Forças

Especiais para a Operação Tempestade no Deserto. Aquilo me ensinou uma lição valiosa que passarei à frente, já que você está começando o seu "treinamento": se não souber do que está falando, imponha limites ao tipo de informação que será capaz de obter. Se já foi entrevistado por um recrutador de recursos humanos que não sabia quase nada a respeito da sua profissão, você vai compreender o que é essa limitação.

Essas técnicas não são secretas, porque não são ensinadas. Abordagens (esse é o termo do interrogador para manobras psicológicas) e perguntas encaixam-se no currículo de um interrogador militar, mas as técnicas sofisticadas de interrogatório sutil neste livro advêm de anos de prática, ensino e estudos independentes. A escola de interrogatório do Exército é um curso de nível 10, ou seja, básico. Não há instruções complementares. Pense nas aulas mais chatas de matemática ou história que já teve. Minhas aulas no Exército eram igualmente insuportáveis – dia após dia de questionamentos e relatórios escritos, praticando abordagens em um ambiente estéril. Repetição *ad nauseam*. Desenvolvíamos habilidades suficientes para encarar o inimigo e provocá-lo, e com sorte essa provocação teria propósito e direcionamento. E, frequentemente, a maioria das habilidades avançadas que o Exército ensina não se tornam ferramentas práticas para os jovens soldados que as usam. As emoções e os processos cognitivos deles ainda estão em rápida evolução; sendo assim, como podemos esperar que gerenciem o estresse e os padrões de pensamento próprios, e ainda mais os dos outros? Isso torna as celas da retaguarda, onde se encontram os prisioneiros de guerra, ainda mais importantes para o modo como o Exército dos Estados Unidos conduz sua rotina: o jovem interrogador precisa de um local seguro para praticar.

Da escola de interrogatório, fui para a escola SERE (da sigla em inglês para sobrevivência, evasão, resistência e fuga). Lá, interroguei durante oito horas por dia, três dias por semana, semana sim, semana não, durante três anos e meio – um total de centenas de interrogatórios – para ajudar nossas Forças Especiais a aprender a resistir a interrogatórios. Eu trabalhava no SERE quando a guerra foi deflagrada e, por conseguinte, fui enviado como ativo das Forças Especiais. Foi na escola SERE que conheci uma das pessoas que mais me ensinou na vida, Don Landrum, reconhecido por ser membro fundador do Projeto Delta e do SERE. Don, mais conhecido como "O Barbudo", não era um interrogador, mas dominava mais ferramentas e métodos do que os conhecidos pela própria comunidade de interrogadores. A expertise mais importante que ele me ensinou foi a mencionada no início do capítulo (como reduzir o senso de opções de um prisioneiro a duas: ruim ou péssima).

Quando começou a primeira Guerra do Golfo, fui designado para o Centro de Operações de Guerra, em Fort Bragg. Havia apenas 55 interrogadores que falavam árabe em todo o Exército americano, e nós tínhamos seis deles. Na minha turma, apenas dois falavam árabe; todos os outros falavam russo, tcheco, polonês – as línguas dos povos inimigos dos Estados Unidos durante a Guerra Fria, motivo pelo qual adquiri tanta experiência e contato com soldados iraquianos. Quando fui escolhido para o 5º Batalhão de Forças Especiais, minha primeira missão me conduziu a uma equipe de apoio ao Exército da Arábia Saudita. Pouco depois, comecei a trabalhar com uma equipe de apoio à brigada do Kuwait. Entrevistei mais de cem prisioneiros inimigos durante a Operação Tempestade no Deserto e interroguei algumas dezenas deles.

Foi nesse período que realmente aprendi a interpretar a linguagem corporal e descobri como poderia ensinar as técnicas de interrogatório. Também comecei a ver a relação análoga entre usá-las em guerra e aplicá-las na minha vida cotidiana. A propósito, não é porque tenho esse tipo de conhecimento que sou imune a rompantes emocionais, ou que intimide meus amigos ao "lê-los" e utilize certas palavras para encurralá-los. No entanto, tenho, sim, bastante consciência das minhas emoções e, quando meus amigos estão passando por algum estresse na vida, geralmente, percebo antes das outras pessoas. Também tenho muito mais poder do que outros quando me encontro em situações de negócios, e as discussões com a mulher que amo tendem a ser sadias e produtivas em vez de malucas e caóticas. Ainda assim, continuo sendo humano.

HISTÓRIA DO INTERROGATÓRIO

Onde surgiu o interrogatório? Como ciência, é relativamente nova, mas as pessoas têm interrogado prisioneiros desde sempre. Os soldados romanos queriam saber onde seus camaradas eram mantidos em cativeiro pelos nativos durante uma invasão. Então, pegavam os inimigos capturados e os torturavam para extrair informação, mas não havia nenhum sistema. Mesmo na Guerra Civil Americana, não existia um método para interrogar prisioneiros. Pensávamos neles apenas como combatentes removidos do campo de batalha. Mantínhamos prisioneiros em enormes complexos, como gado num curral, sem nenhuma valia a não ser manter as tropas fora do combate. Oito mil pessoas morreram de cólera em Andersonville, Georgia, onde hoje se encontra o monumento nacional em homenagem ao prisioneiro de guerra. O complexo de Elmira, em Nova York, conhecido durante a Guerra Civil como "Hellmira" (trocadilho com a palavra *hell*: inferno), teve mortes igualmente trágicas em decorrência de abuso e negligência. Observando a Segunda Guerra Mundial, o tempo exigido entre a decisão do comandante, o movimento das tropas e o envio das armas acelerou tanto que o valor dos prisioneiros interrogados não pôde ser ignorado. Subitamente, prisioneiros passaram a ter valor enquanto vivos. Os Estados Unidos, porém, estavam entre os diversos países em que havia uma escassez nas forças treinadas especialmente para o interrogatório.

As operações modernas de guerra são previsíveis em uma escala jamais vista na História. Portanto, interrogadores que cresceram nessa era moderna viram-se tentando ser iguais ao Super-Homem: ouvir conversas de muito longe, enxergar através das paredes dentro de prédios estranhos. No entanto, a analogia deixa de funcionar na hora de verificar a informação. O Super-Homem vê e ouve pessoalmente, enquanto interrogadores têm de confiar naquilo que alguém lhes disse ter visto ou ouvido. Por conta disso, o que descobrem pode ser tanto informação como desinformação.

A única maneira de fazer isso era compreender a psicologia de por que as pessoas falam, quando falam e como falam – perceber se estão mentindo ou dizendo a verdade, como saber quando estão mentindo e como saber quando dizem a verdade. Essas necessidades estimularam o desenvolvimento da ciência do interrogatório, que deve ter uma aura de "bruxaria". Ou seja, você não consegue entender como funciona, mas ela funciona.

Interrogadores também já tiveram péssima reputação, assim como as bruxas de Salem. Isso, porém, mudou bastante nas últimas décadas, quando passou a ser respeitado o conceito de coletar inteligência diretamente de fontes humanas. Durante a Guerra Fria, pessoas que interpretavam sinais de rádio e imagens de satélite tinham mais importância e valor do que os interrogadores para as operações militares. Essas pessoas utilizavam equipamentos que valiam milhões de dólares. O custo-benefício e a discrição ao usar essas tecnologias para coletar informações táticas e estratégicas valiam bem mais do que capturar e interrogar cientistas e políticos. Na época da primeira Guerra do Golfo, contudo, algo em torno de 85% da inteligência advinha de fontes humanas. Primeiro motivo: Saddam Hussein utilizava mais mensageiros do que meios eletrônicos. A ideia de um inimigo da Guerra Fria com tecnologia avançada e uma rede de meios de comunicação sofisticada dissolveu-se ao nos depararmos com nações em desenvolvimento. Acrescente a isso a complexidade de nossa moderna guerra ao terror e meios de comunicação clandestinos, e verá por que um interrogador está em alta hoje em dia.

Em 2006, a notícia das fotos de Abu Ghraib destruiu a imagem do soldado americano. Investigações posteriores determinaram que o sistema afastara-se dos padrões concebidos no pós-Segunda Guerra Mundial, por Hanns Scharff, cujo trabalho descrevo um pouco melhor no Capítulo 2. As ferramentas discutidas aqui são do tipo não coercitivo, isto é, dependem profundamente de psicologia, manipulação e simples observação. Deixando a política fora da discussão, acredito de verdade que essas habilidades funcionam, são legais e podem ser aplicadas ao seu mundo.

VOCÊ É UM PRISIONEIRO

Em essência, as ferramentas que utilizei com os prisioneiros têm valor em sua vida, porque você tem muito em comum com um prisioneiro de guerra. Primeiro e muito importante, ambos possuem uma caixa dentro de si que os torna quem de fato são, e há muitas forças atuantes que poderiam, em tese, destruir aquilo que existe lá dentro. Segundo, o estresse de ser capturado e mantido em cativeiro, o que gera consequências em seu dia a dia.

Sem dúvida, você já ouviu pelo menos uma história a respeito de um soldado determinado que morreu nas mãos do inimigo por se recusar a falar. Para ele, a parte mais sagrada dentro de si, aquela caixinha interior que continha sua quintessência, era o dever de proteger a vida dos outros ao proteger certas informações. Outro soldado, igualmente dedicado ao dever, pode acabar cedendo à pressão e violar aquele elemento sagrado dentro de si. Talvez ele ainda esteja vivo, mas não é mais a mesma pessoa de antes.

Todo mundo tem uma caixa. Pode ser que você nem saiba o que há lá dentro, mas, se perdê-la, será como sofrer uma espécie de extinção pessoal. Você praticamente se torna um estranho para si mesmo quando arruína uma crença ou valor íntimo, ou quando outra pessoa o manipula com essa finalidade. Regularmente, assim como um soldado capturado, você encara situações e indivíduos que têm o potencial de causar tal destruição.

O CHOQUE DA CAPTURA

(OU: VIRANDO SUA CAIXA DE PONTA-CABEÇA)

Quando um indivíduo é capturado, seus níveis de estresse chegam às alturas. Se a captura acontece depois de uma troca de tiros, ele já sabe que muitos dos amigos acabaram de morrer, o que agrega emoções como luto e raiva ao medo que já está percorrendo-lhe o corpo inteiro. Esse é o momento mais perigoso na vida da pessoa. Os níveis de adrenalina estão altos; os de pensamento lógico, não. Eu, o inimigo, acabei de matar pessoas com quem ele se importava, então o ódio por mim, meus parceiros, meu comandante e meu país o corrói. E, na mesma medida, o indivíduo morre de medo do que posso fazer contra ele.

Em outro cenário, a pessoa foi abordada durante uma patrulha; nós a sequestramos rapidamente sem que ninguém tenha sido morto. Ser capturado nunca é bom, portanto, a hostilidade vai aumentar. De repente, ela se sente completamente indefesa, pois seus raptores estão gritando ordens – "Seu #$%^, já para o chão! Ponha as mãos atrás da cabeça!". O indivíduo age como um cão que só ouve "Blá, blá, blá! Blá, blá, blá!". O tom de voz é claro, mas os comandos não. Ele está tão estupefato que perdeu a capacidade de compreender o que lhe é dito. Se fizer um movimento em vão, será que morrerá? É possível, e ele sabe disso. A ansiedade, um subproduto do medo do desconhecido, desliga o cérebro pensante e ativa o cérebro protetor do corpo, ou reativo. Interrogadores são os mediadores de ansiedade; esse é o produto que vendemos.

Durante uma gravação que fiz para a televisão britânica, um grupo de pessoas associadas à Team Delta, uma escola fundada por um de meus ex-alunos, sequestrou sete voluntários no café da manhã – quando eles menos esperavam. Entre os nossos participantes estava o bombeiro com melhor preparo físico da Inglaterra. Adam é um homem inteligente e cativante que está acostumado ao estresse. Sua reação ao sequestro é demonstrada no vídeo, quando diversas pessoas lhe ordenam que "olhe para a direita, olhe para mim, olhe para a esquerda". As ordens, é claro, o confundem. Finalmente, ele ouve "olhe para baixo", momento em que fica de joelhos. Adam está fazendo tanta força para tentar prever o que queremos que acaba por projetar o que desejamos. Esse é um homem acostumado a situações de forte estresse diante de captores de língua inglesa.

Imagine o estresse quando seus captores falam uma língua desconhecida e você é um conscrito de apenas 18 anos de idade.

Quais são suas defesas psicológicas em cada uma das situações? O indivíduo põe em prática o manancial de experiências, ou a ausência delas, e as identidades próprias. Ele é soldado, marido, filho e guitarrista numa banda de garagem. Em nenhuma competência dentro desse espectro ele é um refém em cativeiro, portanto, precisa aprender a ser um refém em vez de buscar isso na memória. O cérebro humano funciona bem quando possui espaço para armazenar informações, mas falha quando as informações chegam e não há espaço para elas. Toda vez que vivenciamos algo novo, criamos um espaço em nossa mente para acomodar experiência e conhecimento futuros e conexos. Assim, evita-se com mais facilidade o sofrimento gerado pelo desalinhamento de expectativas com o futuro.

Pense na queda das Torres Gêmeas do World Trade Center. Você talvez fosse capaz de prever um avião colidindo com um prédio, mas pôde absorver a magnitude do que aconteceu no 11 de Setembro de 2001? Aquela visão me chocou, assim como a milhões de pessoas. Nossa mente não tinha uma caixa para aquela informação, por isso ficamos perplexos. Na primeira vez que você viu um cadáver ou bateu na traseira de um carro, deve ter reagido da mesma forma, mas num grau diferente.

O refém, por essa razão, enfrenta um duplo trauma: a exposição direta ao inimigo e a nova e angustiante experiência. Entre as exceções mais evidentes estão pessoas que pertencem às tropas das Forças Especiais que treinamos no SERE. Com base na premissa de que, quanto mais você se acostuma com uma experiência, mais é capaz de lidar com ela, sujeitamos aqueles soldados a centenas de cenários de captura. Em tempos de guerra, eles "só" têm o trauma da exposição ao inimigo e aos horrores do desconhecido.

Consequentemente, pode-se compreender por que um soldado de infantaria na frente de batalha sofreria mais confusão e choque do que um oficial da Inteligência. A estrutura de referência daquele é diferente; ele se depara com a situação em profunda desvantagem, despreparado para uma espécie em particular de ataque inimigo. Provavelmente, não fala a língua do inimigo, só esteve ocupado atirando nos aliados do captor, e, no mesmo instante, deixa de ser um cara poderoso com uma arma e se torna alguém subjugado, algemado e à mercê de um homem armado. No momento em que ocorre tal desalinhamento de expectativas – sem ter uma caixa na cabeça para estabelecer e processar o que acabou de acontecer –, ele se encontra em extrema vulnerabilidade.

A essência desse homem vem de uma interação complexa de conexões ocorridas em seu dia a dia. O "Eu" incorpora contribuições de outras pessoas e situações. A "estrutura de referência", ou a imagem do mundo exterior, torna-se enviesada pelas experiências. Esse homem acabou de sofrer um abalo severo tanto em sua interioridade quanto em sua estrutura de referência. Deixa de ser o soldado que carrega o fuzil, e agora é um refém impotente que falhou em sua missão. Todas as características que definiam o papel dele na vida começaram a povoar sua mente. A maioria dessas definições é negativa e foi incutida por meio de filmes e de seus superiores militares. Agora ele é um perdedor, e o raptor não fará papel de psicólogo a menos que isso satisfaça as necessidades dele.

Efeitos do cativeiro

O *choque da captura* parece o pior que pode acontecer ao prisioneiro no momento em que ocorre, mas não para por aí. Depois do terror e do medo iniciais por sua vida, o prisioneiro começa a se adaptar. Ele desenvolve uma caixa na cabeça para ajudá-lo a lidar com aquele estresse. Às vezes, os prisioneiros chegam a se sentir arrogantes e tentam fazer exigências. A maioria dos prisioneiros é segregada e silenciada com o intuito de não haver oportunidade para consolo ou cooperação. O prisioneiro é deixado sozinho com sua necessidade de falar sobre o próprio fracasso e os sentimentos de inaptidão. Em muitos casos, é vendado e algemado para permitir que o número limitado de captores, ou da escolta, conduza a ele e seus camaradas em segurança. A privação da visão, embora importante para controlar um combatente inimigo, gera a necessidade de um guarda ou captor para ser os olhos que conduzirão o prisioneiro. Assim começa um ciclo de dependência que tende apenas a piorar conforme se estende o período de cativeiro. Quando o prisioneiro encontra seu primeiro interrogador, o interrogatório ocorrerá como uma triagem. O propósito das triagens é responder a estas duas perguntas: esse cara atende a meus pré-requisitos? Será muito difícil fazê-lo falar? Há algo bastante diferente no interrogador que o prisioneiro logo nota ao conhecê-lo: ele fala sua língua. O ciclo de dependência se torna cada vez mais consolidado.

O interrogador pode ou não se interessar pelo prisioneiro. Os guardas estão interessados apenas na segurança e no controle. A função deles é seguir uma doutrina bem definida sobre como lidar com o prisioneiro. O resultado é uma dança. O guarda dá um comando ao prisioneiro e este reage. O guarda, então, usa esse estímulo para dar forma a essa função recém-descoberta como guardião todo-poderoso. Ele reage com as ferramentas disponíveis em seu repertório, e o prisioneiro assimila esse comando para ajudá-lo a definir seu novo papel como prisioneiro. Novos prisioneiros e novos guardas estão sempre criando novos passos para a dança entre eles. Sem supervisão diligente, o guarda e o prisioneiro podem se tornar participantes involuntários de uma versão de campo do Experimento de Aprisionamento de Stanford, o exercício desastroso de 1971, no qual jovens de classe média assumiram papéis de guardas e prisioneiros.

Quando o prisioneiro encontra alguém que fala sua língua, ocorre uma afinidade natural. Ele está desesperado em busca de companhia. Seres humanos são criaturas sociais e precisam de apoio e compreensão. O retrato que o prisioneiro tinha de si mesmo se tornou turvo. A imagem voltou a ter vazios em relação ao papel que ele desempenhava como soldado em sua unidade. A função recém-descoberta de prisioneiro o desequilibra. O prisioneiro entra num ciclo de dependência que parece um retrocesso, ou regride à época em que alguém tomou decisões por ele pela última vez. Então, torna-se completamente dependente dos guardas e dos interrogadores a fim de que lhe digam qual é a resposta correta para todas as perguntas. Se o choque da captura virou a caixinha de brinquedo de cabeça para baixo, isso pode ser associado a virar o playground inteiro de ponta-cabeça.

Todos os detalhes validados no passado sobre a inteligência e a boa aparência do prisioneiro precisam agora de mais estímulo. Não há fonte para esses dados. O prisioneiro inicia uma conversa interior no intuito de reconquistar seu equilíbrio. Nessa conversa, ele é o padrão, portanto, qualquer insegurança se amplifica. Se o prisioneiro tem alguma culpa ou falha, esta se torna o foco principal. Se ele e outros quatro foram capturados por 250 soldados inimigos, o diálogo interno converge para qual dos quatro foi culpado pelo ocorrido. O prisioneiro personaliza tudo o que acontece, e o bem-estar alheio se torna cada vez menos importante. Qualquer ameaça à saúde no complexo é percebida apenas em termos de como pode afetá-lo.

O estresse do choque da captura assume um novo significado quando o interrogatório começa. Ao ser capturado e removido do campo de batalha, o guerreiro é transferido da possibilidade de sofrer ataques aleatórios e desordenados no campo de batalha a um campo de batalha personalizado e planejado para um combate cara a cara. Esses sentimentos de inadequação sofrerão uma emboscada. O fato de a figura do interrogador agravar ou aliviar esses sentimentos dependerá apenas da estrutura psicológica do prisioneiro.

Pactuar com o captor para que ele o mantenha feliz resultará na Síndrome de Estocolmo. O prisioneiro começa a se identificar com o captor, e até a emular seus padrões de comportamento e discurso. A Síndrome de Estocolmo pode ocorrer em poucos dias.

Mas para que isso tudo lhe interessa? Você não está atrás das grades com um macacão laranja; come bons alimentos, não rações estragadas; caminha livremente e toma banho todos os dias. No entanto, encontra-se numa espécie de cativeiro. Você acorda e se pergunta por que alguém vai gritar com você; olha pela janela e sonha em fugir de tudo – da escola, de casa, do trabalho; sente-se engasgado toda vez que se vê com alguém que o trancafiou emocionalmente. Cativeiro. Você atende ao telefone e é educado demais para desligar na cara da pessoa que ligou a fim de pedir dinheiro para uma obra de caridade. Então, em vez de dizer "não", você faz promessas que não pode cumprir.

Se está inserido na sociedade civilizada, você sem dúvida compreende o que é viver em cativeiro. Ficamos presos a coisas que nossos pais nos ensinaram. Estamos presos pelas regras da sociedade. Estamos confinados por tudo o que conhecemos. Por exemplo, os mórmons, geralmente, confiam muito nas pessoas, por isso, muitas comunidades de Utah aprovaram leis bastante rígidas contra vendedores que vão de porta em porta, visando evitar que esses cidadãos fossem explorados. Os legisladores de Utah não queriam que os vizinhos ficassem "presos" dentro de casa. Quando um operador de telemarketing segura você na linha por algum tempo, ele está se aproveitando da sua educação. Isso não é diferente do que os interrogadores fazem quando usam normas culturais contra um inimigo em combate.

Uma variação disso é como os interrogadores dentro de um complexo manipulam as normas sociais diariamente para criar um sistema de *desalinhamento de expectativas*. Esse processo pode soar familiar para qualquer um que souber o que é uma esposa que sofre violência doméstica. No caso do prisioneiro, ele pode achar que se comportar de determinada maneira vai aliviá-lo um pouco dos interrogatórios, ou que conseguirá um pouco de sua comida favorita, porque foi isso o que aconteceu na segunda-feira. Na terça-feira, esse mesmo comportamento resultará em intermináveis flexões de braço ou xingamentos. Não é muito diferente do que acontece com uma mulher que vive com medo todo santo dia porque nada que ela faz parece agradar ao marido. Ele cria as regras e, por mais que tente, ela não consegue descobrir quais se aplicam de um dia para o outro, portanto, "merece" uma surra.

Eu poderia citar muitos outros paralelos entre situações militares e civis nas quais as ferramentas de interrogatório causariam ou aliviariam o estresse, mas o ponto principal é o seguinte: estresse é estresse e é estresse. Um desentendimento com o patrão, uma briga no bar, uma discussão com o companheiro – sua mente não sabe a diferença entre isso e um tiroteio. Em termos mecânicos, você está lidando com reações ligadas à autopreservação. Quando as condições de cativeiro, como as que descrevi, são semelhantes àquelas de um prisioneiro de guerra, sua reação será a mesma dele.

Dê um passo além. Qualquer condição que cause inquietação, aflição, instabilidade e/ou imprevisibilidade gerará em você experiências iguais às de um prisioneiro de guerra. E se você voltasse das férias e visse que alguém redecorou seu escritório, moveu a cafeteira de lugar e mandou instalar um novo sistema telefônico? Você vivenciaria uma perda de controle temporária que poderia levá-lo à loucura. Perderia a capacidade de dar o seu melhor, porque teria se desligado do processo cognitivo e entrado num estado emocional, ou *modo límbico*.

VOCÊ É UM ANIMAL

Você é um primata, um mamífero primitivo ou um réptil?

Em *The Owner's Manual for the Brain: Everyday Applications from Mind-Brain Research* (Bard Press, 1999), Pierce J. Howard discute os três cérebros:

> *[...] o cérebro de lagarto era simples, orientado apenas para a manutenção das funções de sobrevivência: respiração, digestão, circulação e reprodução... Para além do tronco cerebral reptiliano, o cérebro de leopardo (hoje chamado de sistema límbico) acrescentou ao repertório comportamental dos animais a capacidade das emoções e da coordenação dos movimentos. Essa segunda fase da evolução neurológica gerou a famosa Síndrome da Adaptação Geral (GAS, na sigla em inglês), ou reação de lutar-ou-fugir. A terceira fase da evolução foi o cérebro de*

aprendizagem – o córtex cerebral. A terceira e mais recente fase da evolução cerebral proporcionou as capacidades de resolução de problemas, uso da linguagem e dos números, desenvolvimento da memória e a criatividade. (pp. 37-39)

Interpreto as categorias de Howard como reptiliano, mamífero e primata.

Quando você usa o córtex cerebral para linguagem, cálculos e outras funções lógicas, você é um primata. Seu sistema límbico, que lhe permite vivenciar e expressar emoções, pertence ao eu mamífero. E o cérebro reptiliano cuida apenas do básico: fome, sexo, sobrevivência.

Conforme o nível de estresse da pessoa aumenta – mesmo sem toques ou gritos –, cresce também a produção hormonal. Esse é o início do ciclo do cortisol. Em resumo, duas pequenas glândulas próximas aos rins chamadas de adrenais, ou "glândulas do estresse", são ativadas. Nós não conseguiríamos sobreviver ao estresse sem elas, pois ambas nos estimulam para a luta, que pode ser verbal ou física, ou para a fuga, se quisermos escapar do perigo.

O sistema nervoso periférico humano contém dois componentes para regular a mente consciente: simpático e parassimpático. O simpático agita o corpo e prepara o ser humano para a luta ou para a fuga; o parassimpático é responsável por descansar e relaxar o corpo humano. Veja-os como uma espécie de controles para cima e para baixo da mente humana.

Alto nível de estresse e o sistema nervoso simpático

O sistema simpático reage a uma ameaça percebida em questão de milissegundos a partir do choque inicial que desencadeia o ciclo do cortisol. Tudo o que os hormônios do estresse (cortisol, DHEA e adrenalina) farão com o seu corpo a fim de prepará-lo para lutar ou fugir acontece naquela fração de segundo. O corpo, não a mente, decide quais sistemas são necessários para perceber a ameaça. Esses sistemas são ativados à custa de outros, considerados desnecessários. Num piscar de olhos, o corpo passa a agir da seguinte forma:

- Leva o sangue do rosto e da pele para os músculos.
- Desvia o fluxo sanguíneo dos sistemas digestório e reprodutor.
- Envia sangue para os cérebros reptiliano e mamífero à custa do cérebro primata.
- Eleva os batimentos cardíacos com o intuito de mandar sangue para os lugares certos.
- Perde a capacidade de contrair a bexiga e expelir dejetos.
- Inunda-se de glicose do fígado para se preparar para a atividade física.
- Intensifica a respiração em resposta ao coração, que está levando a glicose aos sistemas e alimentando os músculos com oxigênio.
- Aumenta as exigências metabólicas, assim o corpo começa a suar.
- Dilata as pupilas para coletar dados a respeito da ameaça.

Assim funciona a sua mente na guerra.

Há sinais internos e externos dessa atividade. Interiormente, os sinais são tremedeira e hipersensibilidade, indicando que você está pronto para a ação. Devido à falta de sangue no sistema digestório, talvez você se sinta enjoado ou nervoso. Seu coração está bombeando o sangue para longe da pele, assim você tem a sensação de uma temperatura alta no interior e a pele fria (ou melhor, sente-se abafado, sufocado). A respiração está elevada e limitada, portanto, seu coração e seus pulmões aceleram. Esse aceleramento do metabolismo – quase a cem por cento – faz com que você se sinta ruborizado e com calor. Sua concentração fica direcionada e a audição volta-se para o alvo. Você consegue ouvir seus batimentos cardíacos. Sua mente retrocede para o estado primitivo, então as emoções são exacerbadas. Isso explica por que tantas pessoas choram quando confrontadas ou irritadas. Não encare isso como fraqueza ou fragilidade.

Externamente, há também sinais visíveis:

- A decisão do corpo de tirar o sangue da pele gera uma aparência pálida.
- Por ser parte do sistema digestório, a mucosa dos lábios e da boca tem seu fluxo sanguíneo reduzido drasticamente; os lábios e outras mucosas encolhem, deixando-os pálidos e afinados e as pálpebras baixas e esmorecidas.
- O aumento da frequência cardíaca pode ser aparente no subir e descer do peito e dos ombros.
- As mãos podem tremer em reação ao aumento da atividade metabólica.
- Em decorrência da necessidade de mais oxigênio, as narinas inflam e a respiração se torna audível.
- Os olhos focam na causa do estresse, e isso pode fazer com que eles fiquem bem apertados ou arregalados, dependendo da situação.
- A sobrancelha se contrai e franze a testa. Os lábios ficam tensos e semelhantes a uma linha fina e sem cor.
- Os ombros se elevam e se preparam para qualquer situação de defesa ou fuga.
- Com maior necessidade de glicose, o corpo pode começar a extraí-la das mucosas, deixando um resíduo branco nos cantos da boca.
- Os cotovelos aproximam-se das costelas.
- As palmas se voltam para baixo e as mãos se fecham em punhos. Quando o terror chega ao extremo, isso pode ir mais longe, resultando em cotovelos próximos das costelas e mãos prontas para proteger o rosto, num reflexo de proteger a área em torno dos órgãos vitais – ironicamente, deixando o topo da cabeça desprotegido.
- O aumento da necessidade de resfriamento faz com que o

corpo sue, e esse suor ocorre em grandes quantidades de subprodutos; o odor corporal do lutar-ou-fugir é perceptível.

- Por fim, a pessoa entra em colapso.

Esses são os efeitos do sistema nervoso simpático nos forçando a reagir da maneira mais primitiva: lutar ou fugir. A essa altura, a maioria de nós funciona de forma mais semelhante ao leopardo ou outro mamífero do que a um humano. Operamos no modo límbico, e somente as memórias límbicas ficam de fato disponíveis para serem processadas.

A propósito, não é brincadeira que cães podem farejar o medo. O corpo gera um odor complexo – uma viscosidade doce, metálica, amarga – a partir de uma espécie de colapso de partículas desencadeado pelo alto nível de estresse. Quando comecei a lidar com essa linha de trabalho, achava que esse cheiro estava relacionado a questões de higiene ou alimentação. Mandávamos os soldados para a floresta por oito dias, sem papel higiênico, escova de dentes e muito pouca comida. Imaginei que o odor vinha da carência de água e da cetose, um processo no qual o corpo rouba proteínas e gorduras para compensar uma deficiência de carboidratos. A cetose tem papel importante na excreção de odores, mas não é desencadeada por má alimentação. O estresse faz o metabolismo aumentar vertiginosamente, então ele começa a atacar as proteínas da boca e de outras áreas em que o material é mais fácil de ser decomposto. O resultado é aquele cheiro enjoativo – dá até para sentir o gosto – que costumamos chamar de "futum de prisioneiro". Já trabalhei com prisioneiros e aprendizes dos Estados Unidos, do Reino Unido, do Oriente Médio – do mundo todo. Independentemente da alimentação, o cheiro é incrivelmente parecido de pessoa para pessoa. Agora que está consciente disso, você poderá reconhecê-lo de imediato. É tão forte que uma só lavagem não basta para tirá-lo das roupas.

O sintoma mais sério do alto nível de estresse é o colapso. Primeiro, o sujeito demonstra palidez e precisa ir ao banheiro. Depois, o corpo fica sem adrenalina, fazendo o cortisol entrar em cena. Esse hormônio regula a pressão sanguínea e a função cardiovascular. Se as glândulas adrenais secretarem-no desenfreadamente, a pessoa acabará por cair no chão em posição fetal e entrará em choque.

A prática de esportes ou sequências de lutas sob estresse pode compensar o fato de que as habilidades cognitivas desaparecem quando a alta performance é mais exigida. Por isso lutadores de artes marciais, por exemplo, praticam seus movimentos com agressão e sons associados à batalha: quando chega a hora, o corpo automaticamente sabe o que fazer. Isso se aplica a qualquer atleta que compita com seriedade. A simulação das condições de estresse de uma competição, além da prática de movimentos específicos, aumenta suas chances de êxito, mesmo quando suas habilidades cognitivas encontram-se limitadas.

Conforme o ciclo do cortisol continua, seu cérebro regride de primata para mamífero e então para reptiliano. Ele se desumaniza, começando a um nível mínimo e continua reduzindo você a nada além de desejos basais. Prisioneiros sob estresse perdem a capacidade de funcionar logicamente, assim como você. Também lhes faltam emoções, assim como em você.

Em *The Feeling of What Happens*[1] (Harcourt, 1999), o neurologista António Damásio destaca a diferença entre "sentimento" e "saber que temos um sentimento". Ele sugere que, assim que nos conscientizamos de que temos um sentimento, já é tarde demais para fazer qualquer coisa a respeito (p. 26). O corpo já começou a manifestar reações às emoções, sejam primárias, como surpresa, ou secundárias – Damásio as chama de "emoções sociais" –, como culpa. Ele também cita a indicação de sinais de "emoções de fundo", que incluem estados como calma, um senso geral de bem-estar e tensão:

> *[...] postura corporal como um todo e a gama de movimentos dos membros com relação ao tronco; o alcance espacial dos movimentos dos membros, que podem ser harmoniosos ou instáveis; a velocida-*

1 "O Mistério da Consciência" (Companhia das Letras, 2000). (N.T.)

de dos movimentos; a congruência dos movimentos ocorrendo em diferentes níveis do corpo, como rosto, mãos e pernas; e por último, e talvez mais importante, a animação das expressões faciais. (p. 92)

Segundo Damásio, as categorias de comportamentos comuns a todos nós apontam para onde procurar diferenças na maneira com que as pessoas demonstram estresse. O modo como você mexe os braços de forma "harmoniosa ou instável", ou como contrai o rosto ao demonstrar nojo, gera variações aos padrões básicos. Acrescente-se a isso genética, cultura, treinamento e todos os outros fatores que nos fazem seres únicos, e se torna impossível saber ao certo o que significam determinadas reações corporais – com duas exceções. A primeira é, se você sabe o que uma pessoa faz com braços, mãos, pernas e rosto sob circunstâncias normais (a linha de base), então consegue reconhecer desvios. Contanto que saiba o que procurar – e essa é uma parte importante do que vou partilhar com você neste livro –, esses desvios podem indicar, sem sombra de dúvida, que essa pessoa está sob estresse. A segunda exceção é o leque de reações dos seres humanos expostos a estresse muito alto.

Não há muito a fazer para combater ou ocultar pupilas dilatadas, narinas infladas, poros faciais dilatados e flacidez de músculos faciais – tudo isso é resultado de estresse intenso. É bem fácil perceber por que as pessoas deixam de ficar atraentes quando são expostas ao estresse por um longo tempo. A pele se deteriora, os músculos faciais perdem o tônus, os lábios ficam finos – não se trata de um bom momento para ir ao baile. Por outro lado, quando alguém está excitado sexualmente, o fluxo sanguíneo aumenta para as mucosas. Os lábios engrossam, as glândulas salivares ficam a toda e o rosto inteiro assume uma expressão mais harmoniosa. Você se torna mais atraente sexualmente e sua excitação é óbvia. Já tentei explicar isso muitas vezes para os meus amigos que reclamam que nunca sabem se uma pessoa está ou não atraída por eles.

Recuperação e o sistema nervoso parassimpático

Depois de o sistema simpático despejar adrenalina em seu sistema e reduzi-lo ao estado mental de um lagarto, o parassimpático equilibra você ao introduzir outros hormônios.

Ele retorna seu corpo a um estado de relaxamento. Os sistemas que foram desligados começam a funcionar novamente. O corpo decide permitir que aqueles sistemas "desnecessários", como reprodução, digestão e excreção, voltem a funcionar outra vez. Seu corpo está agora parecido com uma zona de guerra depois do confronto: está na hora de fazer uma limpeza. Você começa a pensar racionalmente, conforme o sangue vai voltando para o cérebro primata. Então percebe que o resultado daquele metabolismo superpotente e dos rins e córtex adrenal extremamente ativos preencheu sua bexiga muito além do normal. Agora, tem a capacidade e a necessidade de contrair sua bexiga. Todas as atividades que você subestimou começam a voltar ao habitual, e você percebe que sua boca está seca; precisa beber algo. Em decorrência da adrenalina e da alta taxa de glicose, suas mãos tremem; você se conscientiza disso. O sangue volta para a pele. Seu rosto ruboriza e você sente calor. À medida que o cérebro primata volta ao normal, você começa a perceber que está fora de controle. Isso confronta sua necessidade de se conformar com as normas sociais e você se sente culpado. O ser humano, lá no fundo da alma, é um animal social e precisa se comunicar.

Como interrogador, eu via e tirava vantagem disso. Estou aqui para ajudar.

Você já deve ter ouvido que uma pessoa com o rosto vermelho é perigosa. Não é verdade. As pálidas são piores. Uma pessoa pálida encontra-se em modo lutar-ou-fugir. Os lábios estão finos porque todo o sangue se esvaiu das membranas mucosas, seus músculos estão injetados e ela está pronta para a luta. Quando o sistema nervoso parassimpático entra em ação, o sangue volta para o rosto.

EXERCÍCIO

Vista-se de maneira incomum e, em seguida, vá ao shopping, ou a uma rua bem movimentada, e saia andando. Não me refiro a usar uma fantasia, mas a vestir-se com roupas que reflitam mau gosto - tão feias que você não se sinta à vontade para aparecer assim em público. Quando as pessoas olharem para você por pena, curiosidade ou diversão, repare em como se sente. Perceba como seus níveis de estresse se alteram em resposta às reações dos outros com relação a você.

VOCÊ É UM INTERROGADOR

Comecei este capítulo afirmando que você tem habilidades de interrogador em seu repertório, mas que provavelmente não as usa de modo consciente ou em conjunto umas com as outras. Vou mostrar alguns exemplos de por que isso é um fato, assim você poderá seguir adiante com a confiança de que está se baseando em habilidades já existentes, sem ter de aprendê-las do zero.

Habitualmente, você filtra as pessoas para obter vários tipos de informação delas – isto é, combina suas perguntas tanto com suas fontes quanto com a necessidade específica de informação. O que você provavelmente não faz é avaliar a informação em termos de função estratégica, tática ou instantânea. Em outras palavras, ela é importante para o que você procura? Avança para que alcance alguma meta? Ou a informação apenas atende a uma necessidade imediata, como indicar onde fica o banheiro?

Quando fui enviado para o território inimigo, interrogava soldados recém-capturados. Eu ia atrás dos caras de baixa patente e tinha minutos para descobrir as informações fundamentais para aquele momento, como: "O que mais é perigoso para nós aqui?". Informações estratégicas sobre planos de batalha não poderiam ser meu foco, embora eu indicasse no meu relatório se determinado prisioneiro tinha ou não esse tipo de conhecimento, pois, mais tarde, alguém poderia explorar mais essa linha de investigação depois que encontrássemos onde estavam escondidos os *snipers* e as minas terrestres.

Um soldado de baixa patente, geralmente o mais suscetível à pressão, representava para mim uma fonte de informações táticas de nível C. No ambiente empresarial, tal pessoa é a recepcionista. Quando entra no escritório de seu possível empregador, você se conecta com a pessoa sentada na mesa de recepção e procura obter pequenos detalhes sobre a empresa. A informação de nível C não lhe oferece grandes *insights* sobre o executivo com quem se reunirá, o que seria considerado informação de nível B ou A, mas proporciona detalhes que poderão ajudá-lo a se conectar melhor com o executivo ou até a se ver em vantagem sobre ele.

Dia após dia, você estabelece relações com colegas de trabalho, possíveis parceiros românticos e novas amizades. Ao fazê-lo, sem saber, usa as mesmas ferramentas de um interrogador. Você faz perguntas sobre assuntos que não lhe inspiram o menor interesse – perguntas não pertinentes, no jargão do interrogatório – para dar seguimento à conversa. As respostas podem lhe dar uma ideia do que a pessoa gosta ou não gosta, do ritmo de sua fala, maneirismos e cadência. É natural refletir um pouco disso para a pessoa; essa é uma forma de espelhamento.

Desmond Morris aponta em seu *Manwatching: A Field Guide to Human Behavior* (Harry N. Abrams, 1979) que todas as pessoas de todas as culturas começarão a adotar a linguagem corporal alheia em seus pequenos grupos. O espelhamento é um jeito natural para demonstrar conexão com a pessoa com quem se está falando. Recentemente, observei dois jovens em um encontro, os quais eram claramente muito novos para terem estado em muitos outros encontros. O garoto se curvou sobre a mesa para falar, como se contasse à garota um segredo. Ela reagiu de forma parecida e tombou a cabeça para o lado junto com a dele. Ninguém lhes ensinou esses sinais de interesse, respeito, flerte ou como quiser chamá-los. Você também pode espelhar conscientemente os movimentos alheios para transmitir sentimentos positivos e elevar o nível de conforto da outra pessoa. Contanto que não pareça artificial, isso agiliza o processo de fazer com que a pessoa fale.

Outro ponto natural para os seres humanos é fazer perguntas. Já disseram que o que nos torna humanos é o desejo de explorar. Quem não se lembra de uma criança perguntando "por quê"? Quando ouvi crianças árabes no Kuwait fazendo o mesmo, percebi que essa deveria ser uma característica inerente às crianças do mundo todo. Alguns de nós jamais superam isso; nossa curiosidade constantemente vem à tona na forma de perguntas. A diferença entre aquelas perguntas naturais e espontâneas e o interrogatório é a clareza das indagações. Os interrogadores elaboram com antecedência as perguntas para um objetivo específico.

VOCÊ É UM DETECTOR DE MENTIRAS

Provavelmente, você parecerá um pouco mecânico quando puser em prática as técnicas que estou ensinando. Porém, depois de um tempo, perceberá que está atento e sensibilizado aos sinais de dissimulação e estresse; suas novas habilidades passarão a agir automaticamente. Você se tornará um detector de mentiras. E então, quando as pessoas à sua volta se encantarem pelo carisma de um político desonesto, por exemplo, você será capaz de dar-lhes bons motivos para que esse cara não venha manipular sua democracia. As técnicas de interrogatório podem ajudá-lo a se distanciar de manifestações insidiosas, como o "carisma", e a fazer perguntas que vão direto no cerne da fraude, ou que pelo menos revelem inconsistências. Mesmo num nível não verbal, você será capaz de detectar se uma pessoa é muito escorregadia, muito evasiva e, por conseguinte, deve estar escondendo algo. Um alarme vai soar na sua cabeça dizendo: "Mentira. Mentira. Mentira". E as pessoas prestarão atenção em você, pois saberão que está dizendo a verdade.

Capítulo 2

POR QUE E COMO AS PESSOAS MENTEM?

POR QUE VOCÊ MENTE

Há muito insisto que as pessoas mentem por amor, ódio ou ganância. Óbvio que isso se aplica a mentiras que atendem ao desejo humano de proteger ou prejudicar, ou seja, proteger a si mesmo, uma pessoa amada, bens, uma reputação e assim por diante, ou então prejudicar ou destruir outros e seus pertences. Outra maneira de falar sobre essas motivações é em termos de necessidades humanas básicas, como definido pelo famoso psicólogo Abraham Maslow, em seu *Hierarquia das Necessidades*.

Vamos focar nos segmentos intermediários da Hierarquia de Maslow: necessidades sociais (ou, como chamo, a necessidade de pertencimento) e necessidades de estima (ou, como chamo, a necessidade de se diferenciar). Uma pessoa mente para criar uma conexão com outro ser humano, ganhar vantagem, manter o *status* vigente ou prejudicar alguém, porque essa pessoa cortou um laço ou se destacou de tal forma que o mentiroso se sentiu diminuído. O desejo de pertencer ou se diferenciar reflete o amor-próprio. A seguir, há um diagrama, com ênfase nos segmentos do meio:

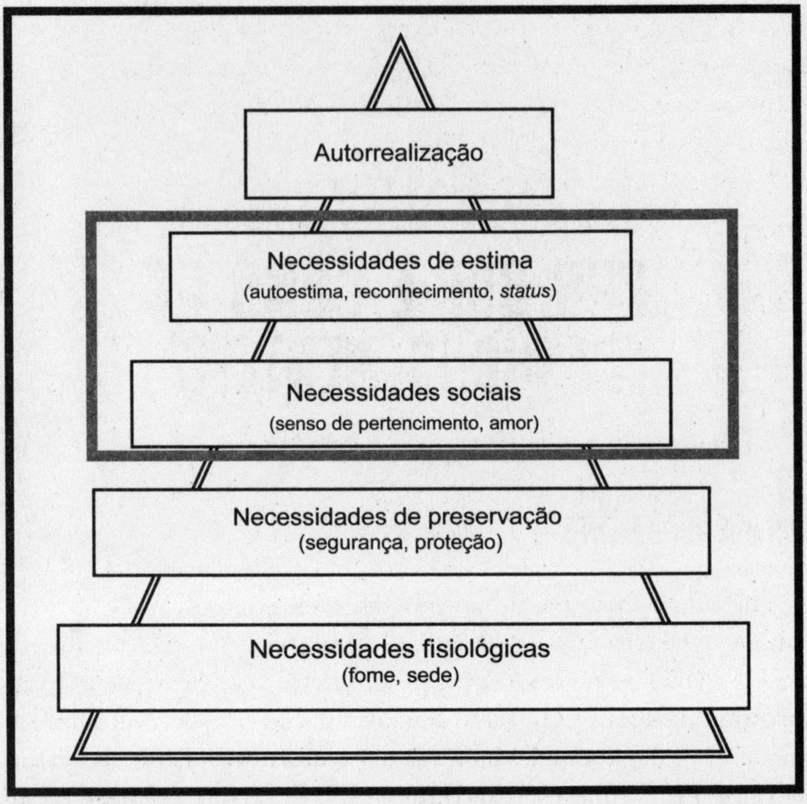

Jane trabalha numa casa de repouso, local em que suas habilidades de fisioterapeuta são requisitadas todo o tempo. Como alguém que não se sente confortável iniciando contato com as pessoas, esse é o trabalho ideal para ela; as conexões são marcadas por ela. Em reuniões sociais, Jane costuma se sentir deslocada, então mente frequentemente. Ela não inventa histórias pelo simples fato de enganar os outros, mas para que aparente ser mais interessante do que a maneira como ela se vê. É uma estratégia social. Em resumo, Jane mente para ser aceita. Uma vez que alcança tal objetivo, ela mente para se diferenciar, porque isso lhe dá maior influência. Bons mentirosos se alimentam das suas necessidades. Numa festa de Quatro de Julho, Jane mentiu, pois as pessoas do evento estavam lá para se divertir. Elas foram curtir uma exibição de paraquedismo, um excelente churrasco e fogos de artifício. O vício dela de contar algumas histórias inventadas era perfeito. E, o mais importante, essas histórias faziam-*na* sentir-se incluída ou pertencendo de forma mais efetiva.

Além dos motivos "normais" para que pessoas como Jane mintam, há muitas outras razões pelas quais alguém age com falsidade, seja contando mentiras ou omitindo a verdade. Antes de analisarmos melhor alguns desses chamados motivos "normais", considere as seguintes possibilidades sobre o porquê de alguém dizer algo inconsistente com os fatos:

– **O jogo:** Humanos liberam endorfinas quando se safam de alguma situação.

Por exemplo, penetras de festas mentem por diversão. E, mesmo que eles não sejam os únicos a transformar enganação em um jogo, devem ser os mais reconhecíveis. Há alguns anos, Maryann foi a uma reunião da turma de faculdade, sendo que o encontro inicial seria no salão privado de um restaurante. Logo depois de chegar, notou um homem muito alto que ela conheceu quando morava na cidade. Imediatamente, Maryann o confrontou: "Você não era da nossa turma! O que está fazendo aqui?". Ele e um amigo tentaram disfarçar o papelão, porém, assim que mais e mais pessoas perceberam a presença dos penetras, todos se juntaram para enxotar os dois. Maryann perguntou a uma amiga, que ela vira conversando com o tal homem, o que ele lhe dissera. "Ele disse que fazia o curso de Artes, mas, como eu não conhecia ninguém do curso de Artes na época da faculdade, imaginei apenas que não tínhamos nos conhecido.

Pense só na emoção que você sente quando consegue realizar feitos difíceis. Aquela adrenalina é viciante. Se continuar nesse ritmo, isso se torna um hábito.

– **Disfunções cerebrais:** traumatismo craniano, deterioração neurológica relacionada a enfermidades e doenças mentais de vários tipos podem fazer uma pessoa mentir. Como consequência, esses males podem tornar as pessoas incapazes de discernir se aquilo que estão proferindo é mesmo uma ficção. Certa mulher que conheci no Exército obteve uma permissão de acesso antes de se envolver em um acidente no qual sofreu um grave traumatismo craniano. Depois que voltou a trabalhar, percebemos rapidamente que ela já não tinha qualquer noção dos fatos. Não era culpa dela, mas havia algo de muito errado em ter uma mentirosa compulsiva dentro da Inteligência do Exército.

Memórias também podem ser reprimidas devido a doenças mentais, com uma pessoa afirmando com sinceridade "eu não fiz isso!", quando, na verdade, fez "isso". Em 2009, o Dr. Saroj Parida recebeu uma visita do FBI em sua casa no centro da Pensilvânia. Eles chegaram munidos de provas e da certeza de que Saroj havia cometido fraude contra o seguro, o que ele negou com tranquilidade. De certa forma, estava sendo honesto. A fraude, na verdade, tinha sido obra de Randy, Kumar e Ravi, três de suas personalidades alternativas. Mesmo depois de seu distúrbio incomum ser diagnosticado, o Dr. Parida assumiu total responsabilidade por suas ações, em vez de tentar se esconder por trás da doença. Ele não sabia que, durante décadas, contou muitas mentiras e jamais se deu conta disso, pois a personalidade ativa, geralmente, não tem consciência das artimanhas das outras.

– **Falsas memórias:** a memória humana é complicada. Duas pessoas distintas podem se lembrar de detalhes tão diferentes do mesmo evento que as histórias chegam a se contradizer. Testemunhas de um crime podem ser fontes pouco confiáveis de informação em virtude da combinação de estresse, ponto de vista, influências de outras testemunhas e assim por diante. Ninguém está mentindo, mas ninguém está contando a verdade. Percepção significa realidade.

Isso tudo diz respeito ao fato de que a memória é *contextual*. Talvez você se lembre de que a festa de Natal do Fred, no ano passado, tinha ponche aguado e petiscos mixurucas, entretanto, você encontra com Mary na rua. "Mal posso esperar pela festa de Natal do Fred – foi tão legal no ano passado!", diz ela. "Lembra aquela conversa maravilhosa que tivemos sobre músicos de jazz?".

Um dia depois, você encontra com John, que comenta ter recebido há pouco um convite para a festa do Fred. Você diz que recebeu o seu também e está ansioso pelo evento. "Achei que você tinha odiado a festa do ano passado", diz John, ao mesmo tempo em que está pensando que há uma parte em você que é mentirosa. Esse é o mesmo fenômeno que ocorre com soldados que se recordam dos tempos de guerra e dizem "não foi tão ruim" ou "foi um inferno completo", dependendo do amigo com quem estiverem conversando. Você pode aplicar o mesmo princípio a memórias relacionadas a namoros, escola ou seu primeiro emprego numa lanchonete. Por esse motivo, quando interrogamos prisioneiros, tomamos muito cuidado para separá-los até serem questionados. Há três coisas nas quais a mente é muito boa: apagar, distorcer e generalizar. A última coisa que quero é ver um prisioneiro bem-intencionado tentando me contar a verdade, mas com fragmentos de histórias mais bem contadas por seus companheiros aventureiros de cela.

O motivo para essa distorção pode até ser muito simples: enquanto você estava pensando na comida da festa e em como ela estava ruim, é provável que tenha se esquecido das pessoas que lá estavam. Leve em consideração o que o fez se concentrar na comida. Você não almoçou, por causa de um dia atribulado no trabalho, e correu para conseguir chegar à festa, mas deparou-se com aquela comida ruim. Portanto, sua percepção estava focada na comida, não nos convidados. Por outro lado, se você não tivesse chegado faminto, a fascinante conversa sobre músicos de jazz poderia ter feito com que se sentisse como Mary, ou seja, ansioso pela festa deste ano.

Em nenhum desses casos a pessoa cuja história mudou de perspectiva – até de forma oposta – está mentindo descaradamente. Não há qualquer intenção de enganar ou iludir; foi a memória em si que, de fato, sofreu uma metamorfose por causa do contexto.

A memória também pode ser *dependente da condição vigente*. Essa é uma variação do conceito de ela ser contextual. Nesse caso, é possível armazenar uma memória quando se está numa condição em particular e, depois, fazê-la desaparecer ou distorcê-la completamente quando não se está nessa condição. Ao chegar bêbado da festa, às duas da manhã, você passeou com o seu cachorro. Na manhã seguinte, acordou com a ligação de um amigo e a primeira fala que sai de sua boca é: "Não posso falar! Esqueci de passear com o meu cachorro ontem à noite. Coitadinho, ele deve estar sofrendo". Você não está mentindo – ou, pelo menos, não acha que está –, mas, da próxima vez que ficar bêbado, talvez se lembre de ter passeado com o cão. Ao voltar para a condição em que a memória foi formada, a lembrança pode ser desencadeada.

É muito importante ressaltar que *memórias obscuras* podem também envolver um tipo de mentira. Se você não for treinado para pensar sob estresse e for estuprado ou capturado, seu cérebro tem a capacidade de criar memórias obscuras. O sistema límbico transfere informações para a memória – o que é normal –, mas, se isso acontecer em um momento extremamente emotivo, pode ser que você se recorde dessa memória de maneiras imprevisíveis. Uma mudança no clima ou no cheiro do ambiente que fizer uma vítima de estupro lembrar-se do evento em questão é capaz de evocar uma memória obscura, cujos detalhes podem ser profundamente afetados pelos sentimentos. Contudo, uma memória obscura não é necessariamente ruim. A temperatura do ar pode remontá-lo à primeira vez que saltou de paraquedas e levá-lo a lembrar-se de uma história que não é, exatamente, baseada nos fatos, mas, para você, foi como ela aconteceu.

Indagar uma pessoa sobre suas memórias obscuras, principalmente logo após o evento em questão, pode ser bastante frustrante, já que a pessoa se atém cognitivamente a fragmentos dos fatos, embora "sinta" o restante. Conforme vai contando a história, peças-chave podem ser modificadas. Assim, quando perguntado, o "cérebro pensante" recita a distorção com a qual se acostumou; por fim, essa distorção sobrepõe-se à história original. Por esse motivo, sempre digo para ouvir "histórias de guerra" pelo enredo, não pelos detalhes. Por isso, sempre começo todas as minhas histórias de guerra *verdadeiras* com "Pelo que me lembro...".

Voltando aos tais motivos normais pelos quais as pessoas mentem, faça um pequeno experimento. Procure pelo termo "mentir para" em seu mecanismo de busca. Abaixo estão algumas das sugestões que surgiram quando o fiz:

- Mentir para ser perfeito.
- Mentir para os meus filhos sobre o Papai Noel.
- Mentir para obter a verdade.
- Mentir para evitar a prisão.
- Mentir para a Receita Federal.
- Mentir para os pais.
- Mentir para a polícia.
- Mentir para si mesmo.
- Mentir para sua esposa.

Todos esses motivos para mentir estão relacionados a amor, ódio ou ganância. Autopreservação é uma forma de amor-próprio que fica no topo da lista dos motivos pelos quais as pessoas mentem. Normalmente, não é uma autopreservação literal, mas percebida. Por exemplo, você vai para casa depois de uma noite de muita festa, então sua esposa, que acabou de colocar os bebês gêmeos para dormir, diz: "Onde você esteve?!". Você poderia ser sincero e responder: "Tomando doses de tequila numa boate de striptease com o meu irmão". Ou você pode contar uma versão da verdade dizendo: "Meu irmão e eu nos encontramos depois do trabalho para tomar um drinque conversar sobre o emprego dele. Ele está muito infeliz". Por outro lado, um assassino sendo julgado por um homicídio qualificado tem o desafio da autopreservação literal: ele mente para salvar-se da pena de morte. Num interrogatório de verdade, a autopreservação assume uma dimensão diferente. Um soldado que mente habilmente pode proteger não só a própria vida, mas também a de seus companheiros; quase sempre, mais importante do que a vida em si é sua reputação diante dos colegas.

Diga-se de passagem, os interrogadores da Inteligência militar não se importam se o alvo deles é culpado ou inocente. Eles querem impedir que algo aconteça, portanto, querem informações. Expressões genuínas de sofrimento, luto ou culpa têm apenas um significado: fraqueza que torna a informação desejada mais acessível. Por isso, como interrogador, não faço julgamentos. Poderia falar com Charles Manson com a mesma facilidade que conversaria com o sorveteiro. Estou mais interessado em entender como o cérebro dele funciona do que em parar para julgá-lo. Você pode achar que um dos efeitos colaterais de pôr essas técnicas em prática é que acabamos desenvolvendo uma inclinação similar a estar meramente em busca dos fatos em vez de considerá-los "certos" ou "errados". Parafraseando um ensinamento bíblico, um dos resultados possíveis é que fiquemos mais predispostos a odiar o pecado, mas amar o pecador. Quando as pessoas observam esse traço em você, provavelmente ficarão mais propensas a lhe contar a verdade.

Conforme revisávamos este livro, Maryann disse-me que, por ter aprendido essas técnicas, com o passar do tempo, notou justamente esse efeito nas pessoas. Sempre digo que, de repente, você se torna a pessoa que os outros querem tratar como psicólogo.

Embora seja fácil compreender a autopreservação como motivo para mentir, ela assume outro grau de complexidade quando o mentiroso mente para todos. Há sempre um amigo, confidente, padre ou terapeuta com quem o mentiroso quer ser sincero. No entanto, às vezes, o cenário é desprovido de honestidade.

Mentir para a esposa: "Não estou tendo um caso".

Mentir para a namorada: "Estou planejando me casar com você".

Mentir para os amigos: "Eu jamais trairia minha esposa".

Por que um indivíduo como esse, que está tendo um caso, mente para todos? Existem quatro possibilidades:

- Ele não pode dizer a verdade, o que significa que tem algum tipo de transtorno de personalidade antissocial.
- Ele sente tanta vergonha disso que a verdade dói, independentemente de quem a ouça.
- Ele tem algo a esconder e ninguém pode descobrir.
- Esse comportamento é tão repugnante para si mesmo e incompatível com suas crenças fundamentais que ele é compe-

lido a criar uma ficção, podendo assim ter uma vida normal.

Outro motivo para mentir é ser educado, o que, outra vez, pode ser uma forma de amor. A pergunta "Querido, essa calça deixa meu bumbum muito grande?" convida a uma piada do tipo "Não. Mas seu bumbum deixa essa calça pequena". A maior parte das pessoas, provavelmente, concordaria que é mais educado dizer algo menos verdadeiro, como "Não".

Há momentos em que mentir é mais fácil do que contar a verdade. De novo, essa pode ser uma forma de amor-próprio. Quando as pessoas que não conhecem direito a minha amiga Kay perguntam-lhe como seu marido morreu, ela diz apenas: "Ele estava doente há muito tempo". Ela inspiraria pena, confusão e questões dolorosas, se simplesmente despejasse os fatos: "Ele deu um tiro na própria cabeça".

Outra mentira baseada no amor pode ser aquela contada para proteger outras pessoas. É o caso do garotinho que assume a culpa por ter quebrado a janela para proteger o amigo que, caso contasse a verdade, seria espancado pelo pai cruel.

Uma mentira enraizada no ódio pode envolver um país, uma ideologia, uma pessoa – as mesmas categorias envolvidas numa mentira por amor. Um soldado pode mentir para ajudar a destruir o inimigo. Um empresário pode mentir para prejudicar o concorrente. Conheço o caso de uma mulher que mentiu dizendo que o ex-marido havia molestado os filhos deles. O desespero para vê-lo longe da vida dela e dos filhos era tanto que ela inventou esse comportamento abusivo.

Por último, as pessoas mentem para auferir ganhos pessoais, ou seja, por ganância. Exageros em um currículo, excessivas deduções no imposto de renda e histórias fantásticas sobre quando era atleta na faculdade – todas essas são mentiras que "todos" contam.

Se você tem filhos, aposto que já os ensinou a mentir. Desde "diga que não estou em casa", quando recebe um telefonema de alguém que não quer atender, até um "diga à tia Hazel como ela está bonita", mesmo quando ela aparece para jantar usando sapatos de pares diferentes, você condiciona seus filhos a mentir por educação, por autopreservação etc. Você não vai querer que seu filho de 6 anos saia gritando pelo supermercado: "Mas, mãe, eu não consegui alcançar o cereal porque aquela gorda estava bem na frente".

Seja qual for o motivo pelo qual você mente, a mentira em si causa estresse. Não importa se sua motivação é predominantemente digna, como quando se mente para proteger a família de algum perigo. Há uma incompatibilidade entre o que você está fazendo e o que seu cérebro está lhe dizendo que faça. E no caso dos "melhores" mentirosos de todos: os psicopatas? Bem, eles podem não ligar para a pressão social ou para o fato de estarem prejudicando outras pessoas, mas ainda têm os genes de autopreservação, portanto, estresse deles é causado pelo medo da descoberta e pelas consequências que ela trará.

A MECÂNICA DA MENTIRA

Há duas maneiras de se encarar a mecânica da mentira. A primeira é o tipo de mentira e a segunda, a maneira com que ela é dita e/ou disfarçada.

Tipos de mentiras

As pessoas contam mentiras de quatro maneiras principais: elas omitem a verdade, mentem descaradamente, embelezam a verdade e transferem a verdade.

- **Omissão:** Por que você abriu o seu negócio? "Eu me sentia sufocado por trabalhar em uma empresa tão grande, então peguei minhas boas ideias e resolvi montar algo próprio." Você omite a parte de ter sido demitido.
- **Mentir descaradamente:** Por que você abriu o seu negócio? "Os clientes me diziam que eu era o motivo pelo qual eles eram tão leais à empresa e que prefeririam negociar comigo diretamente." Balela. Um estilo ainda mais comum de mentir

descaradamente, ou por pura invenção, é por meio de uma simples negação ou afirmação: você financiou sua nova empresa com o seu dinheiro? você diz que "sim", apesar de o dinheiro ter vindo das reservas financeiras do seu marido.

- **Embelezamento:** Por que você abriu o seu negócio? "Eu tinha o maior registro de vendas da empresa e sabia que poderia me dar bem sozinha." Verdade, mas outras dezenove pessoas também tinham "o maior registro de vendas da empresa".
- **Transferência:** Por que você abriu o seu negócio? "Minhas pesquisas indicaram que uma comunidade como essa precisa muito desse serviço." Na verdade, foi a pesquisa de um amigo sobre a comunidade dele. Transferência significa apenas que você toma parte da verdade alheia e a torna sua. É uma mentira difícil de sustentar, porque você está tirando uma história de seu contexto original. Inventar os detalhes pode ser difícil, a menos que se conheça muito bem a vida da outra pessoa.

Uma amiga minha namorou um vendedor muito bem-sucedido que costumava mentir por transferência. Depois de alguns meses, ela resolveu confrontá-lo. Ele começou a rir e lhe pediu que ficasse calma. Ele enxergava suas mentiras como um tipo de brincadeira – puro entretenimento. Certa noite, na companhia de algumas pessoas que jamais vira, o rapaz descreveu uma batalha da qual ele, supostamente, fizera parte no Vietnã. As pessoas faziam perguntas focadas exclusivamente na história, assim, ele acabou se dando bem com suas descrições vívidas, entrelaçadas com detalhes da vida de outra pessoa. Dois tipos de perguntas poderiam, facilmente, tê-lo deixado enrolado: algo que o remetesse a outro contexto relacionado à história ou algo que envolvesse puras suposições relacionadas à história. Por exemplo: "Como foi o seu treinamento básico por lá?" é algo que o mentiroso, se nunca tivesse entrado no Exército, teria problema em responder. E uma pergunta envolvendo especulação, como "O que acha que teria acontecido se as tropas vietcongues tivessem visto você?", poderia fazê-lo se engasgar, mudar de assunto ou inventar, no improviso, alguma coisa sem pé nem cabeça. E, se você for analisar o rosto e o corpo dele em busca de sinais de mentira, talvez perceba que, em vez de sinalizar que está pensando de forma criativa, ele está, na verdade, acessando uma memória. Esse é um sinal claro de que qualquer coisa que disser em seguida será fruto de uma história ensaiada. Mesmo sem ler as seções sobre indicadores de linguagem corporal, você facilmente reconheceria as diferenças de comportamento, como o estresse de algo que ele jamais havia considerado a respeito da história criada. A "história de fachada" teria muitas lacunas.

Histórias de fachada são desvendadas à toa, por isso soldados treinados raramente usam mentiras de transferência ou mentem descaradamente. É muito fácil desmascarar um mentiroso ao perguntar-lhe os detalhes. O lendário interrogador alemão Hanns Scharff – o pai do interrogatório moderno não coercitivo e, por incrível que pareça, o criador de todos aqueles murais no Castelo da Cinderela, na Disneylândia – demonstrou isso vez após vez. Scharff desenvolveu técnicas de *interrogatório sutil* para conquistar a confiança dos prisioneiros, o que, quase sempre, dava certo por causa de sua atenção aos detalhes. Por exemplo, ele próprio viajou por cada canto da Europa e conhecia os horários dos trens, as distâncias e outros detalhes, o que acabava por usar para desmontar as histórias dos soldados aliados capturados. Por isso mesmo, sempre ensinei aos meus alunos de interrogatório que não existem informações inúteis.

Você poderá simplificar amplamente sua vida se eliminar esse tipo de invenção do seu repertório. É relativamente fácil de ser detectada, como verá logo mais, e muito complexa de ser sustentada com detalhes críveis. Ensinarei você a ler a linguagem corporal, o que vai ajudá-lo a revelar esse tipo de mentiroso. Além disso, na Seção V sobre autodefesa, também ensinarei os passos para transformar os detalhes de uma mentira numa "verdade" na sua cabeça – truques dos profissionais, como agentes de campo das agências de Inteligência e policiais infiltrados.

Não defenderei a total eliminação da omissão e do embelezamento. Esses tipos de mentira são um fato da vida que ajudam os seres humanos a lidar com uma miríade de desafios. É melhor do que deixar sua boca dizer qualquer coisa que o seu cérebro pense. As crianças fazem isso antes de aprender competências sociais. Elas não têm filtro, nenhum pensamento privado. Se aderirmos com habitualidade a uma "honestidade radical" pueril, um conceito descrito por Brad Blanton em um livro de mesmo nome (Dell, 1996), pessoas se sentirão magoadas e nos afastaremos até de nossos melhores amigos – e para quê?

Contudo, olhe com atenção por que se quer mentir por omissão ou embelezamento. Ambas podem pressionar as relações interpessoais até o limite, se violarem as expectativas ou os *direitos naturais*. Fidelidade é um direito natural, mesmo que o casal não estipule uma cláusula contratual no casamento que assim o especifique. Uma mulher que pergunte ao noivo "Você encontrou com a sua ex-namorada quando esteve em San Antonio?", provavelmente, não quer um "sim" ou "não". Ela espera que você saiba que a palavra *encontrou*, na verdade, quer dizer "teve relações sexuais com ela", portanto, é bom que sua resposta seja completa o bastante para abordar essa questão. Se você responder apenas "sim" e ficar por isso mesmo, pode dar indícios de que está sendo desonesto! O elefante entra na sala, mas ninguém vai querer admitir.

EXERCÍCIO

Uma noite dessas, enquanto estiver assistindo à televisão ou a um vídeo, faça uma lista dos tipos de mentiras que os personagens contam (autopreservação, educação e assim por diante). Como o tipo de mentira afetou sua percepção do personagem? Como afetou o personagem ao qual a mentira foi direcionada?

Ferramentas do mentiroso
(boas e ruins; voluntárias e involuntárias)

Redirecionamento

Você já observou um ilusionista e se perguntou como ele fez aquilo? A resposta é muito simples: um ilusionista tira sua atenção da ação real. Ele deve fazer movimentos bruscos com uma mão enquanto a outra faz o trabalho sutil, ou deixa algo cair para atrair sua atenção, da mesma maneira que um larápio dá uma trombada em você ao mesmo tempo em que leva sua carteira. Bons mentirosos usam redirecionamentos da mesma maneira. Eis aqui alguns exemplos.

Um redirecionamento manipula seu foco. Ele pode desviar sua atenção de uma mentira, ou arrastar sua atenção para um assunto sobre o qual a pessoa não precisaria mentir. Paixão, turbulência e uso hábil da linguagem são algumas das muitas maneiras para efetuar o redirecionamento. Essa lista não é de forma alguma exaustiva, mas apenas uma boa introdução para as ferramentas de um bom mentiroso.

Paixão pode significar energia sexual. Ao mesmo tempo em que sua namorada mente para você sobre onde ela estava na noite anterior, ela põe a mão na sua coxa e se aproxima de você. Uma das coisas que os interrogadores jovens e do sexo masculino precisam aprender é que as mulheres frequentemente mentem do mesmo modo que costumam seduzir. Claro que um homem pode usar a mesma técnica, ainda mais com uma mulher que estiver ingenuamente atraída por ele. Paixão também pode significar raiva, nojo, desilusão etc., englobando qualquer emoção ou impulso poderoso que o impeça de pensar sobre o cerne da questão. Uma pessoa reativa tende muito mais a deixar-se enganar por uma mentira do que uma pessoa racional; a paixão gerada pela fúria evita que todos, menos o observador independente, vejam os detalhes. Pense em todos os tipos de paixão que o forçam a reagir emocionalmente: pena, raiva, mágoa, medo. Uma criança faz uma versão pouco sofisticada disso quando inclina a cabeça e olha para cima com uma pontinha de medo nos olhos, como se você fosse mau e autoritário. Faça sua própria lista e procure pelos redirecionamentos passionais.

Turbulência seria aquele recurso que você mais associaria com pessoas que têm algum tipo de desequilíbrio mental. Não me refiro aqui à doença mental institucionalizada; quero dizer aquele "maluco" no senso comum. Eles mergulham em seus cérebros malucos e arrastam você lá para dentro. Os fatos se tornam um turbilhão. Elas param de falar de maneira coerente, confundindo palavras e conceitos, a ponto de se tornar impossível acompanhá-las. Outra maneira de se gerar turbulência é virando o jogo de forma errática e fazendo com que "tudo" seja por sua causa, rejeitando a questão ou o assunto em pauta como se fosse algo sem sentido. É uma técnica para induzi-lo a sentir-se culpado, incompetente, raivoso ou qualquer outra coisa que não seja o tema da mentira. Quer essas pessoas façam isso de forma intencional, quer seja o comportamento padrão delas ao mentir, elas tiram proveito da sua resposta emocional àquela turbulência.

Uso hábil da linguagem é uma tática deliberada de redirecionamento; ela requer inteligência. O método, geralmente, baseia-se na mudança de determinado assunto para um que abale instantaneamente suas emoções, sobrecarregando-o com detalhes que suplantam o assunto principal, ou dando respostas de alto nível que "ultrapassem" o assunto. Vi uma consultora de relações públicas usar essa técnica numa reunião em que o cliente pediu a ela que quantificasse seu valor para a organização. Ela foi até a estratosfera com uma descrição inspiradora sobre o papel do RP na construção e na proteção da reputação. O que o cliente queria saber era "Quantas menções na imprensa tivemos em troca dos seus cinco mil dólares?".

Um subgrupo do redirecionamento, algo que chamo "a cruzada", é sintetizado pelo desonrado pastor evangélico Ted Haggard. Na época da primeira edição de seu livro, Haggard tinha a reputação de ser um dos líderes cristãos anti-homossexuais mais fervorosos do país. Por que ele encobriu um longo relacionamento sexual com um homem, de quem ele comprava cristais de metanfetamina? Em grande parte, o ex-pastor estava usando o melhor do redirecionamento: um aparente ódio a determinado estilo de vida que poucos questionavam. Essa cruzada quase sempre me fazia pensar que ele "protestava demais". Autodepreciação pode ser o pior tipo de ímpeto para mentir, gerando uma paixão irracional e indiscriminada para evitar que outros conheçam um segredo.

Redirecionamento é uma das maneiras de desviar a atenção dos detalhes. Ofereço a seguir uma pequena lista. Haveria muito mais itens se ela fosse completa, portanto, procure outros e comece a sua própria lista. Perceba que seres humanos são criaturas de hábito, e qualquer hábito recompensado se torna parte de um repertório futuro. Uma vez que o hábito fica enraizado no leque de ferramentas de uma pessoa, ela vai adequar sua implementação e criar um mecanismo para seu uso. Como qualquer outra coisa que uma pessoa faz para liberar endorfinas e obter recompensas, esse repertório se tornará ritualizado.

Qualquer estilo de redirecionamento deve ter um ritual associado e, uma vez identificado, você reconhecerá um sinal que mostra que a pessoa deve ter acabado de mentir, ou pode estar tentando tirar sua atenção do assunto para não precisar mentir para você. Pode ser algo que a pessoa faça desde criança – um hábito que se desenvolveu e que levava à recompensa por se safar por meio de uma mentira. Em outros casos, pode ser uma reação direta a algo que você fez: você pode ter desencadeado um tipo particular de reação, porque agiu de algum modo que o fez se lembrar de sua mãe ou da professora malvada da quarta série.

Sinais involuntários

Enquanto as ferramentas do mentiroso listadas antes são, mais frequentemente, voluntárias no início e depois, em virtude da ritualização, tornam-se normais para o mentiroso, o próximo conjunto é raramente voluntário. São as ferramentas de autopreservação do próprio cérebro, e o detentor do cérebro pode nem se dar conta de que as está usando. Apenas por conhecer esse leque de ferramentas você já terá vantagens sobre os mentirosos.

Uso de pronomes e divisão da culpa

O uso de pronomes é um indício no decurso de um diálogo. A maioria das pessoas usará pronomes na primeira pessoa ao discutir algum relato, assunto ou problema para ilustrar os pensamentos a respeito de determinada história e como ela se desenrolou. Quando ouço uma transição da primeira pessoa para a terceira ou segunda pessoa, imediatamente começo a investigar melhor. A pessoa vai se aprofundando na história, contando-me sobre os eventos do dia, e todas as frases começam com "eu", até ela chegar a um incidente em particular – então, muda o pronome para "ela" ou "ele". É aí que começa a investigação. Fico imaginando por que as ações de outra pessoa, de repente, assumem o centro das atenções, ou por que os holofotes precisam ser compartilhados. Há culpa a ser imposta? Alguma enganação em jogo? Independentemente do motivo, a alternância merece sua atenção.

As pessoas usam constantemente a palavra *eu* ao contar histórias. Ouvir *eu* em todas as frases até surgir algo errado é um bom indicador de divisão de culpa. Preste bastante atenção quando a pessoa usa *eu* em vez de *nós*. Quase sempre as coisas boas acontecem com *eu* e as ruins com *nós*. Essa mudança sugere que tudo aquilo que é negativo acontece quando outros estão envolvidos e que a pessoa tem dificuldade em assumir responsabilidades.

Mensagens incongruentes

A Headline News enviou-me a gravação do interrogatório de Ryan Brunn, acusado de assassinar uma garota de 7 anos. No curso da sessão de polígrafo, Brunn desabafou: "Eu sou uma boa pessoa, mas eu não matei aquela menina". Isso equivale a um garotinho dizer: "Mamãe, eu como meus legumes, mas eu não coloquei as ervilhas no chão". O cérebro está simultaneamente focado em uma afirmação de bondade e em uma falsa negação, e o resultado é uma declaração incongruente. Essa má escolha de palavras pode ser um indicativo de mau uso de conceitos ou palavras adquirido no passado, mas, com certeza, isso atrai minha atenção imediatamente a fim de perguntar: "Você não quis dizer *e*?". É um bom sinal quando há algo de errado na história.

Empurra-puxa

Quando ouço frases como *estou dizendo a mais pura verdade*, meu alarme imediatamente dispara. Esse vai e vem diz para mim: se essa é a mais pura verdade, então qual é a verdade *não tão pura*? Todos esses condicionamentos pesados com valores absolutos, como "completamente certo", equivalem a "muito grávida". Ou está, ou não está.

Projeção

Meu amigo Woody, que está com 58 anos, decidiu que entraria no Facebook para encontrar velhos amigos. Peggy, uma namorada que ele teve 25 anos antes, encontrou-o e, depois de algumas conversas amigáveis, contou-lhe que um de seus filhos era dele. Quando os dois estiveram juntos, ela já tinha dois filhos; a terceira nasceu após o namoro entre eles. Ela o convidou para conhecer a filha, sem contar à menina que ele viria ou quem ele era. Abraçando a paternidade com orgulho e comprometimento, Woody adentrou a vida da jovem e foi ao casamento dela, que o acolheu como seu pai desconhecido.

Peggy mentiu. Meu amigo não era o pai da garota. A questão é: como ela o enrolou naquela mentira de forma tão profunda, se ele poderia tê-la desmascarado facilmente? A resposta: projeção.

E essa é a parte mais interessante: não era uma mulher maluca ou com dificuldades financeiras. Ela havia criado três filhos, que pareciam bem encaminhados e, que agora estavam casados e felizes. Aparentemente, eles tinham amor, segurança e consistência – três itens que as crianças precisam para se tornarem seres humanos psicologicamente saudáveis. Profissionalmente, ela era uma enfermeira de grande sucesso, tendo recebido diversas condecorações através dos anos por seus atos de inteligência e altruísmo.

Embora eu não estivesse presente durante as conversas, uma ferramenta eficiente que ela deve ter usado com facilidade foi a projeção dele. Peggy se apegou ao único arrependimento dele em vida: não ter tido filhos. Ela o iludiu com isso ao atraí-lo para uma ficção.

Mulher: Eu me arrependi de jamais ter entrado para o curso de medicina. E você?

Woody: Bem, minha carreira é praticamente perfeita. Não me arrependo disso.

Mulher: E no lado pessoal?

Woody: Sei lá, eu gostaria de ter tido filhos.

Mulher: Talvez você tenha.

Woody: Não. Certeza que não tive.

Mulher: Eu já contei a você sobre a minha filha Sally?

Ao fazer um leve redirecionamento, deixando sobre a mesa o comentário sem resposta, a mulher deixou a resposta aberta para interpretação. Ao preencher essa necessidade, ela permite que Woody complete a própria história. Os passos a partir daí podem ser uma simples enganação (sem nunca negar) ou mentir descaradamente (fabricar detalhes, omitir fatos e assim por diante).

De qualquer forma, a verdadeira mágica é permitir que a vítima da mentira crie as próprias respostas. Ela, de fato, deixa que ele faça o serviço por ela.

Pergunte a si mesmo com que frequência você preenche as lacunas de um mentiroso. Quanto mais detalhes ele precisar dar, mais difícil será a mentira. Quanto menos detalhes forem exigidos, mais fácil fica sustentá-la. Quando você projeta o que está vendo ou ouvindo, acaba fadado ao fracasso. Projeção significa que você está determinando fatos com base naquilo que precisa ou no que está em sua cabeça. Pare!

A história de Woody é complicada e apresenta uma miríade de oportunidades para conseguir desmascarar um mentiroso, portanto, voltaremos a ela – em muito mais detalhes – nos capítulos adiante.

Pontes textuais

Jack Schafer, um psicólogo que trabalhou como analista comportamental no FBI, cunhou o termo *pontes textuais* para descrever uma construção frasal que permite à pessoa pular de um assunto para outro ("Let Their Words Do the Talking", *Psychology Today*, 6 mar. 2011). Elas aparecem na conversa quando alguém quer pular certos detalhes, portanto, o seu uso não é necessariamente relacionado à enganação. No entanto, quando você está entrevistando uma pessoa para um emprego ou discutindo um assunto delicado, pontes textuais podem indicar uma mentira.

Elas se encaixam em três categorias: palavras subordinativas, conjunções adverbiais e palavras de transição.

A lista de Schafer de palavras subordinativas contém o seguinte: *depois de*, *embora*, *como se*, *contanto que*, *porque*, *antes de*, *apesar de*, *se*, *para que*, *é que*, *já que*, *portanto*, *do que*, *por meio de*, *a menos que*, *até que*, *quando*, *onde*, *onde quer que* e *enquanto*. Por exemplo, um suspeito de roubo pode dizer à polícia: "Depois que eu cheguei à loja, encontrei o caixa no chão". Essa afirmação omite o fato de que o caixa não estava no chão quando o suspeito do roubo chegou.

Conjunções adverbiais conectam ideias que não combinam numa sequência. Algumas delas são *de acordo com*, *contudo*, *além do mais*, *não obstante*, *consequentemente*, *do contrário*, *novamente*, *de fato*, *também*, *além disso*, *finalmente*, *por conseguinte*, *doravante*, *então* e *assim*. Elas são ótimas ferramentas para omitir fatos marcantes. Por exemplo: "Eu estava sentada no meu carro no farol vermelho e, então, ele começou a me xingar". A motorista deixa de dizer que havia cortado o cara no trânsito um minuto antes.

Palavras de transição podem, entre outras coisas, ajudar a criar lacunas temporais. Exemplos de palavras de transição relacionadas ao tempo são *antes, durante, depois, desde* e *enquanto isso*. Um motorista descuidado usa esse estilo de transição na seguinte frase: "Eu vi a placa do cruzamento da escola. Antes de eu atravessar a faixa de pedestres, olhei para os lados para me certificar de que ninguém havia descido da calçada. De repente, essa criança começou a espancar o capô do meu carro". A história acobertava o fato de que o motorista não parou por completo, como exigido por lei, antes de avançar sobre a faixa de pedestres, e uma criança quase foi atingida ao sair correndo pela faixa de pedestres.

Manipulações de palavras e frases assim me lembram de como Barry Minkow descreve fraude em seu livro *Cleaning Up: One Man's Seductive Journal through the World of Corporate Crime* (Thomas Nelson, 2005, p. 65): "Fraude é a pele da verdade recheada com uma mentira". Disso ele entendia bem. O esquema Ponzi que ele engendrou com apenas 20 anos de idade é uma das maiores fraudes de investimento já cometida por uma única pessoa; ele agora está na prisão, depois de cometer uma fraude cinco vezes maior do que a primeira.

Confusão

Bons contadores de histórias têm um dom para a mentira, pois enchem uma resposta com tantos detalhes que a confusão dos fatos chega a distrair o interlocutor das mentiras. Faça a pergunta: "Como foi sua viagem para Chicago?", e você ouvirá tudo sobre o clima, as condições da estrada, os caminhões na estrada, a paisagem e o motorista do Subaru vermelho que parecia um zumbi. Se ouvir com atenção, escondido no meio da descrição da paisagem, deve haver um embelezamento sobre uma mansão ao longo do caminho. É uma mentira bastante inocente, mas, se prestar atenção aos políticos com um dom para contar histórias, perceberá como eles distorcem sutilmente "fatos" nos discursos de "vote em mim".

Responda à pergunta – nada mais, nada menos

Um agente do serviço secreto estava dando instruções à polícia estadual e à segurança do hotel como parte da preparação para a chegada do presidente dos Estados Unidos. Então, entrou o gerente geral do hotel. Ao repassar seu *checklist* mental, o agente do serviço secreto perguntou: "Quantas portas precisam ser protegidas antes da chegada do presidente?".

O gerente geral respondeu alto: "Todas elas".

A veia jugular do pescoço do agente quase explodiu: "O que vocês estão fazendo durante esse tempo todo? Vamos ficar ligados, galera!".

Um dos membros da segurança do hotel resolveu se pronunciar: "Não, senhor, deve haver algum erro. Nós já fizemos a inspeção com o seu pessoal e trancamos todas as entradas e saídas desguarnecidas".

"Quem aqui está mentindo para mim?", esbravejou o agente.

O problema é que o gerente geral era um cara que pensava de forma binária, então respondeu à questão honestamente. Em sua mente, o presidente encontrava-se a caminho, portanto, todas as portas precisavam estar protegidas. O agente não tinha perguntado quantas portas permaneciam desprotegidas ou quantas haviam sido protegidas.

Certa vez, ouvi o presidente de uma empresa fazer isso deliberadamente. Pouco depois de grande parte do efetivo ter recebido avisos de demissão, uma das diretoras perguntou a ele se havia alguma vaga possível de ser pleiteada por sua assistente em outra parte da empresa, porque o departamento dela havia sido fortemente afetado pelos cortes. Calmamente, ele pegou uma pasta de cima da mesa, abriu-a e disse: "Sim, há duas".

Ela poderia pleitear as vagas, é claro, mas de nada valeria. Uma tinha um salário tão baixo que seria impossível viver com ele, e a outra requeria curso superior, o que ela não tinha. Em vez de avisar com antecedência sobre as exigências, ele deixou que o inevitável acontecesse. A diretora foi até a assistente e lhe disse com otimismo que havia duas vagas que ela podia pleitear.

Alguém que usa esse estilo de mentira ou pensa naturalmente de forma binária ou tem uma propensão para comportamento passivo-agressivo – ou ambos. No caso do chefe, foi um traço passivo-agressivo que o impediu de encarar confrontos manifestos, mas, no fim das contas, fez com que as pessoas deixassem de confiar nele, e por uma boa razão.

Responder a uma pergunta diferente

Sua esposa foi à academia há quatro horas e acabou de chegar em casa. Você diz: "Onde você estava? Eu já estava ficando preocupado".

"Fiz um treino muito forte. Você sabe, o tipo que faz você querer ficar numa banheira por uma hora."

"Mas você ficou fora de casa por quatro horas. Você estava na academia esse tempo todo?"

"Antes de eu fazer meu treino com pesos, fiz uma longa sessão de aeróbicos. Eles compraram uma esteira nova e ela tem várias inclinações, medidas de batimentos cardíacos, oferece leituras da composição corporal – é simplesmente incrível."

Muita gente faz isso sem qualquer intenção de mentir; é como se essas pessoas sequer ouvissem a pergunta. No entanto, essa técnica, quando usada de modo deliberado, é uma forma de desgastar o questionador, na esperança de que ele simplesmente pare de fazer perguntas que você não quer responder. Aprender a traçar uma linha de base, procurar por desvios, é a chave, e você verá orientações detalhadas sobre como fazer isso nos capítulos seguintes.

OS ESTILOS DE MENTIRA

No início dos anos 1970, Richard Bandler e John Grinder conduziram uma pesquisa na Universidade da Califórnia que levou à programação neurolinguística (PNL). Ela é valiosa para compreender como as pessoas absorvem e filtram as informações, e, como consequência, como elas mentem. Um conceito-chave na PNL é que a habilidade de estabelecer relações com os outros substitui a inteligência natural e a educação formal no sentido de ajudar as pessoas a atingir o sucesso. Você pode definir sucesso de forma ampla como "uma vida bem-sucedida" ou pode limitar isso a "uma ligação oficial bem-sucedida" ou "ser bem-sucedido ao trair sua esposa". O conceito fundamental, porém, é a conexão, ou relação interpessoal. Para estabelecer uma relação interpessoal, você faz uso do melhor canal de informação para os indivíduos. Em seguida, precisa se adaptar à maneira com que uma pessoa filtra informações.

Portanto, como uma pessoa mente, ou quão bem uma pessoa mente, depende dessas habilidades interpessoais. Quão bem uma pessoa interroga também depende dessas habilidades interpessoais.

Pistas de acesso

Os canais de informação primários, ou pistas de acesso, são visual, auditivo e cinestésico. A maior parte das pessoas responde a estímulos visuais com maior intensidade do que outras, mas há pessoas para as quais ouvir ou sentir algo deixa uma impressão mais forte. No capítulo seguinte, realizarei uma análise minuciosa a respeito desses canais e como eles interagem com o modo como uma pessoa recorda suas experiências – ou seja, por sequência, tempo ou eventos. Para descrever como você filtra informações em tempo real, usarei um conjunto diferente de critérios, mas você verá mais tarde como eles se interligam para defini-lo como uma pessoa orientada por sequência, tempo ou eventos.

Estilos de triagem ou filtragem

Em *Rangers Lead the Way* (Adams Media, 2003), o ex-oficial do Exército dos Estados Unidos e consultor de liderança Dean Hohl oferece-nos uma lista clara de estilos de triagem (pp. 170-171). São escolhas do tipo e/ou. Conforme você os lê, escolha aqueles que o descrevem, pense em alguém que você conheça – alguém com quem se comunica com dificuldade – e escolha os itens que acha que melhor descrevem essa pessoa:

- Pedaço grande – foco generalizado, visão macro.
- Pedaço pequeno – focado nos detalhes, visão micro.
- Sequencial – organizado, focado no processo.
- Aleatório – prestidigitador, produtivo apesar de ter uma mesa bagunçada.
- Positivo – otimista.
- Negativo – pessimista.
- Mesmice – escolhe semelhanças e padrões.
- Diferença – escolhe contrastes.
- Passado – focado no que aconteceu antes.
- Presente – focado no hoje.
- Futuro – focado no amanhã.
- Eu – claro senso de autoestima e ideias próprias.
- Nós – prefere a confirmação dos outros.
- Respondedor de polaridades – oferece alternativas, faz papel de "advogado do diabo".
- Respondedor de conformidades – mais propenso a concordar do que a oferecer alternativas.
- Abordagem – ativamente curioso, vai em direção ao desconhecido.
- Esquiva – inibido, afasta-se do desconhecido.

Digamos que nosso suposto mentiroso seja cinestésico, um cara do tipo pedaço grande e aleatório, e está tentando impressioná-lo ao falar sobre os carros que já teve – ou diz que teve. O Porsche dele fazia curvas perfeitas a 120 km/h, ia de 0 a 100 km/h em poucos segundos e assim por diante. Você, por outro lado, é uma pessoa visual, que tende a ser sequencial e de pedaço pequeno. Você lhe pergunta de que cor era o carro, pede que descreva o interior, questiona qual era o espaço do porta-malas – e ele se atrapalha todo. A falta de interpessoalidade não o faz, necessariamente, duvidar da história dele, mas, quando você buscou mais informações baseadas na sua pista de acesso e no estilo de triagem, o Porsche não parecia mais tão real.

Como interrogador, essas diferenças podem ajudá-lo a detectar uma mentira, mas, para extrair informações, você provavelmente vai querer construir laços interpessoais com sua fonte. Suas questões de linha de base precisam trazer informações sobre as pistas de acesso e os estilos de triagem da pessoa, assim você pode conversar nos termos dela.

Como sugerem essas duas ferramentas de análise, a comunicação não é somente verbal. Palavras formam apenas um sistema comum de símbolos verbais que transmitem uma ideia de pessoa para pessoa. Um aperto de mão é um símbolo cinestésico. Uma piscada de olhos é um símbolo visual. Perfume é uma comunicação olfativa. Nenhum deles tem um significado absoluto. Eles podem ser mal interpretados não só pelas diferenças nos estilos de acesso e triagem, mas também porque as pessoas possuem conotações ou associações idiossincráticas para os símbolos. Estes podem ter maior peso do que as denotações na mente delas. Por exemplo, eu associo perfume com flerte, provavelmente porque as mulheres no Exército não usavam perfume a menos que estivessem socializando fora do serviço. A primeira vez que me dei conta da importância das conotações foi na nona série, quando meu professor de inglês, Shepherd Chuites, anunciou: "Fico 'pê' da vida quando vejo um anúncio no jornal dizendo que se está vendendo um lar. Não dá para vender um lar. Você pode vender uma casa". Levo essa colocação comigo até hoje.

As pessoas podem ter significados diferentes por meio de símbolos diferentes, porque cada um de nós possui *filtros*. Estes podem ser sensoriais, culturais, religiosos, étnicos, físicos, raciais – a lista é praticamente infinita. Uma pessoa com cheiro de cigarro talvez lhe pareça descuidada, repulsiva e nervosa, pois estas podem ser características que você associe com o tabagismo. Subliminarmente, é possível que você valorize menos o que é dito por essa pessoa do que as afirmações de alguém que não tenha odor de cigarro. Talvez esse indivíduo apresente o mais profundo discernimento do mundo, mas seus filtros o impedem de absorver a sabedoria dele. Muitas pessoas do sul dos Estados Unidos, pessoas que eram minhas vizinhas na minha infância, não conseguiam ver Martin Luther King Jr. pelo grande homem que era. Para elas, por ser negro, ele não podia dizer nada relevante ou inspirador para as pessoas brancas.

Sempre que fazemos alguma coisa ou aprendemos algo novo, nossos filtros são afetados. Sempre que tomamos uma decisão, ela limita outra escolha. Sempre que designamos um significado para uma palavra, este a define para nós como ela deve ser usada. Você deve reconhecer os filtros e trabalhar com e por meio deles na hora de aplicar as habilidades de interrogatório. Se uma pessoa estiver com raiva, ela terá um filtro diferente para ouvir parte da informação de alguém apreensivo. Um dissidente político com uma história sobre um déspota, contada, porém, por um membro do partido do déspota, terá uma abordagem diferente. Duas namoradas do passado, sendo que uma largou você e a outra você largou, certamente vão descrevê-lo de maneiras conflitantes. Para a mente humana, percepção é realidade. Desse modo, cada uma dessas pessoas com informações conflituosas está dizendo o que julga ser a verdade. "Verdade", portanto, não é necessariamente o que é verdadeiro. Você quer aprender essas técnicas, porque quer saber o que é verdadeiro.

Uma escolha de palavras ou frases pode permitir que uma pessoa minta com mais tranquilidade, porque tal palavra ou frase a distancia de um evento. Os filtros de um assassino o impedem de pronunciar a palavra "assassinato"; em vez disso, ele diz "acidente". Em um nível menos dramático, seu filho pode dizer: "alguém quebrou a janela", o que não atribui a culpa a alguém – embora ele mesmo a tenha quebrado –, mas anuncia o evento sem qualquer julgamento. Frequentemente, esse tipo de distanciamento envolve a implementação de diversas palavras-tampão em uma frase, omitindo as palavras que vão direto ao assunto. Escute qualquer político negando uma irregularidade e terá uma vívida ilustração disso. Um exemplo mais comum é o de uma conversa arrastada em que uma pessoa claramente espera que, ao enrolar para dar uma resposta, conduzirá as perguntas para um fluxo contínuo, depois a um lento gotejar, até parar de vez:

"Você comeu os cookies?"

"Que cookies?"

"Os cookies das escoteiras que estavam na despensa."

"E eles não estão mais lá?"

"As balas de menta ainda estão lá, mas os biscoitos não."

"Ah, as balas de menta ainda estão lá?"

"Sim, mas os cookies... Ah, esquece..."

Outro ponto a se notar aqui é que às vezes as pessoas, deliberadamente, falam sem dar qualquer sentido às palavras, mas isso não significa que estão tentando enganá-lo. Isso lhes dá tempo de organizar mentalmente uma afirmação importante, para postergar algo que ainda não chegou ao momento certo de ser dito, ou para recuperar um pensamento perdido. Políticos fazem isso com frases como: "O povo americano precisa saber que esse assunto é um dos muitos que estamos tratando com seriedade no Congresso". Você já deve ter usado esse mecanismo para tentar se esquivar de uma proposta de casamento. E muitos de nós já formularam frases que não significavam nada mais do que "blá-blá-blá", quando o fato era que não conseguíamos nos lembrar do que realmente queríamos dizer. É uma versão de "ééé" que dá a uma pessoa tempo para pensar. No trabalho, quase sempre lido com pessoas que não conseguem dar respostas rápidas. Meu conselho a elas é o seguinte: se você acha que é importante dar a primeira palavra, abra a boca com uma resposta ensaiada, um tapa-buraco. Você não precisa ter o pensamento totalmente formado quando começa a falar.

Tipos de personalidade

O último conjunto de critérios que listarei aqui para analisar a abordagem de comunicação de uma pessoa é o modelo de personalidade Myers-Briggs. O valor deste é que ele pode lhe soar bem familiar, porque você deve ter feito esse teste de tipologia na escola ou no trabalho. Darei uma visão geral dos quatro conjuntos de categorias e/ou, depois mostrarei como o fato de conhecer o perfil de alguém pode ajudá-lo a compreender a abordagem de uma pessoa para mentir e como você pode detectar uma mentira. No entanto, é importante ressalvar: usei extensivamente os perfis Myers-Briggs, mas não sou um perito na teoria. Por isso, pedi a Deborah Singer Dobson, uma vice--presidente de recursos humanos, autora e consultora Myers-Briggs certificada desde 1989, que mostrasse as próprias perspectivas sobre o que um perfil Myers-Briggs pode lhe dizer a respeito de como detectar um mentiroso.

Conhecer os tipos Myers-Briggs o ajudará a estabelecer mais diretamente como as pessoas pensam em vez de como elas mentem. Sua habilidade de avaliar tipos se tornará inestimável para estabelecer relações interpessoais e fazer abordagens, assunto que trataremos mais adiante. Dominar Myers-Briggs também lhe conferirá uma vantagem, caso decida usar o estilo de triagem de dados de alguém contra ele próprio, podendo demovê-lo da ideia de praticar a mentira.

Myers-Briggs usa quatro pares de critérios para determinar um tipo. Um teste minucioso é a única maneira de determinar seu tipo. Os pares de critérios são: introvertido (I) *vs.* extrovertido (E); sensorial (S) *vs.* intuitivo (N); racionalista (T) *vs.* sentimental (F); e julgador (J) *vs.* perceptivo (P)[2]. Quando se determina a letra utilizada, cada uma do par é exclusiva do outro. Também há níveis de cada uma, portanto, o teste auxilia você a entender quão profundamente enraizado você está numa categoria. Certas generalidades o ajudarão a ter uma ideia da coisa.

Extrovertidos *vs.* introvertidos

Você absorve energia de outras pessoas ou recarrega suas baterias por meio da privacidade? Prefere focar no mundo ao redor ou no seu mundo interno?

2 As letras em parênteses pertencem à categorização internacional desse sistema. Referem--se aos termos em inglês: *e*xtraversion (E); *i*ntroversion (I); *s*ensing (S); i*n*tuition (N); *t*hinking (T); *f*eeling (F); *j*udging (J); e *p*erceiving (P). (N.T.)

Essa característica refere-se apenas ao local de onde as pessoas obtêm suas energias. Introvertidos obtêm energia ao mergulhar no próprio cérebro e dentro de si mesmas, e devem recarregar suas baterias por meio dos próprios interesses e hobbies. Elas sempre precisam de seu espaço e tendem a precisar de mais privacidade no geral. Introvertidos com muita energia quase sempre são vistos resmungando consigo mesmos quando estão sozinhos. Ensaiam o que vão dizer antes de dizer. Preferem observar qualquer atividade nova e ter a oportunidade de praticá-las por conta própria antes de experienciar uma novidade.

Extrovertidos obtêm energia do resto do mundo ao estarem rodeados de outras pessoas. Extrovertidos fortes não se envolvem em "atividades solitárias" durante longos períodos e acham que ficar em casa, mesmo quando doentes, é extremamente limitante. Esse grupo de pessoas é conhecido por "pensar com a boca" e por, literalmente, improvisar conforme as palavras vão saindo. Eles precisam experimentar coisas e se colocam a todo momento diante de novas situações e ambientes, além de tender a assumir riscos físicos com maior facilidade. A linguagem corporal dos extrovertidos é normalmente mais fácil de ser lida do que a dos introvertidos, porque a orientação corporal deles é mais conectada com o resto do mundo.

Sensorial *vs.* Intuitivo

Essa é a categoria que descreve como você obtém informações.

Tipos sensoriais aceitam o mundo como ele é, saem em busca de informações, gostam de construir, criar coisas e usar as mãos, e, geralmente, são muito organizados e sistemáticos. Sensoriais são vistos pelos outros como pessoas metódicas, realistas e centradas, que tomam decisões baseadas nos fatos. Tipos intuitivos costumam ver essas pessoas como desprovidas de imaginação e presas no mundano; sempre "leem nas entrelinhas" e usam o "sexto sentido" para tentar compreender o que não é facilmente visto ou corroborado pelos dados. Sempre estão envolvidos com criações ou inovações, e geralmente ficam mais à vontade para romper as regras, se isso for em prol de desenvolver algo novo. Tipos sensoriais também podem ser muito criativos, mas em geral procuram solucionar problemas que já existem ou que estão ligados à tecnologia existente.

Como um tipo intuitivo que sou, acho que minhas observações mais brilhantes surgiram quando eu estava conversando com alguém. Talvez eu nem me dê conta dos detalhes da conversa, porque eles simplesmente não são tão importantes quanto as ideias que brotaram, as quais eu, em seguida, internalizei. Graças ao Exército e ao reforço negativo, deixei de confiar unicamente na intuição e, hoje, consigo ver os detalhes do caso concreto quando realmente preciso. Não é de admirar que o Exército seja uma organização sensorial e, como os indivíduos sensoriais, geralmente vê os tipos intuitivos como "viajantes".

Certa vez, eu estava ministrando um treinamento para quatro vendedores, sendo dois indivíduos sensoriais e dois intuitivos. A simulação centrava-se em um cliente que não estava muito satisfeito. Perguntei ao primeiro, um intuitivo: O que quer esse cliente? Ele respondeu: "Ele quer construir uma relação com base no passado. Ele não gosta de nós e nem confia em nós, mas acha que somos a melhor coisa que está rolando na vida dele atualmente". Quando perguntei como ele sabia disso, ouvi a seguinte resposta: "Eu não sei". Pedi a ele que se aprofundasse. Então, o intuitivo respondeu: "Não foi o que eu ouvi. Foi o que eu não ouvi quando fiz perguntas que me fez chegar a essa conclusão". Fiz a mesma pergunta a um dos indivíduos sensoriais. "Ele quer o produto no prazo combinado, uma agenda de serviços em particular e um orçamento que não exceda cem mil dólares". Novamente, perguntei: "Como você sabe disso?". Ele pareceu julgar aquela pergunta idiota: "Foi o que ele disse!". Os dois tipos fazem parcerias ideais, mas o indivíduo sensorial, frequentemente, não suporta as perspectivas de um tipo intuitivo, que ele pensa ser um indivíduo excêntrico. Por outro lado, os intuitivos ficam impacientes com os sensoriais, sempre meticulosos, que precisam ter em vista cada detalhe da situação para tomar uma decisão. A visão deles é: "Sou inteligente o suficiente para ligar os pontos. Eu sei o que isso significa".

Como Deborah Dobson propõe de forma sucinta: "É mais provável que um tipo intuitivo tenha criado o micro-ondas e o videocassete, e é mais provável que um tipo sensorial tenha desenvolvido a blindagem térmica para ônibus espaciais e melhores amortecedores para os carros".

Racionalista *vs.* sentimental

Antes de mais nada, tipos racionalistas obviamente se emocionam e tipos sentimentais obviamente pensam. Essa característica foca-se na maneira com que as pessoas tomam decisões, e os racionalistas valorizam os fatos. Eles tomam decisões com a cabeça, enquanto os tipos sentimentais tomam decisões baseadas em moral, valores, normas e em como, de modo geral, as decisões afetam as pessoas e como elas se sentem ou vivem. Fatos podem desempenhar um papel em suas decisões, mas sem muito protagonismo.

Ambos os tipos podem chegar à mesma conclusão, mas por métodos diferentes. Por exemplo, um T e um F que são casados podem escolher o mesmo carro, mas será por motivos diferentes. O T fará a pesquisa e determinará que um carro em particular tem melhor preço, bom tamanho, melhor consumo de combustível e uma aparência aceitável. Esses quesitos também podem ter valor para o F, mas o carro deve fazer o F se sentir bem. Talvez o carro seja igual ao dos pais do F, e, por conseguinte, representa algo confortável. O F também iria querer que o carro viesse na cor desejada e quem sabe até que a companhia tivesse uma boa avaliação como empresa-cidadã.

Julgador *vs.* perceptivo

Essa característica está relacionada a como as pessoas querem gerenciar a própria vida. Julgadores – e essa não deve ser interpretada como uma designação pejorativa – tocam a vida de acordo com o conceito de que há uma maneira correta para que as coisas aconteçam. "Correta", nesse caso, significa "estruturada" ou "ordenada". Os JS gostam que o ambiente ao redor seja como a mente deles: limpo, organizado, incólume. Eles pensam em trabalho antes de tudo, cumprem prazos com responsabilidade e são comprometidos com uma causa, uma meta ou um calendário. Com relação às suas habilidades organizacionais, são os arquivistas.

Perceptivos, por outro lado, são acumuladores. Escritórios e residências podem estar uma bagunça sem atrapalhar o esquema do perceptivo, e prazos são meras sugestões. PS vivem num mundo de possibilidades. Tomar uma decisão limita outras, portanto, os tipos perceptivos estão sempre repensando ou refazendo coisas. PS são procrastinadores, não por serem irresponsáveis, mas por sentirem que precisam esperar até o último minuto possível, caso uma boa ideia ou nova informação se torne disponível para ajudar em sua tomada de decisão. Eles obtêm energia de muitas coisas na vida por "estarem abertos". Aquela pessoa conhecida por acreditar que o par perfeito está logo adiante é, muito provavelmente, um P.

Nos círculos de Myers-Briggs, a piada interna é que JS fazem listas e as usam, e os PS fazem listas e as perdem. JS gostam de saber com muitos fins de semana de antecedência o que vão fazer, enquanto os PS querem esperar até a manhã de sábado para escolher o que farão naquele dia e a manhã de domingo para escolher outra coisa.

Meu último supervisor no Exército, com quem partilho a mesma data de aniversário, foi David Hastings, um dos interrogadores mais inteligentes que conheci durante a minha carreira. Dave era CW5, a última patente que um interrogador do Exército dos Estados Unidos pode alcançar. Era ele quem organizava as agendas e fazia a coordenação de todos os treinamentos – um J clássico. Dave criou todas as nossas redes de transporte e distribuição de suprimentos. Ele também realizava a coordenação do programa. Por outro lado, eu era o cara do conteúdo e que ficava na linha de frente. Nas palavras de Dave, ele era o cara das tabelas e dos gráficos, e eu era o cara da criação. Juntos, fazíamos milagres no treinamento de interrogadores, pois nossos métodos se complementavam, e assim fomos capazes de criar programas que uniam todos os serviços e exércitos estrangeiros. Dave tinha um escritório muito organizado, cerca de 4 m x 4 m, com inúmeros livros, tabelas e gráficos alinhados nas prateleiras. Havia também uma placa na parede dizendo: "trabalhe até cair e depois tire as ervas daninhas". Meu escritório era ao lado do de Dave e tinha cerca de 4 m x 5 m. Dificilmente dava para ver o piso. Eu amontoava documentos em pilhas de um metro, e por cima sempre havia papéis de todo tipo. Certa vez, depois de um específico treinamento revelador (para os alunos) acerca de psicologia de captura, os alunos identificaram-no como o Palpatine e eu como Darth Vader – o construtor metódico de um império e o catalisador do lado sombrio da Força, que era cheio de truques e surpresas.

Tipos de temperamento

Aproximamo-nos de uma melhor compreensão de como tudo isso se relaciona com o ato de mentir ao verificarmos os tipos de temperamento e inteligência baseados na triagem Myers-Briggs. David Keirsey e Marilyn Bates fizeram a primeira codificação em *Please Understand Me*, e, depois, Keirsey expandiu o estudo em seu trabalho seguinte, *Please Understand Me II* (Prometheus, 1984 e 1998, respectivamente). Tendo como base as categorias e palavras-chave de Keirsey/Bates, Deborah Dobson analisa os quatro tipos – racionais, idealistas, guardiões e artesãos – em busca de pistas para entender como pessoas distintas mentem. As ideias dela refletem sua experiência direta utilizando Myers-Briggs para ajudar empresas a solucionar problemas de pessoal.

Os racionais

Os racionais são NTs – isto é, um tipo caracterizado pela combinação de intuitivo e racionalista. Keirsey cita a "grande habilidade de análise estratégica" deles. Em termos militares, eles são os generais. As suas palavras-chave são *competente*, *autônomo* e *obstinado*.

NTs não mentem bem. Eles têm uma abordagem desajeitada e reveladora na hora de enganar, primeiro confessando algumas partes, depois desembuchando toda a verdade em reação a qualquer pressão. Dobson sabe como detectá-los: "Tenho experiência em reconhecer quando estão mentindo, porque a linguagem corporal deles é irrequieta, eles gaguejam e tropeçam nas palavras". Pelo fato de competência e produtividade serem características supremas para um NT, se você o pegar numa mentira, será muito degradante para ele.

NTs não estão acostumados a achar que precisam mentir, porque são líderes naturais; na maior parte das vezes, pensam que as pessoas farão o que eles estão dizendo e querendo, ou serão capazes de convencê-las com seu intelecto e carisma enormes. Se precisarem mentir para colocar em prática seu objetivo, isso os incomodará, pois não faz parte de sua "persona de líder" ou autoimagem.

Os idealistas

Esses caras são NFs, ou uma combinação dos tipos intuitivo e sentimental. De acordo com Keirsey, as palavras-chave deles são *autêntico*, *benevolente* e *empático*. A missão e o foco desse tipo de temperamento são a harmonia e "elegância".

Além disso, podem ser excelentes mentirosos. Quando anteveem a necessidade de mentir numa situação, usam seus dons de pessoas visuais para evocar uma imagem mental da enganação – ou seja, como teria acontecido. Eles têm a habilidade de se imaginar fazendo aquilo do que se trata a mentira, e isso reduz os sintomas corporais do ato de mentir. NFs são focados em criar soluções e ajudar pessoas e organizações. Concentram-se na melhora do processo; sendo assim, estão sempre imaginando o próximo passo – algo novo, algo que ainda não aconteceu. Talvez mintam porque isso manterá a harmonia e as boas relações.

NFs menos maduros são avessos a conflitos e, por isso, mentem.

Também são "especialistas" em compreender os outros e o que os motiva, e, sendo assim, sabem o que dizer ou como estruturar as coisas para que outros possam agir.

Não pense que isso significa que os NFs gostam ou preferem mentir como se fosse uma filosofia de vida. Na verdade, eles tendem a ser muito sensíveis à imoralidade de uma mentira. Trata-se apenas de que possuem alguns traços que os tornam melhores nisso em detrimento de outros.

Os guardiões

Esses SJs, ou tipos sensoriais e julgadores, são comunicadores concretos que coletam dados por meio de canais externos. Dessa forma, procuram usar uma metodologia comprovada para unir as pessoas em busca da solução de problemas. Eles querem manter o *status quo* e valorizam o trabalho duro. Keirsey cita suas palavras-chave como sendo *respeitável*, *bom* e *confiável*.

Como regra geral, SJs não costumam mentir. Podem parecer um tanto legalistas ao tentar mentir, mas é mais provável que apenas digam: "não posso falar sobre isso". Eles são guiados pela norma, assim evitam situações em que talvez precisem mentir. Geralmente, são fáceis de ler, chegando a quase emanar culpa.

Os artesãos

Os artesãos são SPs – tipos sensoriais-perceptivos. A missão e o foco desse tipo de temperamento estão na diversão e na ação. São comunicadores concretos que coletam informações de canais externos e enxergam as possibilidades por intermédio de sua visão perceptiva. De acordo com Keirsey, suas palavras-chave são *graça*, *ousadia* e *adaptável*.

SPs deixam você no limiar da verdade, e isso já é bom o bastante para eles. Possuem profissões relacionadas a diversão e vivência; são pilotos, paramédicos, paraquedistas profissionais e atores. A abordagem deles da mentira é: "se eu disser uma meia-verdade, já está bom o bastante", o que se traduz como: "se você me perguntar o que aconteceu nos primeiros 100 metros da minha viagem e eu lhe disser o que aconteceu nos 500 metros seguintes, já terei contado a verdade". Você deve insistir para conseguir mais detalhes com um mentiroso SP. Por fim, eles provavelmente lhe dirão a verdade, entretanto, não ficarão tensos com isso. Por essa razão, podem não demonstrar estresse, o que dificulta detectar se estão escondendo algo. Podem, inclusive, transformar a mentira em um jogo ou se divertir no processo.

O valor de detectar pistas de acesso, estilos de triagem e tipos de personalidade e temperamento se revelará conforme você começar a procurar as especificidades de como detectar um mentiroso. Isso tudo vai ajudá-lo a entender como os outros pensam e de onde eles vêm, eliminando, assim, outro filtro de sua mente.

Capítulo 3

Homens e mulheres (e crianças) são diferentes?

Sim, eles são diferentes. E a resposta mais completa é que as pessoas podem ser filtradas de acordo com o que aprendem, como se lembram das coisas, como se relacionam com os outros e ao que sua mente é propensa. Algumas dessas diferenças referem-se a gênero, algumas a idade e outras podem ser atribuídas a uma predisposição genética.

Você é uma pessoa que aprende por meio visual, auditivo ou cinestésico? O que motiva suas lembranças: sequência ou relações de uma coisa com a outra; tempo, como em horas e minutos, ou eventos, de modo que algumas experiências ficam claras na mente e outras não lhe dizem absolutamente nada? Você tem cérebro de homem ou de mulher? Assimila informações por meio dos cinco sentidos ou confia conscientemente naquele sexto sentido da intuição? É movido pela lógica ou pelos sentimentos? Tem mais ou menos de 25 anos? Percepção, memória e sua habilidade de expressar por que ou como algo aconteceu se manifestam de acordo com os fatores que acabei de mencionar. Elas também afetam seus filtros de informação e estabelecem quais são suas vantagens e seus desafios naturais como alguém que deseja aprender a detectar um mentiroso.

No entanto, mesmo que consiga identificar essas diferenças por conta própria, a menos que compreenda as semelhanças entre as pessoas, você terá bastante trabalho para usar as informações.

EXAMINANDO O CORPO TODO

Vou falar sobre tudo, da cabeça aos pés, para destacar os traços físicos que os seres humanos apresentam em comum, assim você terá pontos de referência para identificar as diferentes maneiras pelas quais as pessoas expressam suas mentiras. Seres humanos, naturalmente, exploram padrões, portanto, à medida que progredir nas técnicas de como detectar um mentiroso, você perceberá que esse conhecimento básico o ajudará a potencializar talentos que você já vem usando por toda sua vida.

O CÉREBRO

Uma rápida compreensão do cérebro nos oferece a base para os sinais revelados pelos movimentos da cabeça e dos olhos. O córtex visual, localizado na parte de trás da cabeça, é utilizado para processar tudo que você vê – ele serve para armazenar informações visuais e para visualizar coisas. Os sons que você imagina ou, de fato, ouve são armazenados em seu córtex auditivo (lobo temporal), que fica acima das orelhas e também é responsável por movimentos. Isso poderia explicar por que reagimos mais rapidamente a estímulos auditivos do que a estímulos visuais. Há um curto trajeto entre o estímulo e a percepção. Qualquer coisa relacionada a pensamentos mais elevados envolve o córtex pré-frontal, ou a parte da frente da sua cabeça – o que nos torna macacos sofisticados.

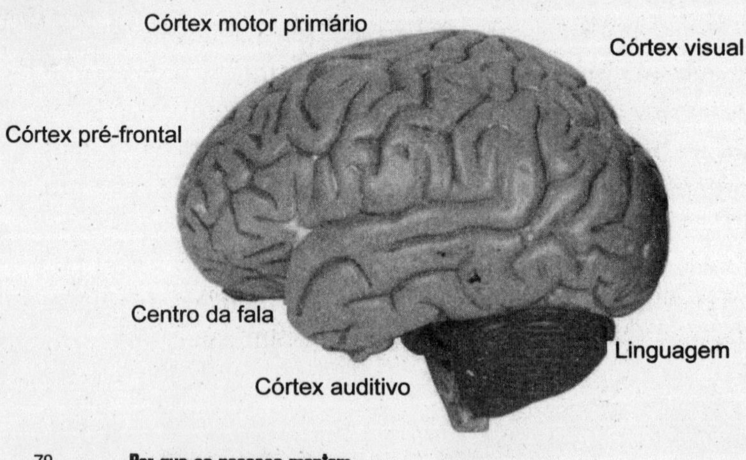

O ROSTO

A menos que o cérebro tenha sofrido algum tipo de dano, o rosto humano é a porção do corpo mais facilmente controlada. No entanto, também revela emoções de maneira involuntária com padrões específicos facilmente identificáveis.

Um dos motivos pelos quais o rosto humano nos oferece uma variedade tão grande de possibilidades para expressar tanto mentiras quanto emoções genuínas é o fato de ele comportar o sistema muscular mais complexo do corpo, além de ser uma área em que os músculos estão ligados à pele, e não aos ossos. Observe o Gollum, em *O Senhor dos Anéis: O Retorno do Rei* (New Line Cinema, 2003), para ver como um rosto demonstra uma quantidade imensa de emoções. O rosto dessa criatura animada ilustra a transição emocional do patético e amargurado Sméagol para o personagem ávido e assassino que deseja o anel.

Logo após o nascimento, os bebês são capazes de reconhecer as características de um rosto humano, mesmo sem conseguir enxergar nada além de sombras e formas grosseiras. Num estudo publicado em dezembro de 2004 na *Current Directions in Psychological Science*, quando exposto a dois desenhos – um apresentava um círculo com dois pontos pretos acima e um ponto preto abaixo, e o outro, um círculo com um ponto preto acima e dois pontos pretos abaixo –, um bebê fixou-se naquele que mais se assemelhava a um rosto humano. A primeira conclusão à qual podemos chegar é que os seres humanos são programados desde o nascimento para ler feições humanas. É assim que identificamos nossos pares, como determinamos qualidades básicas uns aos outros. Até a linguagem reflete isso com frases do tipo "caiu a cara". O rosto constitui nosso meio de comunicação primário, mesmo sem dizer palavra alguma.

A uniformidade de nossas expressões faciais é, na verdade, fundada em nossa natureza animal, e não no lugar em que crescemos ou na língua que falamos. Paul Ekman, autoridade das expressões faciais e seus significados, explica em *Telling Lies* (w.w. Norton, 1991):

As expressões faciais involuntárias de emoção são produto da evolução. Muitas expressões humanas são iguais àquelas vistas nos rostos de outros primatas. Algumas expressões faciais de emoções – pelo menos, aquelas que indicam felicidade, medo, raiva, nojo, tristeza e angústia, e talvez até outras emoções – são universais, iguais para todas as pessoas, independente de idade, sexo, raça ou cultura. (p. 124)

Muitas expressões corporais, inclusive o movimento dos olhos, não são nem de perto tão consistentes nas culturas, raças e localidades quanto as expressões faciais. Diz-nos um provérbio árabe: "Aprender outro idioma é ganhar outra alma"; isso reflete o fato de que a linguagem afeta os padrões cerebrais. Albaneses balançam a cabeça quando querem dizer "sim". Em certas sociedades asiáticas, o contato visual constante significa falta de educação, ao contrário dos árabes, que gostam de manter contato visual contínuo. A cultura americana, geralmente, associa contato visual a honestidade, enquanto olhos errantes são relacionados a algum tipo de dissimulação, o que varia de pessoa para pessoa. Sendo assim, podemos encontrar uma miríade de outras diferenças na linguagem corporal, mesmo entre tipos de pessoas que partilham da mesma cultura. No entanto, em linhas gerais, expressões faciais são universais, o que significa que os seres humanos foram feitos para se comunicar com o rosto.

Dado que dependemos muito de nosso rosto para manifestar intenção, reações e assim por diante, isso significa que temos mais prática usando o rosto, em vez de outra parte do corpo, para nos comunicar. Por conta disso, deveríamos ser melhores em controlar o rosto do que qualquer outra parte do corpo para criar dissimulações. Contudo, temos, sim, microgestos faciais involuntários que denunciam nossos segredos. Você e eu podemos estar tendo uma ótima conversa numa festa. Estou sorrindo largamente para você, quando noto que um cara que bateu na minha irmã acaba de entrar. Os vestígios de sorriso podem continuar lá, mas os cantos da minha boca curvam-se para baixo e minha testa fica franzida. Fui pego de surpresa e não consegui controlar minha reação; uma incongruência notória foi gerada. E, mesmo em situações em que forjamos e controlamos a aparência das emoções no rosto, nosso corpo reage naturalmente aos estímulos antes mesmo de conseguirmos controlá-los.

As extremidades

Altos níveis de estresse impactam seu corpo das maneiras listadas no Capítulo 1. O cérebro diz: "Alerta! Corpo, é melhor você fazer algo!". O corpo responde com: "Beleza, essa é a minha área! Eu vou nos proteger!". Então, a parte cognitiva do cérebro se desliga e deixa que o corpo assuma o controle. Sob condições emocionais, mas menos estressantes, os corpos humanos, do pescoço para baixo, ainda manifestam algumas das mesmas reações características. Os movimentos em si não são iguais, mas por que e onde eles ocorrem são.

O zoólogo Desmond Morris postulou que as regiões do corpo mais difíceis de serem controladas são as que estão mais distantes do cérebro – mãos e pés. As pessoas fazem muitas coisas diferentes com as mãos para se defender, quer seja de ameaças físicas, verbais, psicológicas ou emocionais. Enquanto as posições dos braços e das mãos de uma pessoa em modo lutar-ou-fugir são extremas e bem definidas, as posições das mãos de alguém que se sente incomodado, levemente ameaçado, entusiasmado etc. diferem enormemente. O que elas têm em comum é o significado.

Entre outras coisas, você usa as mãos para desempenhar as seguintes tarefas:

- Impor uma barreira entre você e outra pessoa.
- Sinalizar superioridade ou inferioridade.
- Sustentar um argumento.
- Expressar abertura.
- Dar licença a alguém.

Antes de mais nada, traçar uma linha de base é o mais importante para averiguar o significado de um gesto. Se alguém cruza naturalmente os braços, isso não significa nada. Se o cruzar de braços apenas ocorre quando você faz determinada pergunta, aí significa algo. Um dos sinais clássicos de autoproteção, pelo menos para um homem, é cobrir a genitália. Sem dúvida, você já viu a posição de um homem com as mãos sobrepostas e cobrindo a genitália – a postura da folha de figueira –, talvez numa postura que o faz parecer prestar atenção. É um tipo de barreira.

Humanos diferem de outros animais, pois caminhamos eretos com nossas partes mais preciosas e vitais expostas ao inimigo. Todas as outras criaturas do planeta, quando preparadas para o combate, ficam com o abdômen e a genitália seguramente resguardados. Barreiras, como a postura da folha de figueira, braços cruzados e mãos entrelaçadas, são, por consequência, valorosos indicadores de desconforto. Outras barreiras incluem um homem que arruma constantemente as mangas da camisa sob o pretexto de ficar aprumado. Inconscientemente, ele está tirando a atenção de si mesmo e a atraindo para a atividade em questão, enquanto cruza as mãos na frente do baixo-ventre. A maioria das formas ativas de cruzar o corpo, como lixar as unhas, estalar os dedos e arrumar a camisa, também incluem um elemento de deslocamento ou alívio da energia nervosa.

Um dos sinais clássicos de sustentação de um argumento é fazer o gesto de "reger". Foi o que fez o presidente Clinton em sua contestação pública da acusação de ter tido um caso com Monica Lewinsky. Ele usou o antebraço e a mão como uma batuta para enfatizar cada palavra de negação. Adolf Hitler batia os pés e gesticulava com vigor para levar os subordinados ao delírio e os inimigos à submissão. Na televisão, pastores evangélicos, geralmente, apresentam os braços esticados à frente e as palmas abertas para enfatizar seu propósito. Só o fato de mostrar a palma para alguém pode indicar que este foi dispensado e não participa mais da conversa. Gestos como esses foram absorvidos de tal forma pelo nosso estilo de comunicação que vestígios deles ocorrem mesmo quando não há intenção.

As mãos podem sinalizar inúmeras intenções e emoções, sendo algumas exclusivas de uma cultura. Entre os gestos que penetraram nossa linguagem corporal por meio do subconsciente, o mais conhecido é o gesto do campanário. Podemos ver exemplos com frequência na televisão, especialmente nas entrevistas com políticos e especialistas. A pessoa que o utiliza une as pontas de todos os dedos e os levanta na posição vertical. Esse é um indicador, pelo menos subconsciente, de que essa pessoa se sente superior ou em posição de vantagem. Tal comportamento pode ser visto em todas as culturas e camadas da sociedade. Uma versão modificada e mais corajosa desse comportamento é colocar os dedos entrelaçados atrás da cabeça. Fazer o gesto do campanário de outro modo indica uma sensação de vulnerabilidade, submissão ou inferioridade. Ponha as mãos na posição do campanário e gire as pontas dos dedos para a frente ou para baixo. Em uma fotografia oficial de fevereiro de 2005, o amigável primeiro-ministro britânico Tony Blair recebeu a secretária de Estado dos Estados Unidos, Condoleezza Rice, com as mãos nessa posição de campanário abaixado. O gesto pode ter passado despercebido pela ex-secretária, mas não por mim.

Todas as extremidades podem demonstrar emoções sem que haja intenção; leva tempo para evitar que isso aconteça. Certa vez, durante um treinamento de interrogatório em que eu fazia o papel de um soldado americano capturado pelo inimigo, a ideia era demonstrar aos alunos como nós nos entregamos por meio da linguagem corporal, e concordei em permitir o uso de força física pelo interrogador para simular um captor inescrupuloso. Havia regras para evitar que a encenação saísse do controle; uma delas era que o captor poderia me dar apenas três tapas. Interpretei o papel de um babaca metido, e, quando eu respondia de forma arrogante, o interrogador me batia. No fim, meus colegas interrogadores criticaram minha habilidade de esconder linguagem corporal. A descoberta deles foi: levantei o dedo indicador da mão direita – como se dissesse: "É só isso?" – quando veio o terceiro tapa no rosto. Eu não tinha consciência disso.

As pessoas usam os dedos das mãos e dos pés para indicar algo significativo de maneira inconsciente. Regularmente, damos informações e ajudamos a confirmar um ponto de vista por meio de gestos manuais, portanto, não é de se surpreender que nós os entreguemos quando nos encontramos sob estresse. Uma pessoa presa numa reunião estressante pode apontar o dedo do pé para a porta e ficar inquieta. Outra pode ficar batendo o punho sobre a mesa durante o dia. Todas essas são maneiras usadas pelo corpo para transmitir uma mensagem subconscientemente.

A parte mais interessante da sinalização corporal é você não conseguir impedir que ela aconteça. Se mascarar olhos, torso, tronco e mãos, acaba se entregando pelos pés. Mesmo quando se dominam essas habilidades, a verdadeira luta é manter a cadência. Cadência e suavidade de transição vão denunciá-lo toda vez. Uma pessoa que mentiu com êxito, e depois percebe que ludibriou o questionador, sente um súbito fluxo de alívio e pode mudar abruptamente a atitude. Entre as muitas maneiras pelas quais isso pode se manifestar estão a velocidade dos movimentos de mãos e pés, o tom da voz e a cadência das palavras.

Em resumo, você pode usar as pernas e os pés para informar, entre outras coisas, o seguinte:

- Criar uma barreira entre você e outra pessoa.
- Expressar impaciência ou desconforto.
- Apontar para a porta, como indicativo consciente ou inconsciente de que você quer sair do recinto.
- Sinalizar tensão.

Experimente prestar atenção em si mesmo durante um ato de esfregar os dedos dos pés, chacoalhar o pé, bater os dedos dos pés no chão, cruzar as pernas ou movimentar as pernas para cima e para baixo ou de um lado para o outro. O que você está sentindo no momento? Preferiria estar em outro lugar ou com outra companhia?

GESTOS MASCULINOS E FEMININOS DE ESTRESSE E ENGANAÇÃO

Na maioria das vezes não há, entre homens e mulheres, gestos diferentes que o ajudem a detectar uma mentira, mas a seguir cito três que merecem consideração.

- Quando uma mulher inclina a cabeça, arregala os olhos e tem lábios macios, isso a faz parecer vulnerável. Mesmo que ela esteja mentindo, pode ser capaz de usar esse conjunto de gestos de forma eficaz para estimular a natureza protetora de um homem. (Nota: isso funcionou até com James Bond.)
- As mulheres, às vezes, ficam com manchas avermelhadas no pescoço quando reagem ao estresse.
- Quando estão confortáveis, os homens normalmente se sentam com as pernas um pouco afastadas. Se você vir um homem americano juntando bem as pernas, ou ele está sentindo algum tipo de tensão, ou passou anos da vida ouvindo professores gritando com ele: "Junte essas pernas e endireita as costas!".

VER, OUVIR OU SENTIR NOVAS IDEIAS À SUA MANEIRA

Depois de ter analisado o corpo, vou mergulhar na cabeça – onde começamos a ver grandes diferenças no modo com que as pessoas absorvem, filtram e armazenam informações. Todas essas diferenças afetam o modo pelo qual as pessoas tanto praticam uma enganação quanto a detectam.

"Entendo o que você está dizendo."

"Eu estou ouvindo."

"Estou sentindo algo com relação a isso."

Essas afirmações são as formas mais comuns de se verificar a pista de acesso de uma pessoa. Cerca de 75% das pessoas são visuais, 20% são auditivas e 5% são cinestésicas. Os professores, quase sempre, usam uma combinação de estímulos visuais e auditivos em uma aula, mas quantas pessoas você conhece que pareciam "burras" na escola, mas acabaram se dando muito bem no mundo real? Conheço uma mulher que tinha um desempenho tão ruim na escola que os professores julgaram que ela sofria de déficit de aprendizado – mesmo assim, ela se destacou como atleta e, mais tarde, como personal trainer. Essa moça não tinha o tipo de equilíbrio que a maioria das pessoas alcança; ela aprendia cinestesicamente, e a maioria das outras abordagens educacionais a entediavam ou não entravam em sua cabeça.

Para a maioria de nós, isso não é tão dramático, mas os interrogadores sabem que ainda existe diferença nas pistas de acesso. Isso os ajuda a determinar como fazer um interrogatório mais envolvente, além de os auxiliar a saber o que leva determinada pessoa a ceder.

Por exemplo, uma pessoa auditiva exposta a algum tipo de barulho, como sons repetitivos de crianças esmurrando um piano, sofreria uma tortura.

SUA CHAVE DE MEMÓRIA: O QUÊ, QUANDO OU E DEPOIS?

Para extrair informações de alguém por meio de perguntas (em vez de tortura), você deve saber como ele ou ela se lembra das coisas. Em termos de memória, a pessoa é orientada por tempo, eventos ou sequências?

Haverá discussões se, em um relacionamento, uma pessoa orientada por eventos entrar em confronto com o parceiro, se este for orientado por tempo ou sequência. Você chega alguns minutos atrasado à igreja, mas isso deixa o outro maluco, porque, para ele, deve-se sempre chegar na hora exata. Ele lhe deu flores às seis da tarde no primeiro aniversário de casamento de vocês, o casamento ocorreu ao meio-dia, portanto, você queria que o evento fosse comemorado nesse horário. Essas diferenças afetam nossas vidas inúmeras vezes. Dê uma olhada em receitas complexas escritas por uma pessoa orientada por sequências. Certamente você saberá o que fazer em seguida, mas não terá como saber antecipadamente quanto tempo levará para completar cada passo do prato ou quais serão as distintas atividades envolvidas no preparo.

Com uma pessoa orientada por tempo, eu perguntaria: "O que você fez ontem?", e talvez ela respondesse me dizendo a que horas acordou, quando foi para o trabalho etc. Uma pessoa orientada por eventos me contaria sobre os eventos memoráveis que ocorreram:

"Encontrei com o meu chefe, almocei com um cliente, fechei um negócio". Uma pessoa sequencial faria uma cronologia das atividades: acordei, tomei café da manhã, fui ao trabalho e assim por diante.

A maneira como você se lembra dos eventos pode ser tanto ou mais em virtude de treinamento do que "daquilo que vem naturalmente". Executivos seniores de empresas, frequentemente, precisam definir as prioridades em termos de eventos – lançamento do produto, discurso inaugural – enquanto outras pessoas ao seu redor podem estar preocupadas com tempo e sequência. Os esportes podem reforçar ou exigir uma mentalidade orientada por sequências, como em: "Que jogada vem depois daquela?". Os militares americanos funcionam como um relógio. O treinamento deles reitera que um horário de extração de 8h30 não é 8h31. Ou eles estarão sentados no helicóptero na hora marcada, ou serão largados para trás. A fim de enfatizar esse ponto, pedi a Dean Hohl, autor de *Rangers Lead the Way* (Adams Media, 2003) e ex-Ranger dos EUA, que me contasse sobre a própria experiência durante a invasão do Panamá, em 1989:

> *Na noite em que adentramos o espaço aéreo do rio Hato, 15 ou 16 C130 alinharam-se no fronte, cada um com 64 Rangers. A entrega aconteceu três minutos depois da meia-noite. Precisamente, trinta segundos antes disso, a Força Aérea lançou bombas termoguiadas dos caças F117. A Força Aérea tinha que cruzar a fronteira, do oceano à terra firme, de maneira cronometrada para lançar as bombas e deixar a área, porque estávamos logo atrás deles. Assim que pousamos, tínhamos uma janela exígua de tempo para nos reunirmos nas nossas áreas e nos apressarmos para sair do centro até o nosso objetivo. Quarenta e cinco minutos depois de pularmos, nossa aeronave de reabastecimento deveria pousar na pista, um trecho de três quilômetros que precisava estar livre dos obstáculos que os panamenhos haviam colocado lá como defesa. Entre os saltadores havia uma equipe especial com kits de ligação direta que precisavam ser levados diretamente aos tratores e a outras máquinas pesadas na pista para ligar os motores, assim eles poderiam remover as tralhas do caminho.*

Imagine só se os caças não tivessem saído na hora exata e lançado as bombas quinze segundos depois? Teríamos que pular de paraquedas por entre os escombros ou até traríamos "o perigo para perto". E se nossas equipes especiais não conseguissem limpar a pista em 45 minutos? Os aviões com nossos jipes e motocicletas, entre outros suprimentos dos quais precisávamos para isolar a área e concluir a missão, não teriam pousado na hora certa. Isso poderia ter comprometido a missão e, o mais importante, comprometido vidas. Nesse tipo de situação, não há como ligar para o cliente e pedir desculpas. Temos que seguir o cronograma à risca, pois vidas dependem de nós. Descobrimos mais tarde que o comando estimava que perderíamos oitenta homens naquela noite. Em vez disso, seguimos com rigor o cronograma e o plano, concluindo a missão em apenas cinco horas e perdendo apenas dois Rangers.

Independentemente de você ser uma pessoa orientada por tempo, evento ou sequência, certos tipos de mentiras são mais fáceis ou mais difíceis de serem ditos ou sustentados. De igual modo, certos tipos de interrogatório suscitam uma mentira calma por omissão ou descaradamente mesmo, mas outros tipos abalam o mentiroso e fazem com que ele deixe transparecer emoções.

Por exemplo, digamos que uma pessoa orientada por sequências furte 50 mil dólares do cofre da empresa. Quando indagado sem qualquer suspeita – "O que você fez ontem?" –, ele diz: "Fechei o cofre e fui para casa". Consistente com a ponte textual descrita no Capítulo 2, ele apenas se ateve à parte verdadeira da sequência, portanto, a mentira por omissão sai tranquilamente. Se a pergunta for: "O que você fez com o dinheiro?", a resposta dele pode ser: "Eu o coloquei no cofre e fechei a porta". Para ele, é mais difícil dizer isso, porque a afirmação não segue a sequência real dos eventos. Torna-se, então, uma mentira descarada, porque a verdadeira sequência é que ele pôs parte do dinheiro no cofre e parte em sua pasta, e depois fechou a porta. Ele gastou mais energia do que na mentira por omissão, e é mais provável que sinalize a mentira pela linguagem corporal.

Pessoas orientadas por eventos são de pedaços grandes. Elas organizam as coisas em sua ordem de importância, logo, ao responder a uma pergunta sobre o que fizeram no dia anterior, talvez nem mencionem o que aconteceu na ordem. Pessoas orientadas por sequência fazem a triagem em pedaços pequenos; um acontecimento se liga ao seguinte. Pessoas orientadas por tempo têm uma sequência ditada pela cronologia, portanto, é mais provável que se lembrem de quanto tempo demorou para algo determinado acontecer e a que momento ocorreu o evento seguinte. É outra versão dos pedaços pequenos.

Antes de tentar extrair informações, você precisa fazer perguntas que tracem uma linha de base para determinar com que tipo de pessoa está lidando. Depois disso, pode escolher enfraquecer o padrão de comunicação da pessoa usando um estilo conflituoso, mas talvez isso interrompa seu progresso. Na maioria das vezes, é preferível que você se aproveite da maneira com que sua fonte se comunica, evitando confundi-la. Por exemplo, pode perguntar ao seu cônjuge orientado por sequência, o qual está no meio de uma viagem de negócios: "O que você fez hoje?". O que você realmente quer saber é: "Quais coisas significativas aconteceram?", mas ele ouve sua pergunta em termos de uma sequência de eventos, que começou quando ele acordou e terminou no momento em que você está lhe fazendo perguntas. Então começa com: "Bem, acordei quando tocou o despertador, ouvi as notícias na rádio enquanto me barbeava...". Se quiser manter uma forte conexão para que o questionamento continue, você precisa apenas ouvir, mesmo que se sinta como Archie Bunker, no seriado *Tudo em Família*. Era uma piada recorrente, quando Edith divagava ao responder às perguntas de Archie e ele a interrompia com um: "Vá direto ao ponto, Edith". Para ser justo, devo dizer que as Ediths do mundo ficam loucas quando são privadas dos detalhes.

Finja que você é um Archie, como eu sou, e está interrogando uma pessoa que se lembra em sequência. Você pode redirecioná-la, interrompendo-a com uma pergunta sobre um evento ou tempo ocorrido posteriormente, mas corre-se o risco de distanciá-la em um nível subliminar, ou até consciente. Nesse momento, você pode fazer com que a pessoa distorça as informações. Pode também dar a entender que está mais interessada em uma coisa do que em todas as outras: "Por que será que ela não deu a mínima para a construção da nova ponte, mas queria saber de todos os detalhes do almoço com a Sherry?".

A memória, na melhor das hipóteses, é algo impreciso. Você quer que ela se lembre de itens do modo como os registrou; quanto mais a afasta de seu processo normal de pensar, mais propensa ela estará a distorcer os dados. Aguente uns minutos a mais de blá-blá-blá. É mais fácil e mais efetivo você adaptar seu estilo de interrogatório do que fazer com que a pessoa se adapte ao seu estilo de fazer perguntas. Dito isso, também oferecerei dicas de redirecionamentos engenhosos em seções posteriores.

NOSSA, QUE PEQUENO CORPO CALOSO VOCÊ TEM!

No geral, as mulheres se lembram dos fatos em termos de experiência, enquanto os homens se lembram do que aconteceu. Eis outra generalidade que usamos num interrogatório: por confiar na intuição, uma mulher, normalmente, percebe que um homem está dando em cima dela mais rápido do que um homem percebe a situação contrária. Isso não significa que não existam homens intuitivos, mas as mulheres parecem confiar mais naturalmente nessa habilidade do que a maioria dos homens. Veja a estrutura cerebral para explicar a habilidade intuitiva em vez de dar ouvidos aos roteiristas de Hollywood, pois alguns deles parecem retratar as mulheres como videntes natas.

O corpo caloso é uma espessa camada de fibras nervosas que conectam os hemisférios esquerdo e direito. Juntas, essas estruturas formam o principal componente do sistema nervoso central (o cérebro). Em geral, homens e mulheres não são iguais quando nos referimos ao corpo caloso: as mulheres ganham em tamanho e desenvolvimento. Os sinais cruzam do lado esquerdo para o direito do cérebro (e vice-versa) mais rapidamente no corpo caloso feminino. Os homens usam o lado esquerdo. Param. Então usam o direito. Param. O efeito disso é que os homens parecem persistir num padrão lógico ou num modo criativo, enquanto as mulheres podem, de forma mais ágil, transitar do criativo para o lógico para o criativo para o lógico, e assim por diante. Pela questão de a intuição englobar sentimentos e fatos, você compreende agora como o cérebro feminino tem melhor base para sustentá-la.

Tanto homens quanto mulheres podem ter o lado esquerdo ou o lado direito como hemisférios aparentemente dominantes. Existe um teste cientificamente questionável para ver o que você é: bata as palmas das mãos e não as separe. Qual polegar está por cima? Se o polegar direito estiver por cima, seu lado esquerdo deve estar no comando. Se você sente uma sensação estranha ao bater palmas e colocar o outro polegar por cima, então você tem um dos lados dominantes. Se os dois lhe parecem igualmente confortáveis, então isso reflete uma igualdade em seu cérebro – pelo menos, em termos de qual metade está no comando.

Seus olhos possuem diferentes quantidades de textura e cor, e também podem dar indicativos de qual lado do seu cérebro está no comando. Se seu olho direito parece ter mais texturas e pigmentos coloridos, por exemplo, é possível que você tenha o lado esquerdo dominante. Preste mais atenção na textura do que na cor ao conduzir suas observações. Independentemente de a dominância ser no lado esquerdo ou no lado direito, homens e mulheres têm diferentes reações ao estresse – isto é, eles apresentam diferentes maneiras de tocar partes do próprio corpo, assim como reações involuntárias do corpo ao estresse. Sob estresse, um homem tende a adaptar-se por esfregar a pele (coxas, mãos etc.), enquanto uma mulher pode jogar o cabelo com os dedos, inclinar a cabeça ou, talvez, tocar o pescoço. Esses são todos gestos autoeróticos que redirecionam energia, mas os da mulher nos parecem mais comuns. Na verdade, a linguagem corporal de uma mulher no meio de uma mentira possui incrível semelhança com o comportamento sedutor. A diferença-chave?

Quando uma mulher usa esses gestos para seduzir, os lábios ficam inchados de sangue, então pulsam, e o rosto todo assume uma aparência mais suave e plena. Sob estresse, os gestos podem parecer os mesmos, mas o sangue foge dos lábios, fazendo-os, portanto, parecerem mais finos. Para onde vai o sangue? Para os músculos, porque a pessoa sob estresse tem respostas autônomas associadas com o modo lutar-ou-fugir. Homens: lembrem-se desse sinal quando forem conhecer uma mulher que acharem atraente, assim terão uma noção melhor do que poderia, ou não, acontecer mais tarde.

Vimos uma exceção estranha a esse sinal de estresse durante os interrogatórios. Algumas mulheres acham o poder tão atraente que, mesmo quando ameaçadas verbalmente, exibem sinais de sedução. É claro, um interrogador homem pode tirar o máximo de vantagem disso para extrair informações (algumas chegam a ponto de se acharem as estrelas de um filme de espião o tempo todo). Contudo, é muito raro que homens achem as mulheres poderosas desconcertantemente atraentes, portanto, as interrogadoras utilizam uma abordagem distinta.

As diferenças-chave entre homens e mulheres como interrogadores manifestam-se durante as fases de abordagem e de questionamento do processo, assunto que trataremos com mais detalhes adiante. Na fase de abordagem, interrogadores, normalmente, misturam elementos de severidade física com mais naturalidade do que as mulheres. Dependendo das circunstâncias, as interrogadoras podem achar mais fácil criar incentivos sexuais em sua abordagem. As diferenças menos óbvias surgem depois que o interrogador leva a fonte a um estado emocional por meio da abordagem. O interrogador precisa manter a pessoa em um modo emocional durante o questionamento, e isso pode exigir que ele ou ela transite entre uma sequência lógica de questões e o reforço da abordagem, para sustentar a emoção da pessoa. Depois de lecionar para homens e mulheres, descobri que homens frequentemente ficam presos na lógica, enquanto interrogadoras conseguem aprender essa transição com mais facilidade, mas tendem a sustentar a emoção quando já deveriam tê-la desligado. O conceito é que os dois lados precisam se misturar: interrogadores precisam ser lógicos com a sequência de perguntas, enquanto, ao mesmo tempo, reforçam suas abordagens.

EXERCÍCIO

Mulheres, geralmente, têm uma habilidade maior para focar nos detalhes. Se você acredita na evolução, uma maneira de explicar as origens genéticas disso é que seria vital que uma mulher fosse capaz de discernir diferenças mínimas na escolha dos alimentos, assim não envenenaria a família. Se isso acontecesse, ela não passaria adiante os próprios genes. Já os homens, para notar diferenças no comportamento de um animal ou no padrão climático que pudesse indicar perigo, estariam mais atentos às grandes mudanças no geral.

Peça a três homens e a três mulheres que descrevam o mesmo evento. Escolha uma situação envolvendo alguma emoção, como um grave acidente de carro ou um funeral. Apenas peça a todos que escrevam alguns detalhes, sem saber qual pessoa escreveu o quê. Leia-os e adivinhe o gênero do autor.

A CONFUSÃO DA JUVENTUDE

O cérebro evolui na mesma sequência em que se desliga. Sendo assim, crianças não nasceram com a habilidade de pensar logicamente; na verdade, alguns estudos já demonstraram que o cérebro não está plenamente desenvolvido até cerca dos trinta anos de idade.

Crianças não aprimoram suas conversas ou linguagem corporal. Elas não sabem enganar, e, se estudá-las, você, geralmente, pode aprender muito sobre os pais delas. As crianças farão tudo que um adulto faz com os olhos, por exemplo, para transmitir determinada emoção. Elas absorvem isso ouvindo e observando. Por que uma garotinha confrontada por causa de seu mau comportamento cruza as pernas, joga o cabelo para o lado com os dedos, inclina a cabeça e diz: "sei lá"? Ela é uma mulher em versão miniatura escondendo algo naquele momento. Quantas vezes você já não teve uma imagem positiva de pais que não conhecia direito ou nunca conheceu – professores têm essa experiência o tempo todo – por ter conhecido uma criança bem educada? Em algum nível, você percebe que parte daquela criança obediente ainda deve estar viva no adulto.

Para determinar como e quando jovens estão mentindo, há um fator complicador: se é um garoto ou uma garota. Se você der a uma criança atenciosa e bem educada uma dose segura de hormônios da adolescência, essa criança passará a exagerar em tudo, dar respostas prontas e agir de forma estúpida durante alguns anos. Como os adolescentes estão habitualmente em modo límbico, vivem uma luta biológica para pensar de forma lógica. Os hormônios aceleram o sistema endócrino, fazendo com que esse adolescente esteja essencialmente em modo lutar-ou-fugir.

O problema mais comum da comunicação com um adolescente, ou alguém que exiba as características de um adolescente – digamos, um adulto em contínuo modo límbico –, é que ele, provavelmente, embaralha as informações. Você dá ordens estritas para fazer uma coisa, mas ele ouve outra e age de acordo com o que ouviu.

Como parte de nossos esforços para chegar a um cessar-fogo durante a Operação Tempestade do Deserto, estávamos gravando uma fita a fim de tocá-la bem alto para os iraquianos que ocupavam um prédio. Queríamos dizer: "não atirem em nós. Se atirarem, será ruim para vocês. Explodiremos o prédio". E, então, pediram-me que eu inserisse uma frase: "Todos os criminosos para fora". Achei um absurdo, mas pusemos na fita. Como era de se esperar, cerca de cem pessoas saíram do prédio. Com as emoções à flor da pele, a mente tende a distorcer e generalizar, e foi exatamente isso o que aconteceu. Eles ouviram "explodiremos o prédio" e "para fora".

Claro que uma criança é capaz de mentir de modo intencional, mas tenha em mente tanto a idade cronológica quanto a emocional antes de considerá-la culpada de um ato deliberado de mentira. Como observa o psicólogo infantil Peter Spevak, em seu *Empowering Underachievers* (New Horizon, 2006), nossas defesas internas nos ajudam a sobreviver a sensações que nos causam medo, e crianças aprisionadas emocionalmente, comumente usarão um estoque de defesas que resultam em mentiras por omissão e descaradas. Especificamente, ele cita as seguintes:

- **Esquiva**: tentativa de se afastar de um evento ou situação desagradável, para evitar tanto o resultado quanto as emoções relacionadas a ela.
- **Negação**: recusa em aceitar algo como realidade. Por ser um ato inconsciente, Spevak estabelece uma distinção nítida entre negação e mentira.
- **Minimizar**: diminuição do afeto ou valor de um ato para fazê-lo parecer menos importante. Como você descobrirá logo mais, interrogadores consideram isso também uma técnica ofensiva crucial.
- **Projeção**: nessa defesa, a pessoa externa esperanças ou desejos, e isso a leva a distorcer a realidade.
- **Racionalizar**: distorção da realidade para encobrir erros ou falhas que, mais adiante, destruirão a autoestima.
- **Repressão**: um ato de excluir inconscientemente da mente consciente atos, memórias ou ideias condenáveis, para que a mente consciente não esteja atenta à existência daqueles materiais ofensivos.

Se ao menos pudéssemos deixar para trás todas essas defesas ao envelhecer...

SEÇÃO II: FERRAMENTAS

Capítulo 4

PLANEJAMENTO E PREPARAÇÃO

O VALOR DO PLANEJAMENTO E DA PREPARAÇÃO

Pesquise e adapte: comece seu planejamento e sua preparação

Planejamento e preparação colocam em ação um processo que termina com você obtendo o resultado que deseja. Usar uma abordagem de atalho, como apenas ler os olhos ou confiar na linguagem corporal, não presta. É um atalho para erros e frustrações.

Planejamento e preparação significam angariar informações prévias sobre sua fonte, conhecer os rituais da pessoa, definir seu papel diante dele ou dela e garantir que o figurino e o cenário criem o efeito ideal. Interrogatório é um teatro; se quiser ver como as técnicas de interrogatório podem ser eficazes em sua vida, tenha isso em mente enquanto planeja e prepara.

No mundo do interrogatório, planejamento e preparação constituem a maior porção do trabalho. Primeiro, um interrogador cria uma imagem do interior da mente do prisioneiro ao juntar pedaços de informação sobre ele. Quando ensinava jovens interrogadores a combinar fragmentos de informação para formar uma imagem de alguém, eu costumava usar o exercício do lixo de bolso. Levava um soldado uniformizado para a frente da turma e pedia a ele que jogasse sobre a mesa o conteúdo de seus bolsos. A carteira por si só já continha informações suficientes para montar um perfil. Você sabe muito sobre um cara com um cartão de biblioteca, camisinha, licença de piloto, cartão de doador de sangue e extratos bancários. (Pense nisso da próxima vez que deixar tranqueiras na carteira.)

Em seguida, o interrogador monta um plano do que fará quando entrar em contato com o interrogado. Há um velho ditado no Exército que diz: "poucos planos sobrevivem ao primeiro contato com o inimigo". É certo que isso também se aplica ao interrogatório, mas devo acrescentar que o inimigo tem menos chances de sobreviver se você tiver um plano para o primeiro contato. Esse plano abrange, pelo menos, dois pontos essenciais: o que provavelmente motivará o prisioneiro a fazer o que queremos e uma estratégia de questionamento.

A avaliação inicial de uma fonte, seja a pessoa um prisioneiro, seja ela seu chefe, será baseada no papel dominante atual daquela pessoa. Você pode influenciar esse papel por meio de bom planejamento e preparação, mas é justamente aí que a maioria das pessoas falha na busca por um resultado específico. Elas convidam a pessoa errada para dançar. "Chefe" não é uma caracterização que descreve a pessoa por inteiro; é apenas um dos muitos papéis que formam aquela pessoa. Planejamento e preparação cuidadosos permitem a você enxergar os outros papéis que formam a pessoa, possibilitando, assim, que você decida com quem vai dançar. Quando escolho, prefiro dançar com o papel que não é páreo para meu conjunto de habilidades.

Para ilustrar como planejamento e preparação influenciam no resultado, vou apresentar uma noção das fases do interrogatório que detalharei no Capítulo 6. Interrogadores recebem os resultados dos relatórios de avaliação que ajudam a indicar quem é a fonte; o seu "relatório de avaliação" são os resultados da sua pesquisa. Pense nessa ferramenta como raios-x que ajudam um cirurgião a localizar o que deve extrair – neste caso, informações.

Pare de visualizar um interrogatório como uma sala confinada com luzes ofuscantes, e comece a pensar num bom interrogatório como uma reunião em que ambas as partes querem suprir suas necessidades. Na sessão, o interrogador está gerindo as necessidades da fonte para assegurar que ela se sinta bem com o resultado. O resultado de "o máximo de informação no mínimo tempo" é o que satisfaz o interrogador. Se você encarasse todas as reuniões dessa forma, bolaria um plano significativo e válido, com pouco desperdício de tempo, claras expectativas e resultados garantidos para elas. Instrutores de interrogatório têm um processo que se repete ao treinar interrogadores novatos; é assim que conduzimos *nossas* reuniões bastante efetivas.

Fases do interrogatório

- **Estabeleça controle:** em um interrogatório, eu digo: "sente-se nessa cadeira, com os pés no chão e as mãos sobre as coxas". Em uma reunião, você pode começar com: "sente-se, por favor", e apontar para uma cadeira na lateral da mesa em que você ocupará a cadeira da ponta. Suas reuniões são um pouco menos diretas, mas alguém sempre deve estar no controle.
- **Estabeleça uma relação (*rapport*):** a palavra *rapport* (relação, conexão), como diz o nome, implica uma conexão positiva, mas, nesse contexto, pode haver uma relação negativa. No interrogatório, *rapport* pode se referir a um tom austero que você pretende manter: "eu sei que você tem informações a respeito dos homens-bomba e você vai me contar". Dependendo das informações de base que coletou para uma reunião, você também pode querer estabelecer um *rapport* negativo: "Bob, está na cara que sua análise de desempenho veio em má hora". No entanto, geralmente, você segue o caminho oposto: "Bob, você parece estar andando em círculos ultimamente. Vamos conversar para que comece a andar para a frente". Uma conversa descontraída no começo colabora para que a reunião siga de maneira mais tranquila, em vez de partir direto para a discussão técnica.

- **A fase da abordagem:** essa é a parte psicológica que envolve táticas primárias para fazer a pessoa colaborar com você. Você depende muito das informações de base que coletou, dos rituais que observou da fonte, do papel que adotou no interrogatório e das indumentárias e dos cenários que fundamentam seu teatro. Pense no que ele precisa; você já sabe isso. Ouça o que ele está pedindo e ceda quando necessário. Pense nos motivos que o fizeram atuar. Nós discutimos dois conceitos que vêm a calhar aqui. O primeiro é a questão de amor, ódio e/ou ganância, que lhe oferece perspectiva sobre a pessoa. O segundo é o querer sentir-se parte de algo ou distinguir-se – ou seja, pertencer ou se diferenciar, respectivamente; identificar a necessidade lhe permite saber como melhor satisfazê-la. Essa é uma abordagem mais sofisticada do que as abordagens reais ensinadas no treinamento de interrogatório para se ter vantagem sobre alguém. Em vez de elaborar uma vantagem em termos de interrogatório, como: "nós sabemos de tudo", pense nos dois impulsos humanos de pertencer e se diferenciar que todos nós partilhamos. Combine isso com os impulsos de amor, ódio e ganância: se certa pessoa sente raiva e odeia outra, você pode ater-se a isso. Amor-próprio, amor por um projeto e o desejo de receber um bônus também são vias de penetrar a psiquê de uma pessoa. O impulso avassalador de um empregado para mostrar aos outros como ele é inteligente lhe confere uma vantagem para gerenciar seu desempenho. Pare por alguns minutos, pegue todos os dados que descobriu sobre o indivíduo e crie uma imagem mental que lhe permita pensar a respeito e mudar para estratégias que funcionem, ao mesmo tempo em que conversa com ele.
- **A fase do questionamento:** isso está interligado com a fase anterior e começa algum tempo depois de elevar o estado emocional da fonte.
- **Dê seguimento ao questionamento:** se, durante o ques-

tionamento, a fonte me der o que os interrogadores chamam de dicas da fonte – me contar algo sobre o que está interessado em falar –, eu anoto e dou seguimento imediatamente ou um pouco depois, dependendo de como a pessoa reagir. Você provavelmente faz isso em festas. Começa uma conversa que dá voltas e mais voltas e, depois, retorna ao ponto original. Em outras palavras, você consegue aquilo que procurava.

- **Conclusão:** é aqui que deixo a fonte sentindo como se aquilo que acabei de fazer ainda não tivesse terminado, sendo apenas parte do processo. Digo-lhe que vou verificar as informações e que nos falaremos novamente. Em uma boa reunião, esse é o resumo e a linha do tempo para itens de ação e de seguimento; caso contrário, a reunião foi uma conversa, não uma sessão com um resultado planejado.

COMPONENTES DO PLANEJAMENTO E DA PREPARAÇÃO

Informações de base

Em interrogatórios militares, há três tipos de exigências em matéria de dados:

1. Exigência de inteligência prioritária: "preciso saber disso agora; algo vai me ferir se eu não souber o que você sabe".
2. Exigência de informações: "eu não vou morrer se não souber desse fato, mas minha vida seria muito mais fácil se soubesse".
3. Exigência de informações básicas: "eu posso usar isso para ter vantagem sobre você, mas não há garantias para tal".

Saiba tudo o que puder sobre seu alvo. Se planeja definir uma linha de base e questionar a pessoa amada, você já tem muita informação. O desafio nesse caso é o fato de que você já processou uma imensidão de dados a respeito da pessoa por meio dos próprios filtros. Você deve se adaptar para permanecer o mais objetivo possível. Se seu alvo é um cliente ou empregado em potencial, você precisa desenterrar tudo o que puder sobre ele antes de entrar na sala de reunião. Então, no curso da reunião, use esse conhecimento para levar a pessoa ou grupo na direção do resultado almejado.

A maioria das pessoas não usa os recursos gratuitos que estão à disposição para descobrir informações sobre as pessoas ao redor de si, incluindo seus amigos. Elas vão ao encontro de possíveis clientes com todo o foco nelas mesmas: o que vou dizer? Como posso impressionar? Isso não vai levá-lo a lugar algum, comparado com a pessoa que coletou informações de base detalhadas.

Ao pesquisar sobre uma pessoa antes de se reunir com ela, você pode descobrir fatos sobre a vida pessoal do indivíduo, assim como informações sobre seus negócios. É relativamente fácil descobrir onde uma pessoa mora, por exemplo, o que lhe dirá muito sobre sua classe social, preferências e assim por diante. Se seu alvo tem um pequeno rancho a cinquenta quilômetros da cidade, você pode supor seguramente que ele gosta do interior, de animais e da vida na natureza. Quando se faz uma pesquisa na internet sobre a pessoa, pode-se também encontrar referências no Rotary Club ou em alguma outra organização; essa informação lhe dará dicas sobre o senso de comunidade dela. Tudo isso são informações de linha de base importantes. Não estou dizendo que você deve descobrir onde a pessoa mora e começar falando sobre sua vizinhança no primeiro encontro – há grandes chances de você parecer assustador. Descubra o que puder, deixe claro que tem boa inteligência sobre o negócio e, depois, use as informações pessoais que coletou para ter visões sobre o indivíduo. Não estou defendendo que espione os outros, mas que tenha um modelo para obter algumas informações sobre a pessoa com quem vai se encontrar.

Também não estou sugerindo que adicione a pessoa nas redes sociais, mas você pode facilmente dar uma olhada no perfil público da sua fonte. Pode até encontrar fotos de sua fonte em atividades comprometedoras ou, pelo menos, interessantes. Como a inteligência artificial do software rastreia suas visitas na web, a maioria das pessoas "curte", "assina", "adiciona como amigo" ou "ama" algo que pode lhe dizer muito sobre sua personalidade.

Só o fato de olhar o número de pessoas conectadas à sua fonte já pode lhe dizer muito sobre a pessoa com quem você está lidando. Ver participações constantes em jogos do Facebook, ou centenas de amigos com quem a pessoa praticamente não tem nenhuma relação, faz com que eu imediatamente chegue à conclusão de que ela tem muito tempo livre e pouco envolvimento social real.

Os jogos criados para as redes sociais variam entre os de tiro e aqueles que traçam perfis. Todos eles visam a se aproveitar daqueles dois impulsos intermediários da Hierarquia das Necessidades de Maslow: pertencimento e diferenciação. Como os jogos e "quizzes" das mídias sociais se aproveitam desses impulsos vitais, as pessoas pulam de um para o outro, fornecendo mais e mais informações sobre si mesmas, e em alguns casos expondo seus pensamentos mais íntimos sem se dar conta. Você pode até encontrar o perfil Myers-Briggs da pessoa. Que interrogador ou outro coletor de inteligência *não* tiraria vantagens disso? Embora a informação seja uma autoavaliação e, por isso, não seja cem por cento confiável, ela nos fornece ao menos uma ideia do papel que a pessoa gosta de aparentar. É uma ótima vantagem e é de graça.

Por esse motivo, poucas pessoas no ramo da Inteligência têm um perfil em qualquer desses sites. Um velho conhecido com quem conversei disse-me que havia criado um perfil e passou algumas semanas num site, até ver, certa noite, a quantidade de detalhes que havia compartilhado sobre sua vida pessoal sem se dar conta; isso o fez questionar a sanidade de sua decisão. O pior desse universo paralelo é que ele nunca deixa de existir. E seus "amigos" e os "amigos" deles podem postar uma infinidade de informações sobre você. O mundo digital e seus laços com a necessidade de pertencer e se diferenciar estão criando uma esfera virtual com pouca privacidade, e você pode ser o beneficiário. Não é necessário criar um perfil detalhado para usar a ferramenta; você pode usá-la para seu benefício dando pouquíssimas informações sobre si mesmo e prestando atenção na quantidade enorme de informações que as outras pessoas colocam sobre elas mesmas. Como mencionei na discussão do Capítulo 2 sobre as palavras empurra-puxa, uma vez ditas, tudo está permitido.

No Exército, quando recebia uma missão para um interrogatório, lia tudo sobre o prisioneiro nos arquivos. Examinava tudo que os outros soldados tiravam de seu corpo e punham numa bolsa. Depois, observava o prisioneiro, talvez por 20 minutos, talvez por 10 horas, dependendo de quem ele fosse. Gravava tudo o que ele fazia – como interagia com as outras pessoas, como eram seus trejeitos etc. –, pois assim, mais tarde, eu saberia se ele desviasse do seu padrão normal.

Digamos que o prisioneiro fosse um especialista em armas químicas. Por ser uma área de forte interesse, nós tínhamos muitas informações arquivadas sobre armas químicas, embora soubéssemos pouca coisa sobre o prisioneiro em si. A partir daquela informação, eu poderia não só reforçar minha habilidade de questioná-lo sobre sua especialidade, como também deduzir certas coisas a respeito dele.

A impressão que passo para o prisioneiro por saber a respeito de armas químicas me dá credibilidade junto a ele, assim como uma capacidade de fazer perguntas diretas. Se começo um interrogatório sem conhecer nada sobre a área dele, talvez eu diga: "conte-me alguma coisa sobre armas químicas", e ele me conduzirá por um caminho de detalhes irrelevantes e sem sentido. O prisioneiro saberia na hora que eu não tinha a menor ideia sobre sua especialidade. Se, no entanto, começo o interrogatório da mesma maneira, mas dou seguimento com perguntas bem embasadas, ele não tem como saber o quanto sei sobre o assunto, dando-me a chance de conduzi-lo por um caminho mais estreito de fatos após fatos após fatos após fatos.

Na vida civil, esse estilo de preparação tem se mostrado importantíssimo para mim. Entro em reuniões com pessoas que nunca vi e conheço os detalhes dos negócios delas e até as operações de seus escritórios – mas elas praticamente não sabem quem sou. Essa posição privilegiada pode decorrer de fatos realmente simples. A pessoa vem do Kansas, ama beisebol e tem um filho adolescente que acabou de aprender a dirigir. Conhecimento é poder. Eu sei mais do que eles, e isso me dá vantagem numa negociação, entrevista ou apresentação.

Agora a informação na Seção I começará a influenciar sua habilidade de detectar um mentiroso. Tudo que sabe sobre uma fonte impactará no momento de abordá-la. Usando o que sabe sobre Myers-Briggs, digamos que você tenha determinado que sua fonte é do tipo sensorial-julgadora (SJ), motivada por informações do mundo exterior, usando processos metódicos para tomar decisões. Para estabelecer relação interpessoal com ela, você deve criar um ambiente que seja seguro e se encaixe nas necessidades dela. Lembre-se de que suas palavras-chave são *confiável*, *bom* e *respeitável*. Você precisará decidir antecipadamente se ela é segura ou insegura, e se você vai atacar a conformidade dela com os próprios padrões ou reforçar sua autoimagem. Ou seja, você precisa decidir se segue de acordo com o tipo ou contra ele. A abordagem escolhida é a vantagem que você vai usar para criar certos sentimentos que farão a fonte falar. Além da categoria de temperamento, também precisa avaliar o estilo de aprendizagem: a pessoa é orientada por tempo, evento ou sequência? Isso é fundamental desde o momento em que abre a boca para travar uma conversa com a fonte. A modalidade de aprendizagem – visual, auditiva ou cinestésica – também lhe trará perspectivas sobre como estruturar suas perguntas, tanto para se adequar ao estilo de memória da pessoa quanto para confrontá-la a fim de causar estresse.

Combine as informações de base internas da sua fonte com as externas, como educação, moradia etc., e poderá identificar pontos sensíveis e características da pessoa em um nível surpreendente. Saberá com um alto nível de certeza como são úteis o orgulho, emoções e outros elementos de abordagem. Esses fatos também figuram com destaque no esquema de dados que inclui a definição da linha de base da linguagem corporal e dos padrões de discurso da pessoa. Juntando tudo, você verá o que precisa saber para construir um laço interpessoal e para aplicar o estresse a fim de chegar ao objetivo desejado.

As informações de base lhe dão uma noção inicial de quem você quer chamar para dançar. Assim, vai refinando sua abordagem à medida que conhece melhor sua fonte. Você sabe que será mais fácil atingir seu objetivo na reunião, se puder atrair o agente comunitário orientado por relacionamentos em vez de atrair o CEO impiedoso.

Rituais

Um ritual pode ser um padrão de resposta automática, ou algo que você faz com muito cuidado. Em alguns casos, rituais são hábitos "incutidos" na sua cabeça em virtude de cultura ou religião, ou talvez até por conta de uma necessidade de saúde. Fato: você adapta seu ambiente por meio de rituais.

Humanos foram feitos para usar rituais. Nós os usamos para aliviar o estresse, atrair um parceiro, para nos elevar a Deus e nos tornar aceitáveis socialmente. Às vezes, mesmo quando não conseguimos identificar ao certo se determinado padrão de comportamento constitui um ritual, quase sempre é o caso. Por exemplo, tenho uma amiga que cresceu em meio à tradição da Igreja Católica, que emprega rituais óbvios e cuidadosamente estruturados no ato de adoração. Seja um sacramento, como um batismo, seja uma missa, os católicos invocam uma sequência idêntica de eventos e palavras; isso confere a muitas pessoas um forte senso de conexão umas com as outras e com a igreja. Quando ela ia com o namorado a uma igreja evangélica, sem uma liturgia estruturada, sentia-se completamente desconfortável. Ela dizia: "Eles não têm rituais!". Eu disse: "Claro que têm. Mas é diferente". Ela insistiu que não, até observarmos o serviço com mais atenção. Todas as semanas, eles cantavam pelo menos cinco louvores. Todas as semanas, ouviam um sermão ou outra apresentação que continha uma mensagem da Bíblia. Todas as semanas, faziam a coleta do dízimo. Todas as semanas, tinham um horário certo para a socialização. Havia também muitos elementos físicos no serviço – onde ficavam os músicos, onde pregava o pastor etc. – que ritualizavam a experiência. Sem elementos suficientes, as pessoas na congregação ficariam "perdidas". Elas não se sentiriam conectadas umas com as outras, com o pastor, com a finalidade daquilo tudo.

Aliviadores de estresse

Os rituais de maior interesse para os interrogadores são aqueles que aliviam o estresse. Observe como os animais usam rituais para tal propósito. Alguns gatos rastejam por baixo da cama quando um estranho entra no quarto, e alguns rodeiam a pessoa nova e cheiram seus sapatos. Um papagaio pode arrancar as próprias penas. "Comportar-se como um animal enjaulado" ganha um sentido real quando se observa uma criatura no cativeiro, independentemente da espécie. Muitos cavalos de corrida desenvolvem um desses rituais, ou "vícios", como são chamados nesse mundo. Os vícios variam desde fazer uma espécie de dança em zigue-zague até sugar vento, quando o cavalo pega algo com os dentes e suga ar para o estômago. Os vícios liberam endorfinas, tornando esses comportamentos viciantes para os cavalos. Rituais humanos para o estresse fazem o mesmo. Diante do desconhecido ou de um alto nível de ansiedade, uma pessoa automaticamente tenta se ajustar ao ambiente. A função do interrogador, então, é observar como ela se comporta sem estresse para saber quando começam os rituais.

As origens históricas de alguns dos nossos rituais contemporâneos são fascinantes. Por exemplo, achei curioso eu ser facilmente identificado como americano quando em minha primeira missão no exterior. Estrangeiros me observavam comer e sabiam imediatamente de onde eu era. Outras culturas mantêm a faca e o garfo na mão durante toda a refeição. Então, por que a maioria dos americanos pega a faca com a mão direita (mesmo que seja canhoto) e a apoia logo depois de cortar algo? Nos tempos da Revolução Americana, os separatistas e os monarquistas tiveram uma discussão feia. Eram todos vizinhos que faziam compras, iam à igreja e comiam juntos. Portanto, desenvolveram um ritual que evitava esfaqueamentos à mesa, e nós o seguimos até hoje: eles apoiavam a faca depois de cortar a carne.

Histórias pessoais também residem no cerne de muitos dos nossos rituais como adultos. Se você era uma criança que chupava o dedo, mexia no cabelo ou batia o pé no chão, talvez não faça exatamente essas coisas para se acalmar durante uma tensa reunião de negócios, mas provavelmente faz uma variação delas. O chupador de dedo pode ter o hábito de levar o dedo ao queixo. O que mexia nos cabelos pode agora colocar a mão no pescoço. O que batia os pés pode mover os dedos dos pés dentro dos sapatos.

Digamos que você é um batedor de pés e eu o coloque no ambiente claustrofóbico de uma sala de interrogatório – um lugar designado para levar seu nível de estresse às alturas. Seu ritual de conforto se tornará um comportamento mais dominante do que geralmente é. Nesse ambiente estéril e artificial, nada lhe é familiar à primeira vista, exceto seu ritualzinho particular. Em um ambiente novo de negócios ou num primeiro encontro, você perceberá os mesmos ajustes. Também perceberá isso quando, por exemplo, uma pessoa organizada precisa experienciar um evento social ou de negócios num ambiente bagunçado.

Conforme ela procura reorganizar sua posição no ambiente estranho, certamente você observará todo um espectro de rituais que ajudarão a pessoa a adaptar-se mentalmente. Por exemplo, se eu estiver interrogando um homem excessivamente organizado que, agora, encontra-se exposto a uma total bagunça, é possível que ele comece a bater o pé no chão, mas esse hábito pode se juntar a uma infinidade de rituais, como esfregar as roupas, abotoar e desabotoar as abotoaduras da camisa e mover os dedos pela mesa para remover a poeira. Ele tentaria organizar o que pudesse, só para ganhar o máximo de controle sobre a estrutura do ambiente.

Tenho um primo que costumava se morder quando criança. Diante de qualquer sinal de estresse, ele cravava os dentes na parte do corpo mais próxima da boca. É óbvio que ele precisou se reeducar para evitar o ridículo; então, desenvolveu um substituto. A versão adulta do mesmo hábito foi, instintivamente, começar a levar a mão à boca. Só alguém que o conhecia desde a infância poderia conectar os dois gestos.

Comida

Você se lembra do experimento de Pavlov com cães? Toque um sino pouco antes da hora de comer e o comportamento deles será o de prever a refeição. Balance um petisco na frente do seu cachorro e, depois, demore mais que o de costume para entregá-lo a ele. Se esperar demais, o cão salivará o bastante a ponto de babar. Esse é um simples exemplo de um ritual de alimentação. Não estamos muito longe de nossos amigos caninos nesse sentido. O mero pensar na comida pode despertar enzimas digestivas no estômago e aumentar a salivação nos humanos. Ao filmar um especial para a TV britânica, nossa equipe de interrogadores provocou os prisioneiros voluntários ao dizer: "Eles estão preparando sua comida. Consegue sentir o cheiro?". Na verdade, os voluntários estavam sendo alimentados com as rações padronizadas do Exército, uma refeição pré-cozida altamente calórica embalada num plástico tão grosso que o cheiro não escapava. Isso, no entanto, não impediu que os prisioneiros imaginassem o aroma. A intenção da pergunta foi a de criar expectativas. Um atraso subsequente para servir a comida gerou um desalinhamento de expectativa, o que os tornou mais vulneráveis.

De acordo com os padrões da maioria das pessoas, as rações do Exército são nojentas, mas, em campo, elas representam saúde e gostinho de casa. Assim, mesmo esse tipo de alimento faz parte de um ritual estabilizador. As pessoas que comem em excesso tendem a ver a comida como peça central de um ritual estabilizador na vida. Os interrogadores exploram o fato de que as pessoas usam comida para se estabilizar, então oferecem itens de conforto – guloseimas mais gostosas que as rações que todos estão acostumados a receber – para incentivar os prisioneiros a falar conosco.

Em alguns casos, você pode explorar, da mesma forma, a ligação ritualizada de uma pessoa com a comida. Estabeleça a rotina da fonte com a qual está falando. Se a pessoa tem intensos rituais alimentares, use isso para aprimorar seu laço interpessoal ou para explorar as necessidades demonstradas por ela. Você pode gerar bastante desconforto em certas pessoas ao atrasar o almoço delas.

Sexo

Os rituais sexuais dos pássaros normalmente envolvem uma demonstração ritual, seguida por reconhecimento e, então, um ritual de espelhamento. Entre os humanos, essas danças se tornam mais discretas com o passar dos anos, mas o básico já começa a aparecer em tenra idade. Dois dos rituais mais perceptíveis são proximidade e espelhamento. Os americanos reservam um espaço de menos de 45 centímetros para o contato íntimo. Isso varia de cultura para cultura. Se alguém ultrapassa esse espaço, é melhor ser convidado ou será visto como sinal de hostilidade. Mesmo nas culturas em que o contato casual é mais próximo, os rituais de sexo são demonstrativos. Americanos que viajam ao exterior são frequentemente pegos de surpresa pelo contato íntimo nas ruas e veem isso como um ritual sexual. A verdade é que os elementos do ritual sexual americano não envolvem contato íntimo, e isso fica óbvio para um olho mais treinado. Um simples andar de mãos dadas não indica intimidade. Espelhamento envolve fazer o corpo se mover como o da outra pessoa, e em sua forma mais sutil, de maneira subconsciente, deixa a outra pessoa confortável. Por outro lado, a dança da sedução envolve espelhamento explícito feito a um ritmo mais lento. Observe adultos sexualmente atraídos ainda na fase do flerte e perceba os movimentos exagerados que beiram a letargia. Se aumentar a velocidade, você achará essa dança bizarra. As vozes se tornam mais baixas, as mãos se curvam para que pareçam menos ameaçadoras, as cabeças se inclinam, os olhos ficam arregalados. Em decorrência da injeção de hormônios, o sangue corre para as mucosas e para os sistemas necessários à reprodução: os olhos dilatam para ver melhor, os lábios incham, os rostos ruborizam e tudo parece mais suave. Conforme esse processo avança, o casal em paquera começa a equiparar sua cadência, completando assim o ritual.

Na época em que eu servia em Fort Bragg, alguns dos meus colegas interrogadores e eu frequentávamos um grande bar. Na maioria das noites, alguém do nosso grupo voltava e começava a espelhar o comportamento de um de nós depois de uma tentativa malsucedida de começar a "dança do amor". De repente, os rituais óbvios de acasalamento assumiam um sentido cômico ou desconcertante. Fora de contexto, eles parecem encenados, ou até robóticos.

Se você está num relacionamento íntimo, esses são rituais conduzidos regularmente e que levam a baixar a guarda e se abrir ao companheiro. Essa linha de base está bem definida. Se os rituais parecem constrangedores e algo parece estar fora da sequência, isso é motivo para preocupação. Embora nem sempre indique infidelidade, indica uma mudança na maneira com que a mente da outra pessoa está comprometida. Estresse costuma impactar tremendamente a sexualidade.

Sono

Qualquer um que já sofreu com insônia sabe o poder do ritual de relaxar a mente e pôr o corpo para dormir. O ângulo do seu travesseiro, a temperatura do quarto, o lado em que você dorme – todos esses são fatores que podem influenciar sua capacidade de dormir.

A sua rotina antes de ir dormir pode indicar se você está ou não relaxado. Interrogadores e guardas mantêm olhos e ouvidos em todos os prisioneiros encarcerados para conhecer o estado mental deles ao tentar dormir.

Rituais de negócios

Empresas e outras organizações que estabelecem padrões para conduzir reuniões procuram incorporar um ritual nos participantes que não apenas conecte uns com os outros, mas que facilite sua manipulação pelo chefe, gerente ou supervisor. Parece sinistro – e pode ser –, mas o ponto é tentar fazer com que a missão corporativa seja o mais eficiente possível.

Junte pessoas de diferentes empresas para uma associação profissional ou reunião de coalizão e é bem provável que veja "guerras rituais". Até certo tempo, elas trarão consigo os próprios rituais corporativos para a nova arena; antes que se deem conta do que aconteceu, os rituais entram em conflito e causam perturbações. Regras básicas de convivência podem ser úteis para estabelecer uma espécie de neutralidade nos comportamentos daquele ambiente, mas a coisa para por aí. Se o cara da empresa A mantém o laptop aberto e conectado na rede sem fio porque é assim que as pessoas se comportam nas reuniões corporativas dele, mas o cara da empresa B foi treinado para evitar isso a todo custo, a reunião começará a tender para uma tensão. A solução simples consiste em criar um novo ritual especificamente para aquele grupo: "Hoje, assistiremos às apresentações durante uma hora por vez. Sem laptops. Depois disso, faremos pausas de dez minutos para checar o e-mail".

Papéis

O 202º Batalhão de Inteligência Militar com base em Augusta, na Geórgia, é considerado um "ativo estratégico" de coleta de inteligência, e está à total disposição do comandante da área. Durante algum tempo, o lema deles era "Semper Gumby" ("Sempre Flexível", mas não pense que isso é latim clássico). Descreve-se aqui uma exigência básica para um interrogador, trazendo à tona, da maneira mais óbvia, como ele adota diferentes papéis.

O que você projetará na pessoa de quem quer uma resposta direta? Como você quer ser percebido? Você está fazendo o papel de mãe? Tirano? Sedutor? Analista? Qual é o papel da outra pessoa? Aja como um predador, mova-se como um predador, e será percebido como um predador. Aja como um salvador, e sua fonte responderá a você como alguém que o protegerá do predador.

Bem, pelo menos é assim que acontece numa situação ideal. Quanto mais cuidadoso você for com todos os aspectos de planejamento e preparação, maior será a probabilidade que adote o papel e a abordagem que mais se identifiquem com a personalidade e o contexto da sua fonte.

Grande parte do interrogatório não é só adotar um papel que vai beneficiá-lo, mas superar o papel sustentado pelo prisioneiro. E se, quando jovem, eu tivesse sido mandado para interrogar um general do exército estrangeiro? O processo dependeria da minha capacidade de assumir um papel de autoridade que enfraqueceria a habilidade dele de manter o papel de general. Conversei com um cara que interrogou Saddam Hussein. Imagine o preparo para o papel, sem falar em outros aspectos de planejamento e preparação necessários naquele confronto.

Durante o ensaio, mesmo antes de o figurino e o cenário aparecerem, um ator se preparando para determinado papel pode ancorar traços-chave do personagem em sua cabeça por meio de uma peça de roupa, uma forma de falar ou um ritual que ele designou para o personagem. O vilão mexe no bigode quando grita com a mocinha, que, por sua vez, morte o lábio inferior ao sentir medo. Antes de uma entrevista de emprego, prepare-se para o papel do executivo de relações públicas, colocando um terno, ajeitando a postura e sorrindo.

Você tem certos papéis predefinidos em sua vida. É um pouco diferente com cada uma das diferentes pessoas que conhece: mãe, melhor amigo, empregados, amante, filhos etc. Isso significa que você tem múltiplas personalidades? Não, porque todos esses papéis são facetas da sua própria personalidade. Dentro desses papéis, você é coerente. Uma súbita incoerência que sinalizasse uma mudança nos papéis causaria abalos em seu mundo. Não obstante, de vez em quando, há motivos para você adotar um papel diferente ou expandir aquele que já tem. Ontem você estava no cubículo dos fundos; hoje, é o gerente. Ano passado, tinha o papel de sócio em seu escritório advocatício; este ano, tem uma lanchonete e entretém as pessoas enquanto faz os sanduíches.

Certos papéis adotados vinculam-se a você para o resto da vida. Eu era um soldado de carreira e sempre serei um. As pessoas que me veem num ambiente corporativo continuam me vendo dessa forma, independentemente do título que eu possua no organograma. Seus papéis podem ser semelhantemente reforçados por algo em seu histórico ou um fato de sua vida (você era fisiculturista, você é mãe, você é gay).

Mudar de papéis para se adequar às circunstâncias não o torna uma fraude; isso não implica mentira. Ajustar sua conduta pode ser apenas parte de um ato de chamar a responsabilidade para si. Adotar o papel certo lhe proporciona uma maneira de controlar eventos e o fluxo da conversa, direcionando-o ao resultado desejado. Seu papel afeta as percepções daquilo que sabe, o que pode fazer e, até, quem conhece.

O papel que você escolhe pode afetar sua sobrevivência, ou mesmo sua sobrevivência num emprego. Se seu chefe, de repente, grita com você, ele suscita a vítima em você, a menos que você tenha a capacidade de trazer à tona outra parte de si. Isso requer prática, pois os hormônios do estresse podem conduzi-lo a um caminho emocional, a menos que tenha treinado para permanecer com pensamento cognitivo diante do estresse.

Se eu não tivesse treinado uma parte de mim para lidar com situações traumáticas, se eu não pudesse interpretar o papel de alguém que mantém o controle sob estresse, então seria apenas uma vítima. Outros papéis, como "Greg, o Homem de Negócios", "Greg, o Cavaleiro", e "Greg, o Amante de Cavalos", ainda fazem parte do meu repertório, mas não me servem de nada agora. Contudo, se eu puder suscitar o "Greg, o Refém Sobrevivente", então ele pode vir à tona e dizer: "Isso é o que eu faço de melhor".

Quando Oprah Winfrey aparece em público, ela destaca a magnata, a criança abusada, a ativista, a pessoa que já enfrentou o sobrepeso e superou a obesidade, a afro-americana, a mulher glamourosa, a filantropa, e muitos outros papéis. Ela faz escolhas cognitivas sobre quais projetar e quando os projetar, baseada nas circunstâncias e nas necessidades e nos interesses das pessoas com quem ela vai conversar. Oprah não permitia que seus convidados, por exemplo, suscitassem os papéis que ela não considerava apropriados para a ocasião. No entanto, ela tem, sim, uma incrível habilidade de fazer isso com as outras pessoas (embora, devo acrescentar, nunca a vi fazê-lo de forma desrespeitosa).

Até dentro do mesmo papel, você pode apresentar variações drásticas por meio de mudanças no discurso e na linguagem corporal. É lógico que faz essas mudanças de acordo com as circunstâncias. Um policial numa loja de rosquinhas não parece o mesmo quando está prendendo um bandido. Volume, cadência e outros elementos do discurso transmitem relaxamento, ordens, raiva, estresse e assim por diante. Os aspectos não verbais da expressão vocal, principalmente o tom da voz, desempenham papel crucial na transmissão do significado e na consolidação de seu papel na mente de quem o estiver ouvindo. Mães e treinadores de cães provavelmente sabem disso melhor do que ninguém. Uma mãe pode dizer com doçura: "Por favor, vá brincar lá fora", e você já saberá que ela apenas quer que você se divirta. Ou ela pode fazer a mesma frase soar como se estivesse cravando um prego no seu dedão. São as mesmas palavras, mas agora significam: "me deixe em paz!". O ritmo do discurso também pode trazer consigo boa parte do significado. Excelentes professores e palestrantes motivacionais fazem isso para sustentar um argumento. A fala deles é enérgica e acelerada até o momento de apresentar o *fato importante*. Eles reduzem... o ritmo... para que... você entenda... cada palavra.

Figurinos e cenário

Figurinos

Ao apresentar-se como uma figura de autoridade para sua equipe de vendas, talvez você use um bom terno, mas o orador motivacional que escalou o Everest pode atrair muito mais atenção das mesmas pessoas ao usar calças de escalada. Sua vestimenta deve condizer com seu papel para que obtenha o máximo efeito.

Novamente, vou começar pelo valor de Semper Gumby. Talvez você seja um cara que projete precisão com as suas roupas, bom gosto com seu Rolex e organização com seu carro limpo. Mas e se calças amassadas o distraem de uma conversa, um relógio esportivo de vinte dólares lhe cause arrepios e você se sinta desesperado para ir a um lava-jato depois de passar por cima de uma poça de lama?

Como interrogador, aprendi a manipular as pessoas que devem ter esse nível de previsibilidade na vida – pessoas que mantêm um controle rígido sobre os ambientes ao redor. Quanto menos flexível você for com o que estiver do lado de fora, mais fácil será para sair do eixo e, por fim, perder as estribeiras. E se roupas, carros e outros elementos de figurino e cenário o definirem, você estará preso a um papel estrito, portanto, falhará como interrogador. No filme *Quero Ficar com Polly* (2004), Ben Stiller interpreta o papel de um rígido corretor de seguros que reencontra a espirituosa Jennifer Aniston. Cena após cena, somos brindados com vívidos exemplos de como é difícil para uma pessoa inflexível se adaptar a novas situações.

Esse tipo de pessoa é o alvo dos sonhos para um interrogador por dois motivos: qualquer desvio de rotina que ele desencadear vai se manifestar imediatamente, e qualquer desvio que eu o forçar a cometer – como derrubar café na calça – levará o cidadão à loucura. Esse tipo de pessoa pode também se sabotar ao tentar aplicar técnicas interrogatórias por duas razões: ele pode encontrar muita dificuldade para adequar seu papel à fonte e qualquer um que souber de suas obsessões terá certo poder sobre ele.

Não estou dizendo para que mude quem você é. Quero apenas salientar que você possui limitações que podem atrapalhá-lo a usar plenamente as técnicas que descrevi ou resistir plenamente a elas.

Na hora de escolher a roupa e o cenário como parte da preparação e do planejamento, você primeiro precisa estar consciente de noções preconcebidas de certas imagens. Por exemplo, se entrar numa sala fria onde uma luz branca e ofuscante quebra a escuridão e não se pode ver nada além de uma pequena mesa e uma cadeira dura, você logo pensará "sala de interrogatório". Isso ocorre porque você já a viu na televisão centenas de vezes. Se eu souber algo sobre você, seja no plano cultural, seja no pessoal, que me diga como tornar o ambiente mais intimidador, então devo modificar o cenário nesse sentido. A ideia é fazer com que o prisioneiro se sinta vulnerável. Quando trabalhei no SERE, um dos meus colegas quase sempre adotava o papel de um guarda cruel, uma criatura obscura obcecada por cigarros e café. Ele despejava o café no chão e, em seguida, apagava o cigarro no líquido. Então, fazia os prisioneiros se sentarem naquela poça imunda enquanto os interrogava.

Cenário

Planejamento e preparação incluem cada aspecto do palco que você está preparando para a audiência de uma só pessoa. Se planeja aparentar um tipo moderado e não ameaçador, o clima deve estar de acordo; se pretende representar um selvagem, tal papel também precisa estar de acordo com o palco e seus adereços. Quando a Team Delta filmou o especial *We Can Make You Talk*, para o History Channel, um dos voluntários era um jovem brilhante que lecionara na Universidade de Londres. Compondo nossa equipe de interrogadores, tínhamos uma questionadora reconhecida mundialmente, interrogadora aposentada do Exército dos Estados Unidos que trabalhara no SERE e tinha experiência de combate no Panamá. Havia também entre nós um interrogador chamado Marshall Perry, um jovem de cabeça raspada e múltiplos piercings no rosto e nas orelhas. Para despertar medo no jovem voluntário, Marshall lavou o entorno da boca com cerveja, socou a parede para ficar com os dedos sangrando e visitou o rapaz na sala de interrogatório. Marshall usou seu tamanho e todos os adereços à disposição para representar um cara imprevisível e descontrolado. A interrogadora aposentada, Dora Vazquez-Hellner, uma das melhores que já conheci – só por meio de perguntas em sequência lógica, ela conseguia desvendar qualquer história –, assumiu o controle e conseguiu uma confissão, pois foi ao socorro do prisioneiro voluntário e ganhou sua confiança e confidência. Mais tarde, ele nos disse que achou que ela era a única pessoa inteligente no grupo e temeu ser machucado de verdade, apesar de saber que se tratava de uma simulação.

Interrogadores envolvidos em operações cotidianas têm de improvisar, porque frequentemente não estão no ambiente mais apropriado para seus propósitos. Quando você vai ao escritório de um cliente em potencial, encara um desafio semelhante. A probabilidade maior é que você não tenha a capacidade de modificar o ambiente dele – ou será que tem? É possível removê-lo da zona de conforto de seu escritório, criando, assim, uma sensação de desconforto que você, por conseguinte, pode resolver ao oferecer serviços que tornem a vida dele mais fácil? Você poderia sugerir uma conversa num café ou numa sala de reunião em outro escritório próximo ao dele. No mundo do interrogatório, o único limite é a mente. Usamos mudanças no cenário para criar a ilusão de que não somos os caras maus. Conduzimos o prisioneiro a algum lugar que ele jamais viu. Dizemos a ele que estaríamos encrencados se nossos superiores nos pegassem, portanto, andaremos em silêncio. Nós o levamos por entre dois ambientes de jaulas com arames farpados para que sinta que estamos do lado dele. Então, como você muda o cenário em um escritório desconhecido? Use sua imaginação!

O cenário pode ter tanto um efeito calmante e acolhedor quanto um efeito inibidor, o que todas as barreiras fazem. Barreiras removem sua habilidade de ler a linguagem corporal, mas você também pode usá-las para tornar-se indecifrável. Quando está estressado, o bater de pés, esfregar de dedos e balançar de pernas, que sempre ocorrem durante uma prova de matemática, voltam a se manifestar. Ter uma mesa entre você e outra pessoa pode esconder reações ao estresse – exatamente o que você não quer, caso seja a pessoa tentando definir uma linha de base. A configuração ideal é aquela que esconde seu estresse e revela o da outra pessoa. A maioria dos escritórios é organizada assim sem essa intenção. O ocupante senta-se atrás de uma imensa mesa e o visitante fica numa cadeira isolada. Se for o seu escritório, tire vantagem das instalações. Se for o de outra pessoa, encontre um jeito de tirar a pessoa de trás dessa barreira.

EXERCÍCIO

Pense em dez pessoas que você vê regularmente - algumas mais próximas, outras apenas conhecidas – e os divida em termos de rigidez de roupas e cenário. Pode ser ternos e carro, maquiagem e banheiro, lingerie e quarto, uniforme e escritório e assim por diante.

OS COMPONENTES EM AÇÃO

Relembre a história de Woody e Peggy, no Capítulo 2. Depois de algumas trocas de mensagens por e-mail e Facebook, Woody ficou bastante curioso sobre o que poderia acontecer depois com Peggy. Planejamento e preparação têm tudo a ver com a dispensa da ficção, portanto ele seria um tolo por sequer falar ao telefone antes de tomar as medidas necessárias para tal.

Se você suspeita que alguém está mentindo, o primeiro passo é determinar os *elementos essenciais* do caso. Veja este exemplo: há não muito tempo, chegou uma carta que começava assim: "Caro Sr. Hartley, gostaria de aproveitar a oportunidade para me apresentar ao senhor". Depois de algumas frases – a carta tinha oito páginas –, percebi imediatamente por que a pessoa estava me contatando: ela tentava mostrar pontos em comum entre nós na esperança de que eu pudesse ajudá-la. "Voluntariamente, eu me entreguei para cumprir a pena por um crime pelo qual fui condenado injustamente..." Havia tantas inconsistências no resto da carta que, se a pessoa achava que eu iria correndo em seu auxílio como uma "autoridade do dizer a verdade", estava redondamente enganado. O homem disse ter implorado para passar pelo polígrafo a fim de provar sua inocência, e depois alegou que simplesmente teve de aceitar um acordo em que admitia sua culpa, pois não tinha como pagar dezenas de milhares de dólares "para um advogado que estava convencido da minha inocência".

Quais são os elementos essenciais do caso até aqui?

- **Elemento um:** desde 1966, exige-se que um agente da lei informe os direitos aos suspeitos antes de qualquer interrogatório ser conduzido. Os dois elementos-chave: o direito de permanecer em silêncio e o direito a um advogado. Ele disse que não podia pagar por um advogado, embora tivesse o direito a um defensor público. O homem qualifica o tipo de advogado – ou seja, um que estava convencido de sua inocência. Vamos mais fundo. Se ele tivesse um caso decente, poderia, no mínimo, encontrar um defensor público sensacionalista que quisesse pegar o caso, só para ter o nome nos jornais. A história dele estava cheia de indicativos. Lembremos a discussão sobre palavras empurra-puxa. "Convencer" é um termo estranho para se usar; é um verbo transitivo que exige ação por parte de uma pessoa para obter algo de outra. Embora não fosse contundente, fiquei me perguntando por que ele não disse apenas "conseguir um advogado que acreditasse em mim". Já foi um motivo imediato para levantar suspeitas.
- **Elemento dois:** "Voluntariamente, eu me entreguei para cumprir a pena por um crime pelo qual fui condenado injustamente". Isso implica que, após o devido processo legal, ele, de algum modo, escapou e depois voltou para a custódia. Se eu escolhesse responder a sua carta, minhas perguntas sem dúvida o deixariam extremamente desconfortável. Eu perguntaria: "Quais eram os elementos do caso contra o senhor?", "Você foi condenado por qual crime?", "A sentença é de quantos anos?", "Por que eu deveria acreditar em você?". Todos esses elementos-chave estavam ausentes nesse drama jurídico. Como se "acredite em mim, sou completamente, cem por cento inocente" já não fosse o bastante.

Toda vez que estiver se perguntando se algo é possível ou não, se não tiver conhecimento suficiente sobre os *elementos do processo*, é aí que você precisa focar sua atenção em termos de planejamento e preparação. O "processo" pode ser legal, no caso do homem encarcerado que escreveu para mim, ou qualquer outro, como comprar uma casa, apostar em cavalos de corrida ou ter um bebê.

Se você já ouviu o programa de rádio sobre carros chamado *Car Talk*, provavelmente ficou sabendo de histórias de consumidores azarados que caíram na mentira de um mecânico. A maioria das pessoas não conhece o funcionamento interno do carro e pode ser facilmente ludibriada por um "especialista" que lhe dá vários motivos para gastar mil dólares em vez de cem. Muitas vezes, Tom e Ray Magliozzi armam os ouvintes com perguntas sobre o processo que eles precisam apresentar ao mecânico para obter uma resposta direta. O cara com um carro que faz barulhos estranhos quando anda em marcha lenta pode, então, ir ao mecânico e perguntar sobre um sensor de aceleração, e lhe dar um chega para lá se ele insistir em instalar uma nova bomba de combustível.

No entanto, mesmo que não tenha o benefício dos conselhos de Tom e Ray, quando for ao mecânico, parte do planejamento e da preparação envolve saber *algo* sobre o processo de consertar seu carro, em vez de chegar sem saber nada. A internet está cheia de informações sobre qualquer processo que deseje conhecer. Despenda alguns minutos na busca e investigue sua fonte. No caso de consertar o carro, na era da informação de hoje, você pode pagar alguns dólares e obter um provável diagnóstico antes de começar. (Ou pode entrar no site do *Car Talk* e obter um gratuitamente.) Se tiver quebrado o tornozelo, pode obter conhecimento sobre o processo e todos os detalhes por intermédio de pessoas que já passaram por isso e detêm uma lista enorme de acessórios de que você talvez precise. O único motivo para ser pego desprevenido por um processo e não fazer ideia sobre o que perguntar é ter escolhido o caminho da ignorância.

No caso de Woody com a mulher que lhe disse que a filha era dele, digamos que ele conhecesse o processo envolvido. Assim, o dever de casa de Woody seria estar mais focado em dispensar qualquer ficção relacionada à *linha do tempo* e à *oportunidade*.

O ponto de partida é *objetificar os elementos* da história. Woody precisava desesperadamente daquilo, porque queria muito que a mentira fosse verdade, então a projeção dele estava fadada a afetar sua interpretação da história. Sem um sistema de planejamento e preparação estabelecido para objetificar os elementos da história, ele poderia coletar informações e averiguar os eventos da vida dela e, depois, transformá-los em fundamentos para crer que era o pai da criança. Milhares de anos de história humana reforçam a afirmação de que esse é um impulso humano natural. Eva queria acreditar que a maçã era boa para ela. Criar uma ficção para tornar bom aquilo que deseja para si e adequar tal coisa em sua compreensão do mundo ao redor é o impulso mais humano de todos. Por isso as fontes são seduzidas por tudo que os interrogadores bonzinhos fazem por elas. Isso lhes permite "pechinchar" – um passe livre para a dissonância cognitiva criada por fazerem algo que sabem que não deveriam fazer. A ficção cria um sabor agradável para a pílula amarga. Ao projetar a resposta que deseja, você permite que o mentiroso faça metade do trabalho que *deveria* fazer para persuadi-lo com sua mentira.

Para objetificar elementos de uma história, você se desliga dela ao máximo. Finja que sua relação com a pessoa seja um filme. O filme é crível ou é um daqueles que exigem que deixe de lado seu ceticismo? Analise os relacionamentos, tanto aqueles que vocês dois tiveram quanto os que você teve com outras durante o mesmo período. Esforce-se para lembrar-se da parte principal: por que vocês se separaram? Isso o fará utilizar uma lupa analítica sobre a história. Esse é o melhor exercício para limpar sua mente de projeções, o que é algo que você precisa fazer para detectar e desmascarar um mentiroso. Se for criar uma ficção que permita que a pessoa *não* deva mentir, mas, em vez disso, deixe lacunas na conversa, então será impossível assumir o controle e extrair a verdade.

PASSOS PARA OBJETIFICAR ELEMENTOS DE UMA HISTÓRIA

Faça um *checklist*

Woody precisava se armar com um checklist, ainda que mental. No lado esquerdo, haveria uma lista de "o que quero com isso". No lado direito, uma lista de elementos da história. E, então, chegaria a hora de perguntar: "Quais elementos da esquerda podem afetar minha interpretação daqueles da direita?". Em outras palavras, "a história dela está sendo influenciada pelas minhas carências?". Se as listas forem idênticas, alarmes deveriam soar.

Por exemplo, todos querem parecer atraentes, mas a maioria de nós tem uma visão realista da própria beleza em relação a outras pessoas que nossa sociedade julga serem realmente atraentes. Tendo isso em mente, se alguém afirma: "Você é lindo!", você deveria se perguntar algumas coisas, começando por: "o que ela quer?" e "o que mais ela está dizendo que parece exagerado?". Se não se importa com esse tipo de ficção e o eventual custo disso, pelo menos fique atento e não caia na história a ponto de redefinir-se mais tarde.

Examine fatores limitantes

Uma vez que Woody obtivesse a resposta para a pergunta sobre como a história de Peggy se adequava às carências dele, poderia avançar para o próximo passo. O que Peggy lhe disse é sequer possível? Se ele concluir que a história parecia fazer sentido, então iria para o próximo nível de averiguação: qual é a probabilidade de isso que ela está me dizendo ser verdade? Fatores limitantes seriam se Peggy estava ou não em outro relacionamento na época, qual era o estilo de vida dela na época, se ele a deixou antes do tempo para que isso fosse verdade, e muito mais.

Determine a motivação

A fase seguinte é a de determinar se Peggy tinha algum motivo para mentir para ele. Se ela estivesse lutando para criar os filhos sozinha, a motivação seria óbvia. No entanto, no caso de Woody, a garota já tinha 25 anos. Peggy era bem-sucedida na carreira, portanto dinheiro e segurança não eram o problema. A história dela envolvia elogios excessivos – "você está incrível, mesmo depois de todos esses anos!" – e repetia o foco nos "bons tempos"? Os dois sugeririam que a motivação era a de ter uma companhia, uma simples questão de "eu quero você de volta". Isso, na verdade, quase sempre não é uma questão simples. Algumas pessoas têm impulsos subjacentes reais que são assustadores, como querer ser a pessoa a dar o fora em vez de ser aquela que tomou o fora depois de todos esses anos. Outros acreditam que algo significativo e permanente deu errado por causa do momento, ou das carreiras, ou da fada do dente.

Ele precisaria fazer perguntas sobre ela (há quanto tempo estava divorciada, quais eram seus hobbies etc.) e investigar outros aspectos da vida dela a fim de determinar se era uma pessoa que parecia emocionalmente carente, ou se era conhecida por usar linguagem exagerada do tipo "feitos um para o outro", "isso é destino", ou se usava com raiva uma linguagem passivo-agressiva. Isso é análogo ao que eu faria antes de interrogar um prisioneiro. Costumo descobrir o que o cara fez antes de chegar a ponto de estar sentado na minha frente, numa sala de interrogatório. Não se trata apenas de fazer perguntas a ela; essa é uma questão de usar todos os recursos disponíveis.

Lembre-se de que Woody e a mulher que alegava ser a mãe de sua filha reencontraram-se pelo Facebook. Se você sabe que a pessoa tem uma página no Facebook, são grandes as chances de conseguir descobrir muita informação sobre ela. É possível ter algum nível de "privacidade" ao permitir que apenas seus "amigos" vejam seu perfil, mas essa não é a regra. Pior que isso, você pode ter amigos de verdade que estão no Facebook e, alegremente, postam fotos suas, de modo que suas fotos na reunião da turma, quando você parecia uma salsicha usando um colar de pérolas, estarão lá para que o mundo veja. Para sempre.

Postagens no Facebook proporcionam ótimas perspectivas sobre vulnerabilidades, prioridades, paixões e outros aspectos da vida e personalidade de uma pessoa, permitindo a outros que tirem proveito disso. Um dos meus amigos postou um vídeo sobre a questão do casamento gay – ele é a favor –, e a explosão subsequente de repostagens, tweets e outras maneiras eletrônicas oficiais de "compartilhamento" mostrou como as pessoas em seu catálogo de "amigos" tinham sentimentos bastante intensos sobre o assunto, e, por conseguinte, sobre ele.

Como parte do planejamento e da preparação de Woody para interagir posteriormente com Peggy, seria essencial que ele visitasse a página dela no Facebook e olhasse sua lista de amigos; que desse alguns cliques para descobrir sobre seus contatos, porque era bem provável que a filha estivesse entre eles. Com uma rápida pesquisa, ele descobriria o aniversário da garota, assim como fatos sobre outras pessoas na vida de Peggy e sua filha no decorrer dos anos. Não seria um documentário sobre a vida de Peggy, mas uma espécie de *film noir*, com sombras e névoas sugerindo o que realmente aconteceu. E, a menos que ela de fato fosse uma mulher maluca com um planejamento de longo prazo, era bem provável que não tivesse pensado em todos os elementos para sustentar a mentira e construí-la em sua página no Facebook. Mesmo que fosse esse tipo de maluca, o risco de que pudesse criar uma "história inventada" melhor que a de um operador da CIA era baixa. Isso é tudo o que você precisa para realizar perguntas que desmascaram um mentiroso (exatamente aquilo que o detetive no *film noir* faria).

Vamos supor que Woody não tivesse descoberto muita coisa sobre Peggy pelo perfil e pelas postagens dela no Facebook. O que fazer? Por 19,99 dólares, ele poderia obter muitas informações sobre ela. Por 39,99 dólares, conseguiria muito mais. Os caros relatórios semelhantes àqueles fornecidos pelos detetives particulares do século XX são baratos, legais e muito abrangentes no século XXI. É possível conseguir as seguintes informações pelo preço de alguns cafés no Starbucks:

- Nome completo.
- Endereço.
- Data de nascimento.
- Número de telefone.
- Parentes.
- Histórico de endereços.
- Propriedades.
- Ficha criminal.
- Falências.
- Hipotecas.
- Julgamentos.
- Pseudônimos.
- Processos legais.
- Vizinhos.
- Certidões de óbito.
- Casamentos e divórcios.

Identifique os rituais

Faça uma lista real dos rituais que envolvem a pessoa e evite repeti-los. Geralmente, quando pessoas que tiveram um relacionamento íntimo se reencontram depois de muitos anos, voltam sua atenção para os bons tempos, o que, sem dúvida, envolveu certos rituais. A escolha das palavras, o tom de voz, uma maneira de tocar – isso tudo traz à tona sentimentos, e, para manter a visão objetiva de uma história, você precisa ser racional, não sentimental.

Defina papéis preexistentes

Quando Woody namorou Peggy, ela já tinha dois filhos. Ele era um salvador da pátria? Um protetor? Ela era uma cuidadora? Uma sedutora? Uma vítima? Quais elementos da história fundamentavam a relação quando estava no auge? Esses papéis parecem tomar forma novamente?

Fornecerei mais detalhes sobre como Woody usaria seu sucesso para objetificar a história no Capítulo 7.

Capítulo 5

DEFININDO A LINHA DE BASE PARA DETECTAR E APLICAR ESTRESSE

A IMPORTÂNCIA DE DEFINIR UMA LINHA DE BASE

Em 1929, quando a Convenção de Genebra baniu a tortura aos prisioneiros de guerra, os interrogadores militares tiveram de desenvolver métodos sem violência. Alguns se concentraram no poder intimidador das palavras. Poderiam elas ser a mais poderosa ferramenta para forçá-los a falar? Sim. Você pode usar as palavras para mergulhar na alma de alguém, para criar uma dor psíquica impossível de ser combatida.

Para tanto, não se pode apenas confiar em truques baratos tirados de um livro de psicologia ou de um resumo feito por especialistas em leitura de expressões faciais. Usar fragmentos desse tipo de material é o que suscita discussões que começam por: "Eu sei que você está mentindo, porque olhou para a esquerda e piscou seis vezes". Olhar para a esquerda diz, sim, algo sobre o estado mental de uma pessoa, mas não necessariamente que está mentindo. Traços do comportamento humano como esse desencadeiam uma sequência de sinais inconscientes que envolvem rosto, voz, mãos e outros. Os sinais, que podem ser sutis ou óbvios, podem lhe dizer se alguém está ou não tentando enganá-lo – mas esses sinais diferem de pessoa para pessoa.

Você precisa começar definindo uma *linha de base* – ou seja, o processo para determinar como um indivíduo reage em uma situação sem estresse. Uma linha de base lhe permite criar uma imagem do estilo natural de comunicação da pessoa quando ela fala sobre assuntos não estressantes, como o melhor restaurante da região. Isso lhe mostra como tal pessoa age quando se sente no controle do ambiente ao redor. Uma vez que saiba como definir a linha de base, você pode detectar estresse, ou perda de controle, naquela pessoa com maior grau de certeza. A partir daí, você pode avançar aos próximos estágios: usar a linha de base para determinar quais palavras ou ações suas estão causando estresse, e em seguida aumentar essas atividades para aplicar o estresse. Depois disso, é uma via direta para assinalar as enganações e extrair informações.

Quando define uma linha de base, você assume o papel de guia da dança. Está estabelecendo uma situação em que pode convidar a pessoa que quiser para a pista de dança. Você atinge um alto grau de controle na interação.

Para ilustrar alguns dos aspectos da definição de linha de base antes de enfrentá-la passo a passo, começarei com três cenários, um envolvendo estranhos em uma entrevista de emprego, um envolvendo um antigo colega de trabalho e um envolvendo Woody e Peggy, as pessoas que se reencontraram pelo Facebook, as quais viemos analisando desde o Capítulo 2.

Cenário 1: Definindo a linha de base de estranhos

Walt, um executivo que treinei, contou-me a seguinte história sobre uma entrevista de emprego da qual ele participou, pouco depois de concluirmos nossas sessões de coaching.

As três pessoas que o entrevistaram eram: um diretor da empresa, um vice-presidente e um diretor de recursos humanos. Depois de ele se sentar, perguntaram-lhe o que sabia sobre o emprego. No processo de lhes dizer o que sabia, ele teve diversas oportunidades de definir uma linha de base dos três.

Então lançou pedaços de informação sobre eles, incluindo pedaços de desinformação. Por exemplo, disse a um deles: "Eu sei que você não está aqui há muito tempo – dois meses".

"Não, quatro", o homem respondeu imediatamente. Ao dizer isso, Walt lançou-lhe uma pergunta sobre o dia em que havia começado. Raramente as pessoas priorizam esse tipo de detalhe. Conforme o homem pensava na resposta, Walt definiu a linha de base dele como alguém com memória visual.

Dirigindo-se àquele que era chefe do outro homem, Walt disse: "Eu sei que você está aqui há muito mais tempo que isso", e, então, quando partiu para a pergunta da data, seus olhos também se mexeram. Portanto, em poucos instantes após o início da conversa, Walt já tinha definido a linha de base de dois dos três como pessoas de memória visual.

Deixando a data de lado, ele mencionou: "Deve ter sido um caos quando vocês saíram da antiga fábrica e se mudaram para cá". Com isso, habilmente despertou um pouco de emoção, assim poderia usar alguns exemplos de ilustradores e adaptadores. Walt também fez referências ao antigo endereço e, dessa forma, abriu as comportas para as pistas visuais.

Quando chegaram ao cerne da entrevista, Walt reiterou suas palavras para dispensar os estilos de questionamento deles. Identificou as palavras-âncora dos três e as usou para voltar a aspectos que queria enfatizar.

Quando lhe perguntaram o que o preocupava a respeito de ir trabalhar para eles, ele realmente deu um show. Walt disse: "Francamente, estou um pouco preocupado em trabalhar com o pessoal do RH. Simplesmente não entendo como vocês funcionam". Com isso, o diretor de RH imediatamente impôs uma barreira. Ele inclinou a cabeça, a linguagem corporal passou para uma posição mais fechada e ficou sisudo. Walt tocou num ponto delicado, mas o fez de forma deliberada, pois sabia como mudar o teor da conversa.

Ao afirmar com frieza sua preocupação, sem parecer desesperado ou carente a fim de lhes agradar para conseguir aquele emprego, Walt, na verdade, fez com que todos se sentissem mais à vontade com ele.

Walt cumpriu a tarefa de estabelecer um laço interpessoal e, ao mesmo tempo, de definir uma linha de base.

Cenário 2: definindo a linha de base de um antigo colega de trabalho

Esta é outra história de um antigo colega da comunidade de Inteligência, o qual também aperfeiçoou suas habilidades e as levou para o mundo dos negócios.

Bob trabalhava três andares abaixo de um executivo com quem teve várias reuniões, mas não o conhecia muito bem. De repente, uma mudança nas competências dessa grande empresa o colocou numa posição em que teve de dizer ao executivo que ele precisava mudar seus sistemas de negócios.

Por causa dessa missão, quando Bob entrou na sala do homem, sabia que já era tido como *persona non grata*. Ele precisava definir uma linha de base atual para determinar como faria para desestressar o outro e, assim, criar um laço interpessoal.

Bob começou com: "Parece que você deu uma reorganizada por aqui. Essa mesa não costumava ficar ali?". Enquanto o executivo descrevia seus esforços na redecoração, lembrando onde as coisas ficavam em seu escritório, Bob foi capaz de definir sua linha de base como visual. Continuando numa linha de conversa informal, perguntou ao executivo se estava tudo bem, porque a pele dele apresentava algumas manchas, como se estivesse passando por um tratamento de pele. A pergunta não apenas trouxe à tona um pouco de emoção – e inúmeras informações de linha de base – como também estabeleceu Bob como uma pessoa empática. Ótimo para criar laços interpessoais.

O banco de dados de indícios de linha de base que Bob havia acumulado a respeito do executivo foi de grande valia para ele dali a poucos dias, quando teve de voltar ao escritório do homem. Ele precisava fazer uma solicitação relacionada às mudanças no sistema, e o homem titubeou – reagindo com uma linguagem corporal que indicava ponderação e, depois, outra orientada por emoção, quando deveria ter continuado relativamente relaxado e capaz de dar uma resposta direta.

Cenário 3: definindo a linha de base de um amor antigo

Woody e Peggy conversaram algumas vezes pelo telefone antes de decidirem se reencontrar cara a cara. Se Woody tivesse alguma noção sobre linha de base, teria prestado atenção em mudanças na cadência, escolha de palavras, estridência e afinação, e em como essas mudanças interagiam com o assunto da conversa, com as perguntas e as respostas dele para Peggy.

No encontro cara a cara, seria importante que ele a tranquilizasse ao máximo para observá-la em momentos de pouco ou nenhum estresse. Depois disso, mais uma vez, seria a hora de observar mudanças na regra geral. Assim como Walt e Bob fizeram perguntas simples e casuais para sondar indícios visuais de da reação emocional de seus interlocutores a respeito de um assunto, assim também Woody deveria ter feito. Ele deveria observar especificidades, como um levantar de sobrancelhas que sinalizasse um pedido de aprovação para falar sobre a filha que, supostamente, era dele. Teria de perceber quando ela usava adaptadores, aqueles gestos de autoconforto que aparecem quando o estresse começa a se manifestar.

Pobre Woody. Não só lhe faltavam habilidades para definir uma linha de base, como ele também foi ao encontro com o cérebro poluído por projeções. Assim, tornou-se muito fácil mentir para ele.

SINAIS FACIAIS

No mundo real, o movimento ocular sinaliza que você está buscando respostas dentro da cabeça. Porções distintas do cérebro processam dados em diferentes canais sensoriais. O córtex visual, que controla o estímulo visual, localiza-se na parte de trás da cabeça. As estruturas cerebrais responsáveis por processar som estão nos lobos temporais localizados diretamente acima das orelhas. Os pensamentos cognitivos e a resolução de problemas decorrem do lobo frontal nos adultos. Ao fazer perguntas que visam a um canal sensorial em particular, você pode levar sua fonte a acessar tal canal. Quando a fonte acessa um canal sensorial, os olhos seguem esse acesso. As perguntas precisam isolar um canal sensorial específico, em vez de ativar vários canais ao mesmo tempo, e devem ser complexas o bastante para que desencadeiem pensamentos. "Qual é a cor do seu carro?" é simples demais. "Quais cores estão presentes na tapeçaria da cabeceira da sua mãe?" é o tipo ideal. Quando se realizam perguntas direcionadas a canais sensoriais específicos e partes específicas do cérebro – visual, auditiva, cognitiva – você pode induzir a fonte para olhar para aquela parte do cérebro. É possível fazer esse exercício com qualquer um, seja um estranho, seja uma pessoa próxima. Na verdade, experimente com algumas pessoas. Observe o que acontece quando você lança esse tipo de pergunta, ou perguntas semelhantes que sejam mais compatíveis com a inteligência e a experiência do sujeito:

- Como é a sua cozinha?
- Qual é a quinta palavra do Hino Nacional?
- Qual é a raiz quadrada de 39?
- Como você acha que é a superfície de Vênus?
- Que som faz a girafa?
- Como foi perder um amigo com câncer?

Os olhos da pessoa movem-se consideravelmente ou só um pouco? Em muitas culturas, movimento ocular evasivo ou errático é considerado ardiloso, portanto as pessoas evitam fazê-lo. Esse exercício, no entanto, demonstra que o movimento ocular é natural. O movimento ocular que você percebeu indica qual parte do cérebro da pessoa estava ativada para responder à sua pergunta. Quando alguém se recorda de informações do lado da memória do córtex visual, refiro-me a isso como memória visual; eu designo a visualização criada como constructo visual. A memória fica à esquerda e constructo à direita, ou vice-versa? Você pode utilizar esse conhecimento sobre qual parte do cérebro a pessoa usa para definir uma linha de base. Então, quando suas perguntas forçarem a pessoa a puxar pela memória, mas ela se desviar, você terá motivo para ficar com o pé atrás. Você pode arruinar a mentira ao focar-se nas partes que sabe serem falsas.

Embora existam exceções a respeito de a memória visual e auditiva ser na esquerda ou na direita, a maioria das pessoas reage da seguinte forma:

– Ao visualizar um lugar que conhecem bem e podem descrever facilmente, elas olharão para o canto superior esquerdo. Assim ocorre porque estão acessando o córtex visual localizado na parte traseira do cérebro. (Na Seção V, vou ensiná-lo a usar uma combinação de memória e constructo visual para distorcer uma linha de base. Com isso, você vai aprender como resistir a ter sua linha de base definida!)

- Ao tentar recordar a quinta palavra do Hino Nacional, as pessoas, geralmente, cantam a música mentalmente até chegar à quinta palavra. Durante o processo, elas olham diretamente para o lado esquerdo – ou seja, acima da orelha esquerda. A pergunta ativou o canal sensorial da memória auditiva, localizada, na maioria das pessoas, acima da orelha esquerda.
- O processo de penetrar o cérebro para tentar calcular a raiz quadrada de um número incomum (o que não acontece com o 64, que envolve uma resposta memorizada) leva os olhos das suas cobaias para o lado inferior esquerdo. Foi assim com todas as pessoas que já interroguei. A voz interior ou o pensamento cognitivo sempre estão do lado esquerdo inferior da fonte.

- Descrever a superfície de Vênus demanda imaginação, a menos que a pessoa estude planetas a sério. Suas cobaias deverão inventar algo, e, no processo, os olhos delas vagarão para o lado superior direito. Mais uma vez, elas estão acessando o córtex visual, mas, dessa vez, de maneira criativa.
- Que som faz a girafa? Nenhum, mas a maior parte das pessoas não tem conhecimento desse fato, por isso elas tentarão inventar uma resposta. No processo, olharão intensamente para a direita, acessando o processador auditivo do lado direito. Se a fonte disser que nunca ouviu uma girafa, então pergunte como ela acha que é o som da girafa. Isso pode desencadear uma reação complexa, fazendo a fonte ir à memória auditiva em busca de sons de animais semelhantes, passando, em seguida, para o constructo auditivo a fim estruturá-lo e, por fim, voltando ao centro para descrever.
- Você já observou as pessoas em um funeral? Muitas delas estão com a cabeça baixa e os olhos levemente virados para o canto direito inferior. Essa é a posição que indica profunda emoção; nunca vi alguém disfarçar isso.

A única exceção documentada que conheço com relação a esse padrão é nos Países Bascos. Guarde isso como uma regra geral para todas as outras pessoas: os padrões para os movimentos oculares superiores são fixos, portanto você jamais verá um auditivo para cima e para a esquerda ou uma memória visual reto e para a direita. As únicas diferenças para a regra são o lado da memória e o do constructo. Auditivo é sempre lateral e visual é sempre para cima. É claro que não analisei a linha de base de todas as pessoas no mundo, por isso fique atento a desvios.

Como disse anteriormente, você não pode julgar a honestidade de uma pessoa tendo como base somente essas reações típicas. Paul Ekman, mundialmente reconhecido por seus escritos e palestras sobre "a compreensão do rosto", identificou um grande erro na detecção de mentiras, que ele chamou de Risco Brokaw. Fazendo alusão a Tom Brokaw, jornalista da NBC, refere-se a um incidente em que, durante uma entrevista, o âncora interpretou certos movimentos oculares como se o entrevistado estivesse mentindo. Isso, no entanto, foi um equívoco dele, pois aquele padrão era normal para o indivíduo.

Outro sinal facial, mas que varia de pessoa para pessoa, é o sorriso. Meu sorriso natural e genuíno é um pouco de lado, uma espécie de meio-sorriso. Entretanto, quando encontro alguém pela primeira vez ou sorrio para as câmeras de televisão, dou um sorriso equilibrado. Dê uma olhada nas pessoas que você conhece bem e perceba a diferença entre o sorriso relaxado delas e o que usam para estabelecer controle. Repare nos seus próprios estilos: sorriso para a câmera, sorriso entretido, sorriso sedutor, sorriso de reconhecimento.

Há também o elemento facial que os franceses chamam de "músculo da tristeza", aquela área entre as sobrancelhas acima do nariz. Sorria para o espelho ao mesmo tempo em que usa aquele músculo da tristeza para unir as sobrancelhas. Você parece estressado, não parece?

Retomarei esses e outros tipos de sinais faciais ao ensiná-lo como usá-los para definir a linha de base. Primeiro, vejamos outros exercícios.

SINAIS CORPORAIS

Você está procurando barreiras e extravasando emoções ao observar a linguagem corporal. Depois de definir uma linha de base, saberá se os braços cruzados e o bater de pés no chão do sujeito à sua frente são normais ou se estão servindo de barreira e revelando estresse.

Diga à pessoa que se sente confortavelmente numa cadeira. Faça perguntas que vão de casuais a relativamente pessoais e até indiscretas, e observe as mudanças no corpo do sujeito conforme as questões se tornam invasivas. Você pode progredir da seguinte maneira:

- Quantos irmãos você tem?
- Que brincadeiras vocês faziam quando crianças?

- Vocês já brigaram quando crianças?
- Seus pais tratavam-no de maneira diferente de seus irmãos à medida que cresciam?
- Qual foi a pior coisa que algum irmão já fez com você?
- Em algum momento você também deve ter feito algo de ruim a eles, leu um diário, roubou uma bola de beisebol ou quebrou alguma coisa de propósito porque estava irritado. O que você fez?
- Você já fez algo do tipo, depois de adulto, que o fez se sentir enojado consigo mesmo?

É possível escolher também outra abordagem que investigue mais informações do que emoções, mas, conforme o sujeito vai ficando sem informações, as emoções (e o estresse) começam a aflorar.

Novamente, diga a seu sujeito que se sente confortavelmente e progrida de maneira parecida:

"Qual foi o lugar que mais gostou de ir nas férias?"

"Tortola, nas Ilhas Virgens Britânicas."

"Por que foi tão especial para você?"

"Recebi um certificado de mergulhador lá."

"Que tipo de curso você teve que frequentar?"

"Tivemos que fazer um treinamento prático que durou meio dia e íamos para a sala de aula todas as noites, durante cinco dias. Era bastante completo."

"Quais são as coisas mais importantes que você precisa lembrar quando estão mergulhando?"

As perguntas podem avançar para um nível de complexidade que talvez sobrecarregue o conhecimento de qualquer um que não seja profissional ou que tenha vasta experiência. Quando seu sujeito alcançar o ponto do "eu não sei" ou "eu não lembro", e você continuar fazendo perguntas, provavelmente ele se sentirá desconfortável e, talvez, dê desculpas por não saber, tentando mudar de assunto. Ele alterou bruscamente a posição do corpo durante a conversa? O corpo dele está muito diferente desde que começaram?

SINAIS AUDITIVOS

A língua é uma combinação de palavras faladas, tom e afinação. Se você já passou por um polígrafo, sabe que o examinador lhe faz pelo menos uma pergunta a que você deve responder com uma mentira. Essa é uma tentativa de definir sua linha de base quanto a afinação, tom de voz e escolha de palavras quando mente. Esses três elementos-chave do discurso, e como eles correspondem com mudanças na postura corporal, sinalizam sua relação com a verdade.

Quando você ouvir um político lidar com uma pergunta que o tira de sua zona de conforto ou especialidade, perceba as mudanças no ritmo do discurso, ou talvez uma súbita preferência por um tom simplório, destoando de seu estilo acadêmico de costume. Talvez você também se lembre de uma adolescente típica, cuja afinação sobe uma oitava quando solta uma mentira: "Juro que não fiz isso, mãe!".

APARATOS

No Capítulo 4, fiz referência aos figurinos e cenário como elementos de planejamento e preparação. Aqui, usarei o termo *aparatos* para diferenciar o que você organizou e os figurinos e cenário que seu alvo selecionou.

Aparatos têm enorme significado em nossa vida, não importa nosso contexto cultural ou nacionalidade. Às vezes, sem eles, uma pessoa perde toda a credibilidade e o *status*. Tire um general de quatro estrelas de sua sala no Pentágono e coloque-o na rua vestindo um moletom. Você acreditaria se ele lhe dissesse que os Estados Unidos estavam prestes a invadir outro país? Imagine o Papa sem suas vestes papais e longe de seus assessores. Se ele lhe abençoasse, você poderia rir e dizer: "Obrigado, meu velho". Em contrapartida, aparatos podem conferir credibilidade e *status* a uma pessoa, mesmo que ela não os tenha. Ponha um belo sorriso e um terno alinhado num homem bonito como Ted Bundy e você o verá safar-se de qualquer coisa – pelo menos, por algum tempo.

Uniformes militares são fontes de informações complexas a respeito de quem os veste. Eles ostentam conquistas, tempo de serviço, onde você serviu em combate, por quanto tempo e em qual unidade. Podem dizer até se uma pessoa foi ferida em combate. Na verdade, o uniforme representa um resumo para quem o veste e um aparato de primeira linha.

Aparatos informam o que a pessoa quer projetar, do que ela gosta, o que a excita, de que ela se orgulha e o que ela pode esperar de você. Roupas, móveis, fotos, o tamanho de um quarto, uma casa, uma vizinhança – se o sujeito tiver algum controle sobre a escolha, então isso revelará algo sobre ele. Depois de algum tempo, é possível que as pessoas nem notem mais seus aparatos, e seu interesse pode surpreendê-las. Perguntas sobre os aparatos delas permitem a você estabelecer um laço interpessoal e uma linha de base ao mesmo tempo.

Uma amiga minha passou doze anos prestando consultoria para *startups* dominadas por engenheiros e desenvolvedores de software. Dependendo da idade, eles usavam desde jeans com moletom até calças cáqui com moletom. As roupas projetavam desdém pelas tradições corporativas; eles se concentravam "no trabalho". Quando participava de reuniões com eles, a consultora normalmente usava ternos, o emblema tradicional do poder e do sucesso corporativo. A vestimenta destacava seu valor. Era como se dissesse: "Eu sou diferente de vocês. Eu me conecto com as pessoas fora do seu mundo, aquelas que vocês precisam para que seus negócios deem certo".

Um dos clientes dela tinha aparatos que suscitavam desafios e oportunidades únicos. Era uma daquelas empresas que se denominam incubadoras, que colocam equipes trabalhando em diferentes projetos dentro de um único cômodo do tamanho de um galpão. Portas velhas serviam de mesas para os computadores. O chão era de cimento. Não havia divisórias que separassem pessoas ou grupos. Se conseguisse desenvolver uma boa ideia, a recompensa por trabalhar lá era receber capital de investimento para começar o próprio negócio.

A certa altura, as reuniões com os clientes eram transferidas para a cozinha bem abastecida do outro lado do cômodo. Uma cozinha é o equivalente às fogueiras primordiais, um local para reunir amigos e familiares e ter conversas abertas. Constitui também um lugar onde as pessoas podem se confrontar. Por isso, ter consciência do que simbolizam os aparatos bem como o que eles aparentam superficialmente oferece-nos uma tremenda vantagem. Uma cozinha poderia ser o lugar ideal para fechar um negócio – ou não. Poderia ser o melhor lugar da casa para discutir o orçamento de um projeto – ou o pior. Seria preciso entrar naquele local sabendo, por meio de linhas de base, quais tópicos deixariam seu cliente ansioso e quais ele se sentiria confortável para discutir. Uma conversa na cozinha poderia despertar grande ansiedade em você ou transformar bons sentimentos em real entusiasmo.

Certa vez, tive uma entrevista de emprego numa sala de reuniões árida, onde havia apenas uma mesa retangular com cadeiras duras, sem qualquer obra de arte nas paredes. Aquele deveria ser propositalmente o local das entrevistas, mas eu sabia que, se quisesse ficar com o emprego, precisava "dominar" os aparatos. O primeiro entrevistador entrou. Sentei-me na ponta da mesa, com a cadeira virada para a porta, portanto, seguindo a lógica, ele se sentou perto de mim, na lateral da mesa. A conversa sucedeu assim: eu, na cabeceira da mesa, sendo entrevistado por pessoas que se sentaram nas laterais. Subconscientemente, eu controlava a conversa.

Se essa fosse uma reunião com um cliente, onde eu teria me sentado? Provavelmente, deixaria a cadeira na ponta da mesa livre para quem fosse tomar as decisões, apenas me sentando ao lado dele.

Aparatos não necessariamente pertencem à pessoa ou são decorados por ela. Por exemplo, se você tiver uma entrevista de emprego com o vice-presidente de uma empresa e ele decidir conduzir o processo em um caríssimo restaurante francês, pondere a escolha daquele lugar. Em algum nível, ele sente que aquilo lhe proporciona controle, e isso alivia o estresse. O fato de que causaria estresse em você não deve ter sido considerado na decisão.

Definir a linha de base o ajudaria aqui de duas formas. Primeiro, faz você sair de si mesmo e também lhe oferece uma medida de controle. Promove um sistema para que dê um passo atrás em sua presunção de que o VP o levou para o Chez Chic só para ver se você sabe qual garfo usar. (Uma questão que seria facilmente contornada se você apenas o deixasse comer primeiro.) Em segundo lugar, você pode usar o restaurante.

Agora imagine que você realiza a entrevista e está definindo a linha de base de uma candidata. Você a leva ao seu restaurante francês predileto, porque todos o conhecem e o bajulam. O cardápio está em francês; você é fluente no idioma. Nesse cenário, é possível que o restaurante tenha os aparatos de intimidação para a candidata. Você sabe que há grandes chances de gerar estresse nela. É isso o que você quer, e é isso o que vai obter.

Guarde em mente esse conceito dos aparatos de intimidação. A história de Ann, mais para a frente neste capítulo, mostra como os profissionais usam isso para aplicar estresse e desvendar verdades e personalidades.

RITUAIS

No Capítulo 4, explorei a natureza e os motivos por trás de certos rituais. Ao desenvolver suas habilidades sobre linhas de base, tenha em mente que os rituais exercem um papel poderoso em nossa vida, desde o processo de dormir até discutir, seduzir ou fechar um negócio. Para desenvolver habilidades de interrogatório, você precisa aprender a detectá-los para que possa:

- Identificar estresse.
- Atrapalhar o ritual para gerar estresse.
- Estabelecer um laço interpessoal ao espelhar o ritual a fim de reduzir o estresse.

Se você tem filhos ou está rodeado de crianças, pode aprender muito sobre hábitos reconfortantes ao observá-los. As crianças não são sutis e, à medida que você se torna um perito na observação de adultos lidando com estresse por meio de rituais, perceberá que eles, da mesma forma, não são tão sutis.

EXERCÍCIO

Escreva seus rituais em várias circunstâncias.

Raiva: você a transmite colocando as mãos na cintura? Seus lábios estão presos?

Ansiedade: você recorre a um "hábito reconfortante", como cutucar as pernas ou cruzar os braços?

Devoção: você curva a cabeça para a frente? Ajoelha? Une as mãos em frente ao peito?

Sedução: você olha fixamente? Inclina a cabeça? Mexe os quadris?

Preste atenção ao que faz quando vai a um novo ambiente, assim como ao que a outra pessoa faz. Quais ações você utiliza para reconfortar-se? Quando alguém vai à sua casa para jantar pela primeira vez, o que ele faz?

VENDO E SENTINDO O ESTRESSE COTIDIANO

No Capítulo 1, listei algumas das reações involuntárias com as quais é provável que se depare ou vivencie em algum momento, como pupilas latejantes e poros faciais dilatados. Essas são as reações involuntárias extremas que você provavelmente jamais vivenciará ao aplicar técnicas de interrogatório na sua vida.

Em níveis relativamente baixos de estresse, você pode notar respostas emocionais que envolvem desvios na voz, olhos, face e postura corporal.

Você sabe, por ouvir gritos desde criança, que determinado tom de voz pode carregar impacto emocional. Além do tom, outras qualidades podem indicar estresse, como nos casos em que a voz falha ou adquire certa estridência. Ao definir a linha de base de alguém, preste atenção também a cinco outros aspectos do discurso: enunciação, escolha de palavras, tempo de resposta a uma pergunta, elaboração e arrastado.

- **Enunciação**: Lembre-se da sua mãe ou de seu pai esperando por você na cozinha quando chegou depois do horário combinado para estar em casa: "Quero deixar uma coisa bastante clara para você...". Cada palavra era pronunciada de forma distinta e, dependendo da distinção, você conseguia calcular o nível de estresse. Da mesma forma, uma falha de enunciação poderia dizer muita coisa.

- **Escolha de palavras**: Alguém que esteja desconfortável pode escolher palavras que normalmente não sairiam de sua boca. Conheci pessoas que selecionam cada palavra com atenção. Se isso for praticado, e não natural, o estresse removerá a capacidade de selecionar as palavras com cuidado. Quando alguém muda o padrão de casual para cuidadoso ao escolher as palavras, é um provável indicador de estresse.
- **Tempo de resposta a uma pergunta**: Você conhece aquelas pessoas cuja conversa é interrompida porque sempre têm uma resposta, e conhece outras que parecem elaborar a resposta perfeita antes de dizer qualquer coisa. Se fizer uma pergunta que provoque mudança nesse padrão, é justo se perguntar o que pode estar acontecendo. Entrevistei pessoas que respondiam a quase todas as perguntas dizendo: "Essa é uma ótima pergunta". Esse é uma ótima tática de protelação. Histórias ensaiadas terão um tempo de resposta bastante consistente. Identifique desvios ao interromper a história para falar sobre algo sem qualquer relação com o assunto original.
- **Elaboração**: Por que uma pessoa que geralmente sai tagarelando todos os detalhes, de repente, dá respostas concisas? Ou por que uma pessoa que usa palavras com moderação se torna uma matraca? Esses últimos podem agir assim devido a algumas taças de vinho, mas a mudança o coloca no radar de que algo está diferente.
- **Arrastado**: É normal algumas pessoas arrastarem as frases, mas outras só o fazem se não quiserem que você ouça o que estão dizendo.

Através dos anos interrogando prisioneiros, também percebi que muitas pessoas usam restos do fim do raciocínio para completar as mentiras. É como se pressionassem "inserir" em seu teclado mental e acrescentassem uma frase quase sem conexão com as palavras anteriores. Por exemplo, pergunte a uma colega: "Por que você perdeu a videoconferência hoje de manhã?". Em vez de dizer a verdade – "eu me esqueci" –, ela começa com: "Minha filha estava doente". Então, segue essa linha com pensamentos aleatórios: "E eu sei que crianças na sala da pré-escola costumam comer giz de cera e, depois, entregam aos outros amiguinhos, o que é nojento".

Com relação a pistas relacionadas ao movimento ocular, há dois pontos importantes para se lembrar. Primeiro, as pessoas podem variar quanto a olhar para a direita ou esquerda a fim de consultar memórias ou constructos visuais e auditivos, mas para baixo e para a esquerda significa cálculo e para baixo e para a direita significa emoção. Nunca observei um desvio nesses últimos. Segundo, a quantidade de movimento ocular não sinaliza enganação, a menos que não seja o padrão da pessoa. Certa vez, realizei um jogo de interrogatório com meus alunos chamado "Dizer a verdade", fazendo referência ao programa de televisão *To Tell the Truth*. Uma pessoa escreveria uma afirmação; ela e outras três leriam separadamente a afirmação na frente da câmera de vídeo. Também filmei o intercâmbio entre mim, que perguntava, e os outros quatro alunos, que respondiam, e, depois, mostrei o vídeo para o resto dos alunos, com o intuito de ver se eles podiam diferenciar os mentirosos dos sinceros. Todos pensaram que a pessoa que tinha muitos movimentos oculares era a mentirosa, mesmo sendo ela a que estava contando a verdade. O estilo natural dela pareceu enganoso para os outros, e foi por isso que a escolhi.

Pupilas também revelam informações sobre o estado da pessoa, caso dilatem ou contraiam subitamente. Os sistemas simpático e parassimpático estão em conflito quando isso acontece. O simpático dilata e o parassimpático relaxa, portanto, variações podem ser contínuas, ou uma dilatada rápida que logo some. Excitação é capaz de causar dilatação ou pulsação, bem como estresse. Suas pupilas também dilatam quando você vê algo que gosta, e contraem para um só ponto quando vê algo que não gosta. Mostre a foto de um bebê para um homem e, quase sempre, os olhos indicarão indiferença.

Mostre a mesma foto para uma mulher e a pupila dela dilatará. Quando filmamos *We Can Make You Talk*, afirmei a uma jovem que vinha interrogando que ela estava mentindo. Eu sabia, pois havia definido a linha de base dela. Ela respondeu que sabia que existia uma teoria mágica sobre movimento ocular, mas que achava que não passava de teoria. Treinei-a em movimento ocular por meio de questionamentos e provei a teoria a ela. Quando percebeu que a teoria funcionava, suas pupilas começaram a piscar intensamente.

Microgestos faciais, alguns dos quais ocorrem involuntariamente, podem ser excelentes indicadores de estresse. Trabalhei para duas pessoas que tinham terríveis tiques nervosos nos olhos quando os níveis de estresse delas se elevavam. Isso não queria dizer que estavam enganando alguém, é claro; apenas indicava, para mim, que estavam se sentindo muito pressionadas no momento. Boca caída, sobrancelhas arqueadas, olhos semicerrados, testa franzida – para algumas pessoas todas essas expressões podem ser normais durante uma conversa, enquanto para outras, claramente indicam tensão em algum nível. E, caso veja alguém começar a coçar o nariz enquanto estiver fazendo perguntas difíceis, talvez você o tenha deixado bastante desconfortável.

O nariz humano tem uma enorme quantidade de vasos sanguíneos. Sob estresse, o fluxo sanguíneo aumenta e, como muito sangue extra vem para o nariz, ele começa a coçar. Antes de isso acontecer, talvez a orelha do interlocutor fique vermelha. As pessoas ruborizam nas orelhas antes de ruborizarem na face. O fato de as orelhas ficarem vermelhas indica que algo está gerando um fluxo sanguíneo além do normal, e isso pode ser estresse.

As mãos são capazes de ajudá-lo a se adaptar a alguma situação quando se sentir desconfortável. Mexer nos dedos, curvá-los para esconder que está roendo as unhas – esses gestos podem incomodá-lo, mas não indicam necessariamente que a pessoa está contando uma mentira. No entanto, pessoas que normalmente usam as mãos enquanto conversam podem estar transmitindo dissimulação quando gesticulam para longe de si. Normalmente, as mãos vão para a frente do corpo, próximas ao rosto, para cima e para baixo, rodopiando em uma espiral conforme fazem descrições, ou as palmas ficam para cima com um dar de ombros, quando querem expressar confusão. Aquela mesma pessoa, contando uma mentira sobre onde encontrou seu diário, pode gesticular para o lado enquanto murmura: "Estava do lado de fora, sobre a mesa".

As mãos podem revelar o desejo de uma pessoa para que você se afaste ou pare de fazer o que quer que esteja fazendo. Estalar o dedo sobre uma mesa ou esfregar a lateral da mão sobre um balcão pode significar: "Este encontro (ou reunião) acabou". Você pode até tirar alguém do sério sem usar o dedo do meio ou algum outro sinal conhecido. Levantar a mão para o ar, como se fosse um sinal de pare, pode não ser intencional, mas transmite um senso de "já estou farto de você" ou "cale a boca".

Com relação às pernas e aos pés, assim como com as mãos, observe uma pessoa para ver o que ela faz quando se sente relaxada. Detectar estresse relaciona-se a detectar desvios da regra geral.

Por fim, a velocidade com que alguém muda de postura pode tanto transmitir uma mudança emocional quanto o fato de que a cadeira dela está muito desconfortável. Será fácil descobrir qual é o caso.

EXERCÍCIO

Pense em cinco pessoas que você conhece bem. Imagine o rosto delas em um estado relaxado. A boca das cinco sobe ou desce nos cantos, ou é uma linha reta? Elas têm o costume de usar as sobrancelhas enquanto falam? Têm algum tique ou hábito, como lamber os lábios ou fechar um olho enquanto pensam? Talvez você ache este exercício muito difícil, mesmo que envolva alguém que você vê regularmente.

USANDO LINHA DE BASE PARA APLICAR ESTRESSE

Uma vez que tenha definido a linha de base de uma fonte e conheça o padrão ocular dela, a linguagem corporal, a escolha de palavras, zona de conforto para contato e outros indicadores, o próximo passo é usar essa linha de base para investigar áreas de desvio que indiquem estresse.

Regra número 1: não deixe que sua bagagem pessoal interfira. Você pode ser uma pessoa visual, como é a maior parte do mundo, portanto, notará prontamente desvios faciais e corporais que indiquem estresse. Não se esqueça das mudanças auditivas e cinestésicas.

Regra número 2: aplicar estresse geralmente envolve interação entre emoção e intelecto. Seja por meio de desconforto físico ou de um comentário ofensivo, interrogadores sabem que você responderá emocionalmente, pois definiram a sua linha de base. Então, podem proceder com uma pergunta sobre a qual você precisa pensar, e o estresse desencadeado pela experiência emocional diminui sua habilidade de raciocinar claramente. Mais estresse é gerado. Ou talvez eles fiquem martelando você com várias perguntas, exigindo respostas específicas que estão além do seu conhecimento. Enquanto seu *eu* cognitivo corre em busca de respostas, suas emoções emergem conforme você perde a confiança. Novamente, por terem definido a sua linha de base, eles sabem que, se você se sente desestabilizado intelectualmente, você se estressa.

Claro, é possível colocar alguém em uma situação de grande estresse sem definir conscientemente sua linha de base. Na verdade, as pessoas fazem isso o tempo todo umas com as outras quando realizam perguntas inadequadas, quando gritam com raiva ou de inúmeras outras maneiras. Mas, nesses exemplos, o estresse é o resultado infrutífero de deslizes e não é explorável. Por exemplo, o espaço vital difere de cultura para cultura. Americanos tendem a manter um grande espaço entre eles e um estranho. Com pessoas que conhecem, diminuem a distância e olham diretamente para o interlocutor. Quando conhecem alguém para valer, permitem que se aproximem a cerca de 45 centímetros, sendo que as mulheres tendem a se sentir mais confortáveis do que os homens para diminuir ainda mais essa distância. Quando invade o espaço vital de alguém, você, querendo ou não, gera estresse.

Por outro lado, quando aplica estresse com a ideia de extrair informações, você deve seguir um caminho proposital, que comece com perguntas que lhe possibilitem estabelecer a linha de base.

Uma amiga recentemente me relatou uma história que exemplifica como os profissionais de ambientes não militares aplicam estresse em um sujeito de quem definiram minuciosamente a linha de base. Ann fazia treinamento de clientes para uma empresa de computação que desenvolvia produtos personalizados para o governo e grandes companhias. Ela obteve uma credencial para trabalhar com os clientes das agências federais de Defesa e Inteligência. Sabendo que aumentaria a renda se soubesse aplicar suas habilidades únicas em uma área que demandava permissões de maior hierarquia, ela se candidatou a trabalhar como analista da agência de Defesa.

Nos dois escrutínios pelos quais ela passou, os interrogadores usaram táticas de indução de estresse que variavam de insignificantes a ultrajantes para levá-la à loucura. Por que perguntariam a uma mulher com pós-doutorado, cuja inteligência eles já haviam elogiado, se ela compreendia conceitos que qualquer aluno da quarta série poderia dominar? Por que colocariam nela um medidor de pressão e, depois, o apertariam tão forte a ponto de o braço dela ficar roxo? Por que lhe perguntariam onde ela havia feito reabilitação para tratar o alcoolismo, se já tinha afirmado verdadeiramente que jamais havia bebido? Por que a conectariam a um polígrafo e, depois, adiariam o teste até mais tarde? Em uma das vezes, Ann terminou a sessão gritando com o interrogador até ficar rouca. Na outra, ela chorou até soluçar.

Durante o tempo todo, Ann disse a verdade. É claro, a verdade não era o que os interrogadores estavam procurando nesse caso. Eles já sabiam quase todos os fatos de que precisavam para conhecer Ann a fundo. O que não sabiam era o que o escrutínio fornecia: como ela reagia sob estresse? Essencialmente, por quanto tempo suportava estresse até explodir?

Entre outras coisas, os interrogadores usavam aparatos de intimidação, inclusive uma pequena sala fechada e cintas de polígrafo, sem falar numa linha de questionamento que chamamos de "orgulho-e-

-ego-para-cima" combinada com "orgulho-e-ego-para-baixo". Foi com a segunda técnica que os interrogadores fizeram Ted Bundy confessar mais de trinta assassinatos. Alternando entre acariciar o ego e fustigá-lo, incitaram-no a admitir que havia matado pessoas cujas mortes nem eram associadas a ele.

Os interrogadores foram apenas maus, como Ann acredita? Não. Primeiro, eles nem devem ter colocado o medidor de pressão tão apertado assim. Quando o questionamento deles a deixou nervosa, o sangue fez seus músculos incharem, o que lhe deu a sensação de que o aparelho estava mais apertado. E, quando lhe perguntaram sobre a bebida e ela respondeu que jamais havia bebido, isso sinalizou que poderia estar escondendo algo. Usar medidas absolutas, como nunca e sempre, frequentemente aponta para algo que se quer mascarar. "Eu nunca bebi" pode ser traduzido como "Eu costumava beber, mas não bebo mais", ou "Eu não bebo e julgo as pessoas que o fazem indiscriminadamente".

Conforme você desenvolve suas habilidades, lembre-se de que interrogadores profissionais não fazem nada por acaso. Já adotei sotaques malucos e trejeitos de caipira, e até deixei manchas de mostarda na camisa para criar um efeito. Interrogadores são atores. O que eles fazem é teatro para uma audiência de uma só pessoa.

Em um ambiente militar, o interrogador pode repetir os passos quatro, cinco e seis até a fonte mergulhar num modo límbico, decompor-se e, em seguida, contar seu segredo. Você também pode ser capaz de fazer isso com sucesso diante de uma esposa infiel. Contudo, nos negócios deve tomar cuidado com a parte do exercício relacionada à liberação do estresse. Você não quer levar seu interlocutor a um estado límbico. Prefira reconhecer que o estado emocional está emergindo e, imediatamente, leve-o para a fase de relaxamento. É interessante deixar claro que você compreende o que causa dor nele – perda de receita, má publicidade, falhas no design de um produto – e como pode aliviar essa dor. Se levar alguém ao estado límbico num ambiente de negócios, você terá destruído a chance de estabelecer um laço interpessoal. Você não conseguirá a conta, nem ganhará o favor do chefe ou estabelecerá uma boa base para montar uma equipe.

De vez em quando, você consegue, quase que imediatamente, identificar se uma pessoa está ou não escondendo algo. Se fizer uma pergunta que exija um pouco de raciocínio e a resposta for instantânea, a resposta rápida pode ou não ser uma mentira, mas frequentemente indica que a pessoa tem algo a esconder. Por exemplo, você faz a uma vendedora uma pergunta fora de contexto sobre a performance do motor do modelo que está testando. A resposta pronta e rápida dela poderia indicar que a performance do motor é um problema real nesse carro, assim seria bom fazer mais perguntas sobre o assunto. Se perceber que essa linha de questionamento desperta alguma emoção, então talvez queira mudar de modelo.

Depois de estabelecer uma linha de base, você nota quando suas ações, palavras ou perguntas começam a incomodar o interlocutor ou tocam em algum ponto sensível para ele. Quando ensinava técnicas de interrogatório, eu usava a analogia – isso faz parte da minha personalidade NF – de atacar com um picador de gelo um homem com uma armadura medieval. Posso atacar aleatoriamente e aguardar o inevitável, ou posso estudar as defesas dele para determinar os pontos fracos, então, aí sim, atacar as áreas que julguei mais vulneráveis. Uma vez que tenha derramado sangue, concentro meus esforços naquele ponto fraco. Em sua vida profissional, você precisa encontrar a dor e apresentar-se como a cura, e em alguns casos isso significa piorar a dor para, depois, curá-la. Definir linhas de base e compreender o estresse são elementos-chave para conquistar cooperação na interação profissional.

Na escola de interrogadores do Exército, os alunos aprendem o que eu chamo de abordagem pulverizada: lance alguns objetos contra a parede e veja o que gruda. O lance é baseado em informações mínimas a respeito de um interlocutor e das leis de probabilidade. Usar linha de base lhe proporciona a capacidade de saber, com muito mais certeza, que abordagem usar e que perguntas fazer. A escola de interrogadores depende muito da capacidade dos alunos de internalizar os dados e compreendê-los intuitivamente. A técnica que apresento a você é uma abordagem orientada por processo, que lhe proporciona resultados muito mais previsíveis.

EXERCÍCIOS

Exercícios de linha de base

Objetivo: detectar estresse em situações reais.

Passos para alcançar o objetivo:

1. Faça perguntas para as quais você sabe a resposta.
2. Observe reações.
3. Faça perguntas (você pode ou não saber a resposta) que exijam especulação e provoquem emoções.

Observe reações; fique atento a desvios.

Um desvio sinaliza estresse. Tenha cuidado para não achar que dedos inquietos, por exemplo, sejam um sinal automático de estresse. Só o será se a pessoa, normalmente, for quieta - ou seja, o movimento é um desvio com relação aos seus hábitos isentos de estresse.

Aplicar estresse

Objetivo: descubra se a pessoa está mascarando algo.

Passos para alcançar o objetivo:

1. Defina a linha de base fazendo perguntas para as quais você conhece a resposta.
2. Adentre um território que deixe a pessoa desconfortável.
3. Observe desvios (facial, corporal, auditivo, rituais).
4. Cause estresse.
5. Investigue mais a fundo; identifique palavras, ações e tópicos específicos que aumentem o estresse.
6. Relaxe o estresse; volte para as palavras, ações e tópicos que são mais agradáveis para o interlocutor.
7. Aplique estresse novamente.

Capítulo 6

EXTRAINDO INFORMAÇÕES

Saber fazer uma pessoa falar é a habilidade precursora para desvendar um mentiroso. Um domínio de estilos de questionamento e bom uso da linguagem corporal atuam juntos para forçar pessoas a despejar informações. Larry King, agora aposentado da televisão, conseguia, com frequência, fazer entrevistas reveladoras com celebridades ao curvar-se para a frente na hora exata – a implicação era "somos só eu e você aqui". Ele também fazia perguntas que colocavam a pessoa no centro do universo. A combinação de intimidade fabricada e perguntas que convidavam a uma narrativa contínua era tipicamente uma fórmula vencedora. Em uma entrevista de 2002 com Robert Wagner, King curvou-se à frente com as palmas abertas e para cima, sinalizando um convite a falar, quando tratou sobre o pesado tema da morte trágica de Natalie Wood. Apesar das referências explícitas de King às acusações de que Wagner pudesse ter parte na morte da esposa, as perguntas dele levaram Wagner a uma conversa profunda em vez de afugentá-lo.

Interrogatórios podem apresentar teor e fluxo semelhantes. Por outro lado, também podem envolver palavras duras e punhos cerrados. Como você consegue fazer alguém falar depende das pessoas envolvidas, do contexto, do histórico de interações prévias e muito mais.

Em outras palavras, o interrogatório é uma forma de arte. Há muito em comum com o teatro. Ao atuar numa peça, você decora as falas e se posiciona no palco para dizê-las. Avalia cuidadosamente o volume, o estilo de elocução e como adereços, iluminação e elementos técnicos também entram em cena para afetar a reação da plateia. Quando você interroga, muito do trabalho também ocorre antes de você sequer falar com a potencial fonte de informação. Você só entra em contato com a audiência depois de ter refletido e ensaiado o que precisa acontecer para alcançar o resultado desejado.

QUESTIONAMENTO

É necessário adequar o estilo de questionamento à fonte e às circunstâncias. Os tipos de questões podem ser estruturadas das seguintes formas: controlada, direcionada, repetida, condutora, composta e pré-preparada. Em qualquer sessão, você provavelmente usará mais de um tipo, quer esteja recorrendo a perguntas pré-preparadas, quer esteja usando perguntas mais interativas para extrair informações.

Uma *questão controlada* é aquela que você conhece a resposta. Você definitivamente usa questões de controle como parte de seu processo de traçar a linha de base. Você pode também pode utilizá-las na fase de extração de informações, entretanto, para manter a conversa natural: "Sério? Como é possível isso?".

As pessoas utilizam-se de perguntas controladas o tempo todo para serem educadas, então isso não é uma coisa estranha a se fazer. Por exemplo, você sabe que a mãe do seu amigo está extremamente doente, mas pergunta: "Como está sua mãe?". Quando os olhos do seu amigo direcionam-se para baixo e à direita, você pode concluir que olhar para baixo e à direita significa emoção profunda.

Uma *pergunta direta* é uma demanda sem rodeios por informação que você não possui. Enquanto define uma linha de base, lembre-se de que pretende fazer perguntas que suscitem reações narrativas, em vez de "sim" ou "não".

Uma *pergunta repetida* é aquela que você faz quando não tem certeza se a fonte respondeu com sinceridade e, portanto, pergunta de novo com palavras diferentes. Quanto mais vezes e de diferentes maneiras você perguntar, mais provável que detecte dissimulações e obtenha a verdade. A cada repetição, pode-se verificar a história e a linguagem corporal da pessoa. O uso das mesmíssimas palavras para responder a uma pergunta refraseada pode alertá-lo de que aquele discurso é ensaiado. Uma mudança na linguagem corporal pode indicar que o outro se sente desconfortável ao mentir de novo, ou acabou de descobrir que você está chegando a algum lugar.

No entanto, durante o processo de extração de informações, uma pergunta direta que demande um "sim" ou "não" pode ser exatamente o que você deveria fazer para conseguir as informações que quer. Perguntas de sim ou não são muito úteis para controlar a conversa. Qualquer pergunta que desperte uma reação de sim ou não é chamada de *pergunta condutora*. Esse tipo de pergunta geralmente começa indicando um futuro próximo ou distante, uma possibilidade. Usadas sabiamente para redirecionar uma conversa, tornam-se úteis, enquanto que execuções insatisfatórias produzem resultados insatisfatórios. Perguntas condutoras fazem parte de uma técnica de questionamento clássica de jornalistas determinados. Por exemplo: "Você acha errado que Barack Obama tenha ajudado a Solyndra com um empréstimo governamental de 535 milhões de dólares?". A maneira direta seria por meio de duas perguntas: "Você acha que o próprio Barack Obama teve influência para a Solyndra obter um empréstimo de 535 milhões de dólares?". E, depois, *se* a resposta for "sim", a pergunta seguinte abordaria se isso era ou não errado. Perguntas condutoras têm valor para tentar controlar uma conversa. Você está tentando superar um raciocínio com o qual pensa que sua fonte tem um problema, por isso faz a pergunta condutora para mudar sua perspectiva. Se acidentalmente fizer uma pergunta de sim ou não, pode acabar transparecendo sua resposta e caindo na armadilha da projeção, como fez Woody.

Uma *pergunta composta* ocorre quando você faz duas ou mais perguntas ao mesmo tempo: "Você está indo para a loja ou para o aeroporto?". É possível usá-la para encurralar sua fonte, ou, pelo menos, pegá-la desprevenida a fim de, assim, gerar emoções – isto é, forçá-la a entrar em modo límbico: "Você foi à festa com ela ou a colocou num táxi e mandou de volta para casa?". Ensinamos os interrogadores a nunca usar esse tipo de pergunta, pois ela gera confusão. Quando, contudo, utilizadas inteligente e intencionalmente, constituem uma ferramenta poderosa.

Perguntas pré-preparadas, em vez de um estilo, são meras perguntas preconcebidas de qualquer estilo. Possuem grande valor em assuntos complexos ou fora da sua área de conhecimento. Por essa razão, perguntas pré-preparadas parecem mais naturais em um ambiente de negócios do que no âmbito pessoal.

Na posição de interrogador, você faz perguntas que seguem um caminho complexo, pois quer conduzir a fonte a uma discussão aprofundada que, no final das contas, afronte a expertise dela até o limite. Para tanto, precisa realizar uma pesquisa detalhada e fazer perguntas que estimulem uma reação narrativa. É impossível chegar ao seu objetivo só com perguntas que exijam um simples sim ou não.

Não importa se a pessoa lida com artilharia, se faz parte de uma divisão aérea ou se opera o rádio, você precisa ser capaz de lhe perguntar aquilo que demande o máximo de seu conhecimento – então, insista ainda mais. Você quer chegar a ponto de dizer: "Estou fazendo perguntas que você não sabe responder, e ainda quer me dizer que é o melhor?". Continue assim e sua fonte começará a se sentir um fracasso, a menos que esteja blefando. E, se ela estiver blefando, você pode usar seu arsenal de ferramentas de detecção para descobrir justamente isso, por meio do olhar da pessoa, de sua linguagem corporal e pelos outros indicadores tratados no Capítulo 5.

Não é necessário memorizar muitos fatos para atingir esse fim. Se eu estiver interrogando uma fonte a respeito de um submarino nuclear, não tenho como saber muito sobre isso depois de uma hora de leitura. No entanto, posso ler o bastante para fazer perguntas muito inteligentes sobre espessura do casco, ressonância do metal, entre outros. Ouça programas de entrevistas com membros do governo, cientistas e outros especialistas. Jornalistas, quase sempre, recorrem a essa tática de fazer perguntas pré-preparadas a fim de extrair detalhes interessantes do interlocutor. Você acha mesmo que a maioria deles, que salta de forma ágil de perguntas sobre armas biológicas para uma alta nas taxas de juros, tem conhecimento profundo sobre todos esses temas?

Nos negócios, perguntas pré-preparadas referem-se a margens de lucro, práticas de contratação ou alguma outra coisa específica que exija que você se lembre de detalhes e que formule uma pergunta perfeitamente correta. Os repórteres da Casa Branca chegam às conferências de imprensa com perguntas pré-preparadas, e às vezes usam as dos colegas para fazer perguntas repetidas. Invariavelmente, fazem isso quando percebem que o presidente deu uma escorregada numa pergunta elementar ou respondeu algo que não pareceu sincero.

Ao conduzir uma conversa com o objetivo de revelar a verdade ou de superar um colega numa negociação, boas perguntas, *a priori*, devem ser claras e concisas. Elas precisam fazer sentido não apenas para você, mas também para sua fonte, assim ela poderá acessar as respostas facilmente. Em segundo lugar, as perguntas devem suscitar uma reação narrativa. Algo que exija um simples sim ou não só serve para os seus propósitos quando quiser mudar a direção da conversa, como em: "Você sabe mais do que Einstein sobre esse assunto?". Use as sete interrogativas básicas – *quem, o que, quando, onde, por que, como* e *hein* – para organizar suas perguntas. "Hein?" é a versão educada de "Mas que diabos você quer dizer com isso?".

Outras dicas para questionamentos são:

- Pense antes de abrir a boca, independentemente de estilo de questionamento que esteja usando no momento. Se precisar fazer muitas perguntas, mas seu cérebro não as tiver formulado de modo adequado, você fará uma confusão total.
- Use deliberadamente um padrão pulverizado e faça perguntas que pareçam desconexas, mas, por fim, traga à tona a informação de que precisa. Esse é o ideal, se sua preocupação for a de não obter respostas diretas a perguntas bem-direcionadas.
- Faça a "próxima pergunta". Não pergunte: "você é casado?". Pergunte: "qual é o nome da sua esposa?". Use seu senso comum aqui. Se vir alguém usando botas desgastadas na Geórgia, faz sentido perguntar: "Há quanto tempo

você cavalga?". Mas não se pode dar início a uma conversa com essa pergunta se sua fonte estiver usando botas brilhantes em uma sala de reuniões em Manhattan.

Alguns outros tipos de perguntas servem o propósito de antagonizar e/ou confundir. Se quiser tomar essa direção, seguem algumas orientações:

- Perguntas de fracasso podem levar rapidamente sua fonte ao modo límbico: "E você espera que eu acredite nessa baboseira?" ou "Quanto tempo você quer que eu espere para você não dizer nada?".
- Perguntas condutoras implicam julgamentos, e, quanto mais julgamento elas implicarem, mais irritantes se tornam: "É verdade que você vive em pecado há um ano?".
- Perguntas compostas fazem você parecer estúpido ou descuidado. Se quiser se mostrar como um ou ambos, de modo a desarmar alguém, então as use.
- Perguntas vagas geram respostas vagas. Elas são inúteis se estiver tentando obter informações, mas úteis se quiser que alguém siga um caminho paralelo a fim de disfarçar o objetivo principal: "Quando você foi para o hotel, parecia haver muita gente à toa no lobby?". Perguntas e respostas confusas podem auxiliá-lo como mecanismo de defesa. Quando alguém faz uma pergunta direta, reaja com uma pergunta em aberto ou confusa. A pessoa pensará que está obtendo informações, mas as respostas estão apenas remotamente relacionadas à pergunta: "Quantas pessoas havia no lobby?". Responda com: "Você quer que eu conte o número de pessoas que trabalham lá, os hóspedes ou o quê?".

EXERCÍCIO

Ouça um programa de notícias, como ***Face the Nation*** ou ***Meet the Press***, e anote os estilos de perguntas usados. Você poderia fazer o mesmo, com êxito igual, se colocasse na ***Ellen***, caso quisesse evitar a gritaria, ou no ***The Jerry Springer Show***, caso quisesse aprender mais.

LINGUAGEM CORPORAL DA PERSUASÃO

Embora o interrogatório seja a difícil arte de conseguir o máximo de informação de uma pessoa no menor tempo possível, ele também exige um pouco de elegância. É possível atacar o interlocutor com o maior cassetete de seu arsenal, intimidar e bater no sujeito – mas isso tende a agregar pouco ou nenhum valor. Outras ferramentas também são necessárias. Bons interrogadores acalmam o sujeito para que ele sinta como se estivessem num simples bate-papo. Já conduzi muitas entrevistas de emprego que eram mais intensas do que interrogatórios. Pelo fato de interrogadores precisarem desempenhar papéis mais adequados para as necessidades das audiências, frequentemente suavizamos nosso estilo e nossa movimentação para persuadir a fonte a falar. Em tempos como esse, quero que a fonte confie em mim enquanto minto descaradamente, e preciso saber que ela não está mentindo. Só quando compreendo as pistas da honestidade consigo mascarar minha dissimulação e enxergar a dele.

É preciso ressaltar que ler e usar linguagem corporal envolve habilidades tão complexas que escrevemos outros dois livros apenas sobre esse tópico. Portanto, considere esta seção como o curso rápido sobre linguagem corporal relacionada a extrair informações.

Primeiro, vamos analisar alguns pontos em comum. Aqui estão cinco partes que interessam na linguagem corporal:

- **Gestos:** exemplos incluem o sinal de positivo, o dedo do meio, girar os olhos para cima, colocar as duas mãos sobre a cabeça, entre outros. Eles representam frases resumidas num só movimento de linguagem corporal. Há apenas uma ressalva: todas as pessoas do seu público-alvo precisam compreender esses gestos. Isso significa que, se você atravessar o planeta, ou talvez caminhar pelas ruas, seus gestos podem perder o sentido. Gestos são culturais e alguns pertencem unicamente a pequenas subculturas, por isso, faça o dever de casa para conhecer onde os seus favoritos podem se encaixar.
- **Adaptadores:** essas são as ações estranhas que você faz

quando se sente estressado. Desde roer unhas até esfregar a orelha ou acariciar o cabelo, adaptadores frequentemente são bastante idiossincráticos. As pessoas podem não ter adaptadores óbvios, mas todas fazem algo para trazer familiaridade a uma situação desconfortável. Se você acha que não produz esses gestos, peça a alguém próximo que identifique o seu.

- **Ilustradores:** tente por um minuto ter uma discussão complexa com alguém enquanto se senta sobre as mãos. Mesmo sem outra pessoa no mesmo espaço enquanto fala no viva voz, suas mãos, cabeça, sobrancelhas e até seus pés enfatizam a mensagem. Seu cérebro quer pontuar os pensamentos e assim o fará, mesmo sem uma audiência.
- **Barreiras:** o típico professor do Ensino Médio lhe ensinou que cruzar os braços significa que está bloqueando os outros. (Quantos relacionamentos você já não detonou?) Às vezes, a ação constitui uma barreira, mas às vezes braços cruzados significam que a pessoa é fria, pensativa, relaxada ou só não sabe o que fazer com eles. Barreiras não são mera linguagem corporal, mas uma linguagem do ser como um todo. Uma barreira é uma mensagem clara: preciso de mais espaço. Ao sentar-se atrás de uma mesa no trabalho ou ficar de pé no balcão do bar com uma garrafa na sua frente, você está gritando: "estou desconfortável". É uma das coisas mais comuns na linguagem corporal e a mais fácil de ser retirada de seu repertório cotidiano ou acrescentada no momento oportuno. Uma barreira pode ser algo material ou apenas uma garantia figurativa de espaço.
- **Reguladores:** essas ações refletem o impulso de controlar a conversa. Você pode querer assegurar que todos tenham vez, ou talvez queira evitar transparecer a informação equivocada. Reguladores representam a tentativa de uma pessoa querer gerenciar a conversa. Podem ser gestos bem conhecidos, como o símbolo de "acabou o tempo", um dedo apontado, um dedo cruzando a garganta para significar "chega!", ou qualquer outro sinal que a audiência compreenda. Frequentemente, uma

pessoa tenta regular a conversa com ferramentas usadas em outro ambiente, como um pai jovem colocando o dedo sobre os lábios, como se silenciasse o próprio filho. Quando um jovem gerente faz isso numa reunião, pode apostar que foi um ato instintivo. Esses tipos de pistas, apesar de tudo, são visíveis aos outros e podem interromper uma conversa.

Acrescente mais uma peça ao curso rápido de seu repertório, e assim podemos montar um plano para usar esse conhecimento. Tal peça se chama *escuta ativa*. Estimativas quanto ao número de palavras que uma pessoa diz em média por dia variam bastante de local para local e de gênero para gênero. Assumo que sou um pouco tagarela, e isso me acompanha desde a infância. As pessoas que normalmente usam poucas palavras, quase sempre, dão muitos significados para cada uma delas, enquanto que aqueles que tendem a ser mais verborrágicos podem (ou não) conferir menos significado a cada palavra. Então como saber quais são as mais importantes? Você ouve especificamente as palavras que de fato importam. Não só com os ouvidos, mas com os olhos também. Procure ouvir quais palavras são enfatizadas com mudanças no padrão de voz e ações, como o bater da mão na mesa ou outros gestos ilustradores. Essas são áreas fundamentais de foco e, no mínimo, pistas da fonte para que você siga. Se os interlocutores estiverem transparecendo a importância dessas palavras, então, certamente, elas merecem um pouco mais de atenção, mesmo que sejam apenas redirecionamentos.

Ilustradores

É importante querer transmitir uma mensagem de sinceridade ou confiança, aparentar que você confia no mentiroso, e assim aprender a usar a linguagem que se ajusta à mensagem. Use mãos, olhos, pés e cabeça de forma a pontuar as palavras que diz. Presuma que a pessoa se encontra em modo intenso de escuta ativa. Quando estiver pensando, para enfatizar uma palavra, use as mãos com o intuito de transmitir a intenção. Preste atenção à sua sobrancelha;

elevá-las enquanto afirma algo sinaliza que está implorando por aprovação. Quando estiver fazendo uma pergunta, abra os braços em forma de convite. Esforce-se para resistir ao instinto de aproximar os cotovelos das costelas quando estiver inseguro.

Barreiras

Abra bem todas as suas barreiras. Tire tudo da frente: caderno, caneta, mesa, bolsa ou garrafa; procure ao máximo não fazer movimentos exagerados, permanecendo fluido. Por vezes, queira criar incerteza em seu interlocutor, então feche sua linguagem corporal. Isso mostra que seu nível de desconforto aumentou; permita que o outro descubra por quê. Uma vez que ele tente penetrar a barreira, abra-se novamente. Recompense o comportamento que você quer.

Adaptadores

A menos que esteja trabalhando para deixar o outro desconfortável, aprenda a mascarar seus adaptadores. Falta de adaptadores fortalecem sua comunicação em todos os níveis. Sem mais *hmms* e *ahs*, ou equivalentes físicos, como cutucar as unhas.

Agora, portanto, concluímos todo o trabalho de base e está na hora de ir para a pista de dança. Extrair informações é a fase do interrogatório. O cidadão médio consumiu tanta televisão e representações impressas desse processo que possui uma imagem de luzes ofuscantes e salas escuras em mente. Isso talvez funcione, mas qualquer sala pode ser uma sala de "interrogatório".

A essa altura, juntam-se todo seu planejamento, a decisão de que informações vai querer, como fará as perguntas, quem será e qual postura interpessoal usará. Você agora é um pato deslizando sobre as águas, com suas patinhas invisíveis remando com toda a força. Para recapitular o processo:

- Defina a linha de base a fim de detectar como a fonte reage normalmente e procure desvios que indiquem áreas de estresse.

- Avalie a fonte em busca de seu tipo Myers-Briggs e do modo como aprende. Você quer saber se ela se lembra por meio de tempo, evento ou sequência.
- Escolha entre conduzir calmamente uma conversa ou esbravejar, dependendo do papel que queira desempenhar.

Conforme começa a interrogar, realize ajustes de acordo com os estilos de memória e filtragem. Talvez você também precise alterar suas técnicas no decorrer do processo para aprender mais sobre sua fonte.

FASES DO INTERROGATÓRIO

As seis fases do interrogatório, assim como as técnicas de questionamento e linguagem corporal exploradas neste capítulo, permeiam suas habilidades de definição da linha de base. Quando começa o processo de extração de informações, todos os seus fantasmas o acompanham: o garoto ruivo com orelhas grandes, a infância de pobreza, o adolescente estudioso, o flerte. Esses fragmentos dentro de você filtram suas imagens, sua audição, a forma com que lida consigo mesmo. Você deve superá-las para avaliar tanto informações quanto a pessoa à sua frente.

1. Estabeleça controle

Na vida real, você não consegue criar todas as regras do jogo a respeito de onde está sentada sua fonte ou se ela tem ou não permissão para concluir frases. Não obstante, você tem ampla oportunidade para estabelecer controle ao dar passos adiantados a fim de influenciar ambiente e conversa.

Primeiro, ajeite todos os elementos de planejamento e preparação: rituais, papéis, informações prévias, figurinos, cenário. Com relação ao último, certifique-se de que saiba onde ocorrerá o encontro. Quando informações importantes estão em jogo, não escolha aleatoriamente um lugar, como em: "vamos tomar um café em qualquer lugar da rua 42". Se não souber nada sobre o ambiente ou onde se sentarão, seu potencial de assumir o controle cai.

O segundo passo é interagir sem emoções. Seja nos negócios, seja no amor, não é bom deixar que as emoções assumam o controle.

Uma amiga minha fez isso de modo eficaz com um cliente com o qual o relacionamento era inconstante. Ele parecia tenso durante a conversa e respondeu, pouco tempo depois, com um e-mail conciso: "Quero falar sobre o pagamento". Ela ligou imediatamente para o cliente, começou com "tenho boas notícias" e, depois, contou-lhe sobre o progresso num projeto-chave. Dito isso, ela fluiu para: "sei que quer falar sobre o trabalho". Ao fazer isso, tomou controle da conversa e assumiu posição de atender as aflições do cliente e fazer o que fosse possível para eliminá-las. Com isso, o cliente fez o pagamento na data combinada.

Às vezes, é preciso usar as palavras da outra pessoa, e às vezes é preciso evitá-las por completo, como no cenário anterior. Depende do que o coloca no banco do carona. Dê uma virada no cenário, se o e-mail do cliente disser: "quero falar sobre o projeto", estabeleça a conversa dizendo: "gostaria de mandar relatórios sobre os resultados do projeto, mostrar como ele evoluiu e quais resultados virão na próxima fase". Evite o assunto e talvez acabe de vez com o contrato. Em geral, as pessoas estão condicionadas a reagir a esse tipo de condução mergulhando no fluxo da conversa.

2. *Estabeleça* rapport *(laço interpessoal)*

No Capítulo 2, listei os ingredientes do *rapport* (principalmente, as vias de acesso e os estilos de filtragem de informações). Em um interrogatório, estabeleço laços positivos e negativos na mesma proporção – mas ainda assim são laços. Em outras palavras, trabalharei com o que determinei serem suas vias de acesso e estilos de filtragem, assim falarei com o interrogado em seus próprios termos, mesmo que seja de maneira negativa. Em seus esforços para extrair informações de alguém que conheça ou de um sócio, é mais provável que você queira um laço positivo.

Muitos sinais lhe permitem saber se uma pessoa é visual, por exemplo, o fato de ela se vestir de forma meticulosa e usar bons acessórios, ou o fato de o escritório refletir seu apreço por arte e um senso de cor. É um pouco difícil detectar uma pessoa auditiva; eu sou uma delas. Um possível indicador é que a pessoa tende a desviar o olhar em direção aos ouvidos enquanto processa informações. Tenho outra teoria: orelhas grandes. Não sou o único cara com orelhas grandes que conheço que se encaixa na categoria auditiva. Outra dica é um declarado amor pela música. Se sua fonte tem alto-falantes perfeitamente posicionados no escritório, então é bem possível que ela seja auditiva. O tipo mais difícil de todos é o cinestésico. Você pode concluir que uma pessoa é cinestésica se ela possui hobbies atléticos, usa roupas confortáveis e diz coisas do tipo "eu me sinto bem a respeito de", enquanto uma pessoa visual pode dizer "vejo como isso poderia funcionar bem".

Preste bastante atenção também nos estilos de filtragem. Conheço muitos casos em que um contrato foi por água abaixo por causa do conflito entre um cliente orientado por detalhes e um consultor do tipo pedaço grande, ou um chefe sequencial e um empregado aleatório. Sou amigo de um casal que tem estilos contrastantes, quase que do início ao fim da lista. Eles, porém, sabem disso, assim, quase sempre evitam mal-entendidos. Por exemplo, quando ele liga da estrada e pergunta: "O que conta?", ela sabe que ele espera não só as manchetes, mas também os detalhes. Se a mulher faz a mesma pergunta, ele sabe que ela só tem paciência para os primeiros dois eventos do dia.

Melhore o laço interpessoal prestando atenção à cadência natural da respiração da fonte. Quando uma pessoa não está relaxada e confortável, o rito e a profundidade da respiração diferem de seu estilo natural. Se você espelhar a cadência de sua respiração de maneira tranquila, o outro se sentirá confortável perto de você e não saberá por quê.

EXERCÍCIO

> Ouça ou assista a um programa de entrevistas, como *Fresh Air*, na NPR, ou o *The Tonight Show*. Crie perfis dos famosos ou quase famosos do programa, baseado em seu checklist de estilos de filtragem e vias de acesso.

3. Use o método apropriado para obter vantagem

O que fará sua fonte falar? Elogios provavelmente funcionem melhor do que críticas com um executivo sênior, por exemplo, portanto preste atenção ao relacionamento que possui com o alvo, assim como a qual tipo de pessoa ele é.

4. Faça perguntas que o conduzam por um caminho específico

Emoções e lógica precisam se misturar. Você deve ser lógico com a sequência de perguntas, enquanto, ao mesmo tempo, reforça sua abordagem para manter a fonte num estado emocional.

Para fins profissionais, talvez pareça estranho eu estar enfatizando o uso de emoções. No entanto, se estiver vendendo um computador, tentando fechar um contrato de publicidade ou pedindo um aumento ao seu chefe, o que você precisa fazer? Lembre constantemente sua fonte de que você pode aliviar sua dor e aumentar seu prazer; essas são reações emocionais. A dor pode ser uma ineficiência profissional, imagem pública ruim ou a possibilidade de perder um membro antigo da empresa. O prazer, por sua vez, pode ser uma redução nos custos, uma margem mais alta de lucro ou lealdade mais intensa dentro da empresa. Com a prática, você saberá quando usar perguntas diretas, controladas, condutoras e compostas, e nas seções seguintes ensinarei orientações específicas para usá-las.

5. Siga as pistas da sua fonte

Por uma questão prática, interrogadores carregam um bloco de anotações para rabiscar coisas que mereçam escrutínio sobre uma conversa, mas não na mesma hora. A mesma tática de dar seguimento às pistas da fonte funciona bem, se estiver numa reunião com várias pessoas e não quiser perder uma ideia na qual valha a pena insistir. Contudo, seria estranho usá-lo numa conversa com sua esposa, portanto espero que tenha uma boa memória de curto prazo.

Retomar *a posteriori* um ponto é uma das duas maneiras de dar seguimento às pistas da fonte. A outra é explorar a informação imediatamente e, em seguida, avançar para o próximo tópico. A natureza da pista da fonte provavelmente ditará qual curso seguir.

Parte de como você procede depende da pessoa também. Se é orientada por sequência, perseguir imediatamente a pista de uma fonte pode ser desconcertante para ela. A pessoa tem em mente uma série de eventos ou conceitos, e eu poderia confundi-la ao fazer uma pergunta que a leve nessa direção. Se, no entanto, for uma pessoa impulsionada pela importância de um evento, é provável que eu queira dar seguimento imediato à pista da fonte.

Quando mergulha de cabeça numa vereda em busca de mais fatos, transmite o valor que aquela informação tem para você. Pergunte a si mesmo: se ele souber que essa parte é importante para mim, isso irá prejudicar o resultado deste encontro? Retomar um assunto lhe permite fingir interesse em vários fragmentos, enquanto orquestra o retorno triunfal ao ponto-chave.

6. Concluir

Em uma reunião de negócios, é o fechamento: "Obrigado pelo seu tempo. Fico feliz com o que conquistamos". Então você faz um balanço: "Você conquistou três dos seus objetivos, eu conquistei três dos meus...". Em um interrogatório, costumo dizer: "vou verificar se o que você disse é verdade". De vez em quando, dou uma tarefa para o prisioneiro fazer antes de mandá-lo de volta para a cela: "Quando falar novamente com você, quero que se lembre mais sobre o número de armas estocadas".

Pontos-chave para lembrar durante o processo são:

- **Acompanhe as pistas:** uma pista pode surgir a qualquer instante, tenha você perguntado ou não. Dê seguimento imediato ou faça uma anotação para não perder o pensamento.
- **Utilize escuta ativa:** escuta ativa contrasta com escuta passiva, ou o ato de deixar que o som o atinja enquanto está sentado com os ouvidos abertos, mas não a mente. Você aplica todos os seus sentidos na escuta ativa, para que se conscientize da orquestra, da coreografia e do cenário da conversa de alguém • cada elemento de voz, corpo e apresentação que transmita um significado.
- **Mantenha o contato visual:** se olhar no rosto da pessoa, você será capaz não apenas de espelhá-la com mais eficácia, mas também de detectar desvios da norma.
- **Mantenha a postura de qualquer papel que esteja desempenhando:** a menos que esteja fazendo o jogo de desalinhamento de expectativas, você precisará ser consistente em sua atuação. Lembre-se de quem você trouxe para dançar!
- **Transite para a fase conclusiva:** conclua com uma tarefa de casa, independentemente de quem seja a pessoa. Isso deixa um sentimento de que você está envolvido com ela. Em uma reunião profissional, isso pode ser: "Eu ligo amanhã para a sua secretária para pegar aqueles números". Em um confronto pessoal, você pode dizer: "Não espero que tenha a resposta agora. Vamos pensar, nós dois, sobre isso e voltamos ao assunto amanhã".

Agora você utilizará sua nova habilidade de extração de informações e se equipará com tais ferramentas para desmascarar um mentiroso.

Capítulo 7

ARRANCANDO A VERDADE

Você suspeita que parte da informação que acabou de levantar contém dissimulação escancarada ou algumas lacunas em que pode estar a verdade. Hora de vasculhar sua caixa de ferramentas.

FERRAMENTAS PARA DESMASCARAR UM MENTIROSO

Seu conhecimento de estilos de questionamento é como um canivete suíço: permite-lhe sacar diferentes ferramentas rapidamente, dependendo da necessidade no momento. As ferramentas nas quais irei focar aqui são passa pra frente-passa pra trás, minimizar, superar objeções e métodos que afrontam as necessidades de alguém. Mentirosos não são apenas pessoas individuais; grupos inteiros de teóricos da conspiração e pessoas que divulgam mitos urbanos também são mentirosos – saibam eles ou não.

A seguir, há algumas dicas gerais que se aplicam ao uso de qualquer técnica para desmascarar um mentiroso:

- **Procure ouvir palavras que dividem a culpa, como uma mudança do pronome "eu" para "nós":** seu empregado elaborou um relatório com sérias falhas, mas, antes que você começasse a analisá-lo mais de perto, ele achou que estava maravilhoso. Foi um "eu fiz isso" com tom triunfante. No entanto, quando percebeu que você não tinha gostado, em vez de responder às suas perguntas dizendo: "Eu cheguei a essa conclusão porque...", a formulação de repente passou a ser: "Nós chegamos a essa conclusão porque...". Quando a coisa parte para o campo pessoal, o "nós", que deveria dividir a culpa para os dois membros do casal, "Nós tivemos uma relação volátil", pode se transformar na tentativa de uma pessoa dividir a culpa pelo adultério.

- **Sintonizar-se no nível de paixão em que certas afirmações são feitas:** a característica realmente significativa de uma história fabricada – "Eu fui ao Walmart!" – pode ter uma quantidade incoerente de paixão associada a ela.
- **Observe o movimento da sobrancelha que chamo "pedido de aprovação":** as sobrancelhas se erguem como se perguntassem o que você acha do que ele está dizendo. Quando alguém não sabe direito se você acredita nele, ou se considera a ideia dele boa ou ruim, essa é a expressão facial resultante na maior parte dos casos. É a versão da testa para o gesto de erguer os ombros em sinal de impotência. As sobrancelhas permanecem erguidas até você o aprovar. Isso indica incerteza e, nem sempre, uma mentira, por isso use outras ferramentas para decifrar.

Passa pra frente-passa pra trás

Pense em qualquer coisa que você faça no seu cotidiano, seja preparar o jantar, dirigir para o trabalho ou malhar na academia. Há um processo envolvido, esteja você consciente disso ou não, e ele nem sempre é simples. Veja esses eventos em sua vida em termos de gerenciamento de um projeto, no qual certos passos do processo constituem tarefas de um caminho crítico – o que significa que X tem que acontecer antes que Y ocorra. Todas essas tarefas do processo apresentam relação umas com as outras.

Michael Dobson apresentou o conceito de passa pra frente-passa pra trás a muitas pessoas que estudam gerenciamento de projetos. Michael é autor de *GamePlan for Getting Results with Project Management* e de muitos outros livros sobre tópicos semelhantes.

No gerenciamento de projetos, o passa pra frente-passa pra trás é uma ferramenta para analisar um organograma. No passa pra frente, você traça as relações de atividade para atividade, descobrindo quanto tempo cada uma dura, e determina qual será a duração do trabalho completo. Pelo fato de algumas atividades acontecerem em paralelo com outras atividades, e não levarem necessariamente o mesmo tempo para isso, o passa pra trás nos mostra quais atividades são críticas – ou seja, qualquer atraso para concluí-las força mais seu prazo limite – e quais atividades têm flutuação, ou tempo extra para concluí-las sem prejudicar o prazo final. O processo inteiro é conhecido como análise do caminho crítico, e quando você termina tem uma boa ideia de onde estão as maiores vulnerabilidades de seu projeto, e isso o ajuda a focar sua atenção naquilo que mais importa.

Para facilitar, os elementos da história estão em ordem e na linha do tempo que o mentiroso está usando?

Como você prepara o jantar? Precisa separar os ingredientes antes de começar, então tem uma tarefa de caminho crítico. Precisa saber o que vai cozinhar; aí está mais uma. Outro aspecto da tarefa é a relação fim-para-início: em que ordem as tarefas precisam ocorrer para que o trabalho seja feito? Conhecer todos os passos e sua relação dentro do processo permite a você ter uma imagem geral do projeto, para que, dessa maneira, crie uma linha do tempo e um programa para sua conclusão.

Ir para a frente e para trás com seu plano é o modo de você provar que ele funciona. No gerenciamento de projeto, há uma ferramenta que ajuda nisso, o diagrama de Gantt, cujo propósito é ilustrar a programação de um projeto. Muitos diagramas de Gantt também indicam relações de dependência, o que significa simplesmente o que precisa acontecer para o resto do projeto ser realizado.

Aplique esse modelo, como operadores da lei costumam fazer, para desmascarar um mentiroso. Um suspeito apresenta seu álibi sólido. É repleto de detalhes e de uma construção temporal cuidadosa, ambos feitos para mascarar os fatos da história real. A falha nesse tipo de fabricação ocorre porque, de modo geral, é muito difícil construir uma história com uma linha temporal precisa, que se encaixe perfeitamente no contexto da vida da pessoa. Também é comum para o mentiroso querer enfatizar certas partes da história mais do que outras, geralmente por achar que elas parecem ser as evidências mais cabais de onde ele estava e do que fez. No entanto, essas peças podem se tornar o motivo de a história desmoronar, porque elas não poderiam ter acontecido naquele momento ou na ordem em que ele disse terem ocorrido.

Ao usar o passa pra frente-passa pra trás, você pode dar a impressão de ser cético e querer exaurir a pessoa, ou pode apenas parecer um interesse genuíno pelos detalhes de uma história. Um membro da sua equipe chegou atrasado para uma reunião e usou a desculpa de ter ficado preso no trânsito da Beltway por uma hora devido a um acidente. Perguntas "inocentes" podem começar a desmantelar a história, porque a linha temporal tem lacunas: "A que horas você geralmente sai para trabalhar?", "Onde começou o congestionamento? Meu marido teve que pegar a Beltway para um compromisso hoje, espero que ele não se atrase".

Imaginemos que ele disse que o congestionamento começou na Saída nove: "A que horas você chegou à Beltway? Quanto tempo demorou para que chegasse à Beltway da sua casa?". Você descobre rapidamente que o tempo para ir da casa dele até a Beltway, localizada a cinco quilômetros, era suficiente para ele ter pegado a mesma Beltway na outra direção e ter chegado na hora. Aí você pegou uma mentira.

Minimizar

Minimizar funciona de duas maneiras:

1. Você diz à pessoa que, em comparação, o que ela fez não foi tão ruim assim. Em vez de perguntar: "o que aconteceu com o pote de biscoitos?", quando você o vê em 38 pedacinhos no chão, você comenta: "nossa, quem me dera não ter colocado o pote de biscoitos tão perto da beirada

do balcão". Você, então, assume um pouco da culpa, assim a "confissão" sobre ter acidentalmente derrubado o pote vem a galope. O outro problema, é claro, está no fato de que todos os biscoitos desapareceram e alguém deve ser responsabilizado por isso também. No caso de um crime, detetives podem colocar um pouco da culpa na sociedade: "É terrível ver alguém sofrer assim. As pessoas são impulsionadas a ajudar de todas as formas possíveis. Pelo menos, o travesseiro sobre o rosto dela foi uma forma humana de fazê-lo. Semana passada, interroguei uma pessoa que usou uma machadinha".

2. Você acusa a pessoa de algo muito pior do que você acha que ela fez, e esta admite ter cometido uma ofensa menor. Um modo de usar esse artifício é fazendo a pior acusação possível: "Você está me traindo! Eu sei disso. Eu vi seu carro do lado de fora do motel!". "Não! Tenho emprestado meu carro para meu irmão às quintas-feiras para ele encontrar com a amante dele sem a esposa saber." A pessoa prontamente admite uma ofensa relativamente menor para evitar a percepção de que fez algo pior. Em um caso criminal, pode acontecer de o detetive dizer: "Nós filmamos você na cena do crime". O criminoso, então, declara: "Eu não a matei. Eu só assisti".

Em 2004, a cobertura midiática da prisão de um oficial de Inteligência do Exército na reserva há quinze anos indicou que minimizar provavelmente tem um papel-chave. O acusado deveria ter compreendido seu valor por conta da própria experiência como interrogador; ironicamente, essa deve ter sido a técnica que a polícia utilizou com eficácia para ludibriá-lo. O autodeclarado coletor de Inteligência humana, que foi chamado de volta à ativa após os ataques terroristas do 11 de Setembro, supostamente teria enviado fotos pornográficas a um agente do FBI que fingia ser um garoto de quinze anos de idade. Assim que foi pego, ele declarou não ser homossexual, mas ter curiosidade a respeito de relacionamentos de mesmo sexo. Também disse que não havia trocado fotos pornográficas enquanto estava em serviço, e que usara o computador da residência, não o equipamento militar. Consigo imaginar o estilo de interrogatório que *pode* ter levado a essas afirmações, e deve ter sido uma série de perguntas e comentários feitos para minimizar a ofensa, assim ele admitiria a culpa – algo do tipo: "Pelo menos, você não fez isso com o equipamento do Exército. Isso poderia dar prisão perpétua, porque os militares são muito rígidos com esse assunto. Ajude-me a estabelecer uma linha do tempo para mostrar que você fez isso de casa, no seu tempo livre, com o próprio computador". E "Nada no seu histórico indica que você é homossexual. O Exército não acha isso. Só fico me perguntando por que você mandou essas fotos".

Em situações de interrogatórios, também já usei minimização a fim de provocar uma ação específica, não só para conseguir uma confissão verbal. No programa para o History Channel intitulado *We Can Make You Talk*, meu objetivo era obter a cópia da assinatura de um "prisioneiro". *We Can Make You Talk* simulou a experiência de captura e interrogatório com voluntários, que tinham informações sobre atividades secretas relacionadas a um agente fictício. Uma das obrigatoriedades ditas a esses voluntários foi: "não assine nada que lhe derem". Então, depois de algumas horas de exposição a ruídos de estática, variações na temperatura e posições de estresse – ajoelhados com as mãos para cima, curvados contra uma parede com as pernas flexionadas – comecei devagar para conseguir uma assinatura da seguinte maneira:

"Você está disposta a provar para mim que está realmente contando a verdade? Que não está mentindo?"

"Sim."

"Preciso verificar o que me diz. Está disposta a assinar uma declaração de próprio punho que diga que está me dizendo a verdade?" Ela escreveu os detalhes da história inventada e não disse nada a respeito da missão.

"Ponha suas iniciais nisso aí. Bem aqui", eu disse a ela. Estava começando a prepará-la. "E aqui". Toda vez que ela rubricava algo, mostrava que ela estava ficando complacente. Logo, consegui a cópia de uma assinatura dela, assim como outras amostras de sua caligrafia. Nesse exemplo, a minimização envolveu pedir a ela que realizasse uma ação sem violar o que lhe haviam dito – era "menos que". Não lhe entreguei uma declaração para assinar; ela escreveu algumas frases e as rubricou. Depois disso, não tive problemas para fazer com que ela escrevesse mais e mais.

A *Headline News*, certa vez, pediu que eu comentasse o interrogatório de um jovem acusado pelo assassinato de uma garota de 7 anos. O homem, Ryan Brunn, confessou posteriormente e, depois, se enforcou dentro da cela. O que eu vi foi um uso de minimização feita por Keith Sitton, agente especial do Georgia Bureau of Investigation. No interrogatório, o oficial utilizou essa ferramenta efetivamente para fazer Brunn admitir que ele nem sempre contava a verdade, e talvez tivesse realizado algumas ações ruins durante a vida. O oficial que conduzia o teste do polígrafo, basicamente, só xingava a máquina; ela se tornou o "policial mau", aquele que o "acusaria" de ter feito algo pior do que fez. Sitton tornou-se o "policial bom", aquele usando o estilo oposto de minimizar, comentando que todo mundo conta mentiras bobas, mas que a máquina não sabia a diferença entre uma mentira boba e algo realmente sério.

Toda hora apareço no *In Session*, para a TRU TV, comentando sobre casos dos tribunais. Um desses casos envolvia dois coconspiradores e um plano para cometer um homicídio. Um deles, um universitário de 20 anos, acabou fazendo uma espécie de amizade com um ex-fuzileiro de trinta e poucos anos, com quem jogava videogame on-line. Os jogos eram do gênero em primeira pessoa, e o ex-fuzileiro tinha um diferencial naquele mundo de guerra virtual. Os dois, por fim, bolaram um plano que colocaria o mais jovem dos dois na casa do mais velho para fingir ser ele. Ambos chegaram a ponto de fazê-lo pagar as contas pelo homem mais velho para estabelecer um álibi, enquanto o mais velho dirigia da Virgínia até o Michigan para matar a ex-mulher.

Os detetives, habilmente, usaram minimização para iludir o jovem conspirador, dizendo coisas como "acho que você está sendo enganado" para lhe dar uma saída. Eles apresentaram cenários alternativos, nos quais ele seria o assassino ou cúmplice de um assassinato. Sem demora, o coconspirador caiu na minimização; ele detalhou as linhas temporais, informações e o que ele sabia. A prova de fogo para que a tática funcionasse foi a forma com que o suspeito o ligou periodicamente a lugares que ele, de fato, não havia visitado, então dizia "Eu não sei onde está o corpo" e "Não recebi nenhum dinheiro grande para fazer essa encenação – talvez uns quarenta dólares". Ele dizia continuamente "Ninguém vai precisar saber, certo?". Claro que os investigadores mentiram ao concordar, assim como mentiram ao omitir o fato de que uma câmera estava no canto da sala.

Superando objeções

Quando crio uma cadeia lógica para convencer a fonte de que minha resposta é a certa, levo em consideração a forma com que a pessoa pensa e sente. Se eu estiver discutindo com alguém que não tem uma mente racional, talvez seja mais fácil eu deixar a lógica de lado. No entanto, qualquer coisa que viole seu senso de certo e errado já é outra questão, porque provavelmente deve ser uma pessoa que segue o coração. Myers-Briggs é útil aqui para determinar os fundamentos de como a pessoa coleta dados e toma decisões, assim como sua vontade de viver no geral.

Supondo que eu tenha uma cadeia lógica infalível, com exceção de uma parte, procuro fazer a condução pelas partes incólumes, uma a uma. Pouco antes de eu chegar ao passo falho, elevo a ansiedade da pessoa para ela sair da mente racional. No mundo do interrogatório, eu faria isso por meio de uma forte excitação límbica, possivelmente gritando. Nos negócios, isso não é aceitável, então examino a dor da pessoa, trago-a à tona e vinculo o resultado da minha lógica falha ao alívio da dor. Esse é o equivalente cotidiano de deixar apenas duas opções para o prisioneiro: "minha e sua" ou "ruim", técnica chamada paridade de opções.

As pessoas geralmente acham que têm múltiplas opções em uma determinada situação. Embora algumas destas pareçam ultrajantes, ainda assim são opções. Uma desempregada de 25 anos pode achar: "Eu poderia entrar para o Exército, entrar para um convento, servir no bar ou casar com um cara rico". A mãe dela talvez ressalte que é absurdamente inadequado a filha entrar para o serviço militar ou para um convento. Então, destacaria os aspectos positivos e negativos das últimas duas opções, pois ela quer que a filha chegue à mesma conclusão dela, talvez zombando de mulheres que sigam a via fácil e se casem por dinheiro. Portanto, a técnica de paridade trata-se de direcionar a mente para um lado – aquele que você quer que a pessoa escolha. É semelhante à escolha que os gângsteres dão aos caras que querem delatá-los. Primeiro, eles podem achar que têm todo tipo de saída, mas o que realmente acontece é: "Você fica de boca fechada e enriquece comigo, ou eu te mato".

Isso se alcança por meio de perguntas cujas respostas os guiem até o fim que você planejou. Recentemente, um colega de profissão com quem dividi muitas reuniões disse: "Posso ouvir as portas se fechando quando você começa a falar". O ponto dele era que eu restringia as opções – e é isso o que você fará no processo de superar objeções.

Outra opção no mundo dos negócios é um simples redirecionamento para superar essa objeção. Apenas fique atento: redirecionamentos devem ser discretos ou ficarão evidentes.

Em sua vida como agente literária, Maryann lida às vezes com autores teimosos. Há pouco tempo, um deles entregou um manuscrito que a editora da casa julgara "inaceitável", ao que ela o orientou a reestruturar completamente o texto. O autor levou a resposta toda para o lado emocional e começou a apresentar milhões de opções sobre como reagir: desistir do manuscrito, encontrar um editor que gostasse do que havia escrito, devolver o pagamento adiantado, falar para a editora o que achava do julgamento dela, obter patrocínio de pessoas poderosas para o que ele já havia escrito, e assim por diante. Sem expressar o desejo de que o autor apenas fizesse o que a editora propusera, ela perguntou: "Você se sente ameaçado pelas sugestões da editora?".

"Claro que não!", ele retrucou.

"Por que você acha que esse manuscrito é a melhor representação da sua expertise?"

"Não disse que era, mas gostei do que escrevi. Refleti durante anos sobre esse tópico."

Maryann elogiou o conjunto do altamente conceituado trabalho que ele fizera em seu campo de atuação e, em seguida, disse: "Às vezes, pessoas com muita expertise mergulham tanto em seu assunto que perdem a noção sobre como falar com as pessoas que não são especialistas". Então, ficou em silêncio até ele voltar a falar.

"Ela não está pedindo para eu reformular tudo, está?"

"Talvez explicar um pouco melhor aqui e ali, assim seu leitor compreenderá de verdade o que você está tentando transmitir. Na maior parte das vezes, contudo, essas são sugestões sobre como estruturar o que você já tem."

"Está bem. Diga a ela que refarei essas partes e entregarei na quarta-feira que vem."

No modo reativo de alto nível de estresse, as pessoas são levadas por seu estilo Myers-Briggs mais frágil, não pelo mais forte. Por conseguinte, você pode forçá-la a entrar em alto nível de estresse – como Maryann fez ao perguntar se o autor se sentia ameaçado – e, depois, usar as palavras de seu verdadeiro estilo (nesse caso, "altamente conceituado") contra ele mesmo. Você os relembra de como eles pensam para encurralá-los num canto. Por exemplo, digamos que meu alvo seja um tipo de personalidade "sentimental/julgador" que está sob muito estresse para cumprir um prazo; a carreira dele está em jogo. Por causa de seu nível de estresse, ele recorre a outro lado – o intuitivo – e começa a apelar ao seu instinto para cumprir o prazo. Apenas ressalto os fatos e digo: "Para se chegar a uma conclusão confiável, devemos levar em conta os fatos e fazer a coisa certa". Como essas palavras são o mantra do outro, ele concorda. Depois que eu embelezo o patinho feio, conduzo-o pelos meus próximos passos lógicos, e *voilà*: ele concorda com algo que normalmente acharia contestável.

MÉTODOS QUE AFRONTAM NECESSIDADES

Em meu livro *Get People To Do What You Want*, abri com uma abordagem detalhada sobre duas necessidades que os seres humanos compartilham: pertencimento e diferenciação. Como mencionei no Capítulo 2, essas necessidades ocupam o nível intermediário da Hierarquia de Maslow. A necessidade de entrada é o pertencimento; uma vez que a pessoa se sinta conectada com outras, um indivíduo pode subir para o próximo nível, diferenciar-se da multidão.

Algumas pessoas, é claro, são propensas a mentir para criar um laço, seja superficialmente, numa festa, seja de maneira mais significativa, com colegas de trabalho, por exemplo. Seu conhecimento ou suspeita de que uma pessoa tenha mentido em um esforço para criar um laço com você ou com outra pessoa o coloca numa posição bastante privilegiada. Só o que precisa fazer é conectar a mentira com uma negação ou cortar a conexão.

Uma vez conectado, é ainda mais comum que as pessoas procurem diferenciar-se para embelezar os fatos. Uma das piadas frequentes entre soldados é que histórias de guerra podem chegar a ponto de "eu matei um cara com um cílio!". Novamente, seu conhecimento ou suspeita de que uma mentira é a ferramenta de diferenciação proporciona-lhe um tremendo poder. Desmascare um mentiroso como esse, e sua diferenciação se transforma em humilhação, então ele voltará ao estágio inicial de necessidade de reestabelecer pertencimento. Ou o ajude a lidar com os detalhes e terá conquistado um aliado imediato. Essa abordagem é muito mais perigosa no que se refere a você tornar-se coconspirador e morrer junto, ou a pessoa pode descobrir que você sabe o que ela está fazendo e planejar sua destruição em virtude de autodefesa.

Interrogadores têm diversas técnicas acumuladas para extrair informações de um alvo, e muitas delas afrontam as necessidades de pertencer e se diferenciar. Eis as que você achará mais úteis na vida cotidiana:

1. **Faça uma pergunta direta:** você não precisa fazer isso publicamente. Puxe-o de lado, fale longe de ouvidos alheios, e pergunte: "Isso é mesmo verdade?".
2. **Ofereça à pessoa um incentivo para que diga a verdade:** "Gostaria de apresentá-lo ao vice-presidente, mas quero ter certeza de que os fatos são esses mesmos, pois talvez eu não tenha ouvido direito. O que o levou a ficar conhecido naquela outra empresa?".
3. **Investigue a fundo as emoções da pessoa:** uma afirmação clara pode fazer isso de vez em quando: "Meu ex-marido costumava mentir para mim o tempo todo. Não posso amar alguém que mente para mim. Nem ter uma boa relação de trabalho, nesse caso".
4. **Eleve ou reduza um sentimento de medo:** "Se a VP descobrir que alguém mentiu para ela, aquele cara pode muito bem entregar seu distintivo e sair por aquela porta". A abordagem oposta envolve afagar a pessoa e minimizar a ansiedade como forma de levá-la a dizer a verdade, ou, pelo menos, não contar mais mentiras: "A VP não tem um bom radar para enganações, mas, só para garantir, eu não mentiria para ela nem sobre a maneira com que tomo meu café".
5. **Elogie ou critique:** "Você é tão realizado; é uma das poucas pessoas que conheço que não precisa sequer exagerar o que conquistou na empresa". O oposto é um choque no ego feito para acordar a pessoa: "Como você é trouxa de achar que se safaria de uma dessas depois da declaração que deu".
6. **Afronte uma insegurança:** uma pessoa insegura quanto a sua mentira pode ser encurralada a ponto de afirmar que "não terei ganhos com essa situação". Tudo o que você tem a fazer é encorajar essa linha de pensamento.

7. **Dê uma dica de que conhece a história verdadeira:** uma pessoa que acredita que você sabe dos fatos e pode expô-la, provavelmente vai dar um passo atrás ou jogar uma frase no ar do tipo: "o que quis dizer é", e corrigir a dissimulação.
8. **Não diga nada:** silêncio é poder. "O que você acabou de dizer sobre aquela reunião de vendas?", seguido por um silêncio sepulcral, uma hora ou outra, provocará uma resposta. A maioria das pessoas acha o silêncio extremamente desconfortável. A boca começa a articular palavras para quebrar a tensão, ou o corpo acaba se ajustando de maneira dramática.

APLICANDO AS FERRAMENTAS

Começando pelos grupos de mentirosos e, depois, passando a indivíduos que mentem por "necessidade" ou esporte, vejamos o processo de desmantelar afirmações que parecem questionáveis.

Teorias da conspiração

Teorias da conspiração são respostas fáceis para problemas complexos. Seres humanos, por instinto, simplificam o conceito por meio do uso de ficção quando algo é muito difícil de entender. Como Lee Harvey Oswald poderia ter atuado sozinho, correndo de um lugar para o outro, para conseguir o tiro "perfeito"? Como é possível que fenômenos naturais como o clima, animais ou atividades humanas pudessem criar círculos nas plantações? É muito mais fácil explicar o assassinato de Kennedy em termos de uma armação soviética e os círculos nas plantações como trabalho de alienígenas do que encontrar explicações plausíveis em outras teorias.

Muitas pessoas aceitam a resposta quando se deparam com uma resposta complexa ao que parecia uma pergunta direta. Elas podem saber que a resposta é estranha, mas encaixa-se com muitas de suas outras crenças e mantém a história estruturada. Portanto, se quiser criar uma teoria da conspiração, colete fatos suficientes que sejam constatáveis com facilidade, entrelace-os numa história realista à primeira vista e torne-a relevante para o cidadão médio. Acrescente uma boa dose de fontes "confiáveis" e algumas palavras que provoquem pavor ou emoção, e eis a fórmula mágica. Se quiser desvendar uma teoria da conspiração, use as técnicas anteriores para menosprezar os fatos e as pessoas que os utilizam. Em algum momento, a "teoria" se torna completamente sem sentido.

Tragamos luz sobre duas teorias da conspiração inter-relacionadas: campos de extermínio da Agência Nacional de Gerenciamento de Emergência (FEMA, na sigla em inglês, correspondente à nossa Defesa Civil) e caixões para enterrar o imenso número de dissidentes que teriam sido reunidos e executados naqueles campos.

Argumento: a FEMA, sob a guarida do Departamento de Segurança Nacional dos Estados Unidos, está montando campos no estilo Guantánamo em todos os cantos do país para o caso de haver uma revolta civil, gerando assim a necessidade de a Segurança Nacional ter que deter os responsáveis por tais atos. Aqueles que acreditam nisso citam a lei americana relacionada a medidas emergenciais que o governo pode adotar em face de ameaças iminentes.

Se quiséssemos começar a investigar o que é verdade e o que é mentira nesse argumento, poderíamos, apenas para começar, verificar o seguinte:

- Leis e regulações americanas que deem à FEMA o poder de criar e dirigir tais campos.
- Evidência física dos campos de extermínio.
- Fatos sobre quem exatamente os construiu.
- Exigências de pessoal para tais campos.

Visite um dos muitos sites dedicados a provar a existência dos campos de extermínio da FEMA, e você encontrará o que parece um fundamento legal sólido para o direito de o governo estabelecer esses campos de extermínio. Quinze decretos executivos distintos – documentos assinados pelo presidente dos Estados Unidos com força de lei – recebem o grande foco de boa parte desses sites. Vejamos apenas três.

1. Decreto Executivo 11002 – autoriza o diretor-geral dos correios a operar um registro nacional de todas as pessoas. Certo, o CEO da organização que coloca sua carta na caixa de correio do vizinho duas vezes por semana foi considerado capaz de operar um registro nacional. Quem assinou esse decreto – um dos presidentes Bush ou Barack Obama? Não, foi John Kennedy, em 16 de fevereiro de 1962.
2. Outro decreto oficial importante na lista dos sites de campos de extermínio é o decreto oficial 10990, permitindo que o governo assuma todos os meios de transporte e controle as estradas e os portos. E quem assinou? John Kennedy, em 16 de fevereiro de 1962.
3. Outro é o decreto oficial 10995, que é assustador na era em que as comunicações tornaram-se a chave para as revoluções democráticas ao redor do mundo. Esse decreto permite ao governo tomar e controlar a mídia, e foi assinado por John Kennedy, em 16 de fevereiro de 1962.

Para aqueles não familiarizados com esse período da história americana, tais decretos oficiais tiveram efeito antes da Crise dos Mísseis de Cuba, quando as tensões entre Estados Unidos e União Soviética estavam no ponto máximo. Dentre os outros doze decretos na lista, o mais recente foi assinado pelo presidente Gerald Ford, em 1976.

Com relação às leis, você pode usar todas as ferramentas para desmascarar um mentiroso – seja diretamente, confrontando o teórico da conspiração, seja indiretamente, investigando as fontes eletrônicas, como se fossem indivíduos.

Algumas de suas *perguntas* podem ser:

"Quem assinou os decretos oficiais e quando?"

"O que estava acontecendo no país na época?"

"O que exatamente o decreto traz em termos de competência da autoridade?"

Já abordei os dois primeiros. Agora vejamos esse último como exemplo do uso de questionamento. Um dos decretos na lista é o

10997. Um site que o considera uma das bases para os campos de extermínio da FEMA o descreve dizendo: "O Decreto Executivo 10997 permite que o governo controle todas as fontes de energia, gás, petróleo, combustíveis e minerais". Por que essa descrição deveria levantar um sinal de alerta? Porque é uma afirmação absoluta, e afirmações absolutas raramente se sustentam (há apenas uma afirmação absoluta com a qual você pode conviver).

Então você pergunta: "Qual é de fato o escopo do decreto?". Ele declara: "O Secretário de Interior deverá preparar planos emergenciais nacionais e desenvolver programas de prevenção que se dediquem a (1) energia elétrica; (2) petróleo e gás; (3) combustíveis sólidos; e (4) minerais. Esses planos e programas deverão ser criados para oferecer uma prontidão do estado nessas áreas de recursos com relação a todas as condições de emergência nacional, inclusive ataques contra os Estados Unidos".

Primeiro, isso não soa como o governo tentando achar uma desculpa para assumir o controle de seu posto de gasolina local. Segundo, não deveria ser nenhuma surpresa a essa altura o fato de que esse também foi assinado em 16 de fevereiro de 1962 por John F. Kennedy.

O uso *do passa pra frente-passa pra trás* nesse contexto funcionaria bem. O alicerce para os campos de extermínio da FEMA é composto, principalmente, de leis assinadas há mais de trinta anos. O que precisava acontecer em seguida para obter os fundos federais e o pessoal para construir os campos? Quando exatamente os campos foram construídos? O que tem acontecido em qualquer um desses campos hoje em dia? Que tipo de pessoal e atividades eles tinham há cinco ou dez anos?

Isso leva, de forma lógica, a superar a objeção de que o governo agora apenas usa o que já estava pronto, porque o governo não precisava utilizá-los antes dessa coisa de "guerra ao terror". Na verdade, a maioria desses decretos foi assinada durante a Guerra do Vietnã, quando os Estados Unidos, literalmente, contavam com milhões de cidadãos nas ruas protestando contra as ações do governo. Você está sentindo falta de alguém que protestou nos anos 1960 ou 1970? Está procurando nos campos de extermínio da FEMA seus novos endereços postais? Devemos mesmo esperar que um governo que não consegue nem assinar leis orçamentárias seja um modelo de planejamento de longo prazo? Se assim achar, o que houve com a exploração espacial?

Em termos de técnicas para desmascarar um mentiroso, chegamos aos métodos que afrontam as necessidades de pertencer ou se diferenciar. *Por que* você acredita nelas? Sente medo de que suas crenças ou atividades políticas o tornem um "inimigo do Estado"? Acha que eu acabaria lá com você – se não, por que não? Tem medo de mim por causa disso? Percebe que sei mais sobre isso do que você, então está começando a se sentir como o autor da Maryann – ameaçado pelas perguntas?

Se acredita nessas falácias, Fort Dix, Nova Jérsei, teria não um, mas *dois* campos de extermínio, sendo uma instalação de segurança máxima (ou seja, construída para aguentar ataques) e outra um confinamento de arame farpado para gerenciar detentos. Não posso deixar de admitir que construí o confinamento de arame farpado. Em 1994, alguns de nós, em Fort Dix, tornamo-nos *as* pessoas do Exército encarregadas de treinar reservistas em habilidades de interrogatório e deveres da polícia militar. Para nós, gastos inteligentes significavam construir nosso próprio complexo em vez de levar nossos aprendizes para outras bases. Eu desenhei o complexo, convoquei os engenheiros e deleguei a responsabilidade para a instalação dos arames farpados, construções etc. É uma simples instalação cercada com arame farpado, com torres de vigilância, abrigos para armazenar barracas e assim por diante.

A instalação de segurança máxima foi adaptada quando precisamos de uma instalação para treinar outros recursos de Inteligência na reserva nos anos 1990. Originalmente, foi um posto de rastreamento do Comando de Defesa Aeroespacial da América do Norte (NORAD, na sigla em inglês). Quando o Exército tomou conta, esse suposto campo de extermínio da FEMA, em Fort Dix, tornou-se um campo de treinamento para nossos soldados da reserva lidarem com os rigores da guerra no caso de reservistas da Inteligência de sinais de telecomunicação e de coleta de imagens serem chamados para a ativa. Muitos, de fato, foram chamados após o 11 de Setembro. Simulamos experiências que lhes confeririam conhecimento, habilidades e força mental para enfrentar os desafios da guerra, se e quando eles encarassem tais desafios em nosso nome.

Outro motivo para incorporar esse nível de segurança à instalação foi o fato de informações confidenciais serem armazenadas em alguns dos prédios. Aqueles de nós que compunham o local não podiam tirar fotos ou vagar pela propriedade sem um destino predeterminado, então por que alguém sem autorização teria permissão para tirar fotos ou vagar pelos cantos?

Agora, falemos sobre a questão que fez Jesse Ventura passar de uma fonte confiável (SEAL da Marinha e ex-governador) para nada mais que um artista de entretenimento. Ele declarou em seu programa, *Conspiracy Theory*: "Mas que diabos é aquilo? Caixões. Centenas de milhares de caixões". Ele estava "investigando" um local em Madison, Geórgia, e seu colega acrescentou: "Sim, e encontramos pilhas deles por todo o país".[3]

Argumento: o governo está se preparando para o grande número de execuções nos Estados Unidos. Depois de serem "processados" nos campos de extermínio da FEMA, eles serão enterrados em vários locais do país.

Uma das primeiras questões que um decifrador de mentiras perguntaria é: "Essas coisas são realmente caixões?". Superar objeções lógicas envolveria uma resistência assim: "Por que um governo que acabou de exterminar um monte de gente se importaria em enterrá-las individualmente? Não houve execuções em massa suficientes na história da humanidade para provar que um governo capaz de atos de tamanha torpeza moral joga os corpos em uma grande vala ou os incinera?".

3 Disponível em: <https://www.youtube.com/watch?v=Wird08uBqfM>.

Esse tipo de mentira se torna algo que uma pessoa honesta repete. Atacar o embusteiro como se ele mesmo fosse o mentiroso é um mau uso da técnica. Em vez disso, ataque a mentira e não a associe com a pessoa, mas com a fonte da história. Utilizei as técnicas de desmascarar um mentiroso – de forma não conflituosa, devo acrescentar – com um conhecido na Geórgia que acreditava piamente que a "descoberta" de Jesse Ventura validava a teoria dos campos de extermínio da FEMA. Depois de alguns passes para a frente e para trás, ele começou a duvidar o bastante para fazer seu dever de casa. O que descobrimos foi esta coisa ultrapassada:

Catacumbas são o invólucro externo dos caixões, portanto elas se parecem com caixões. Os fabricantes as depositam em diversos lugares do país por dois motivos: não há espaço de armazenamento suficiente em um único lugar e pessoas tendem a morrer em diferentes lugares. É muito mais eficiente ter um fornecedor local de catacumbas do que as enviar a partir de um lugar central. É também muito mais democrático do que emitir uma regulamentação federal para que todos tenham que ir a Madison, Geórgia, quando seu fim estiver perto, pois é lá que estão as catacumbas. De acordo com o Centro de Controle e Prevenção de Doenças, um total de 2.437.163 americanos morreram em 2009 – o que são quase 6.700 pessoas por dia. Muitas delas foram enterradas, e suas famílias investiram em catacumbas, portanto isso já mostra alguns números sobre essas caixas de que estou falando.

Agora, vejamos um exemplo específico de um lugar onde muitas dessas catacumbas foram empilhadas. Em questão de dias, elas desapareceram! Para onde foram? Para as pessoas que precisavam de uma resposta simples e rápida, elas foram para aqueles campos de extermínio, porque "o fim está próximo". Para alguém do ramo, foram deslocadas para um lugar onde o custo de armazenamento fosse mais barato e os proprietários pudessem deixar de responder a perguntas idiotas.

Eis um alerta para lidar com teóricos de conspirações: alguns tentam investigar hipóteses provocativas, como a presença de

OVNIs e os campos de extermínio da FEMA com rigor acadêmico. Alguns acreditam que outras pessoas investigaram as teorias com rigor acadêmico. O segundo grupo está apenas se juntando com pessoas em que confia, seja lá por quais motivos. Elas são movidas pela emoção, não pela lógica. Você pode pressioná-las e, ainda assim, continuarão a acreditar, espalhando a ficção delas sempre que puderem.

EXERCÍCIO

Encontre alguém que acredite em apenas uma das anteriormente mencionadas lendas urbanas e convide essa pessoa para um jogo espontâneo – isto é, sem chance para pesquisar previamente. Use as técnicas para desmascarar um mentiroso a fim de ver se consegue identificar lacunas na história. Se chegar a ponto de a defesa ser puramente "isso me parece o mais óbvio" ou "minha mãe acredita nisso, então eu também eu acredito", encerre o jogo.

LENDAS URBANAS

Qual dessas é verdade?

1. O Facebook pagará três centavos para ajudar uma criança com câncer toda vez que um apelo for compartilhado.
2. Trate queimaduras com claras de ovos.
3. Pesquisas comprovam que alimentos no micro-ondas em invólucros plásticos liberam agentes cancerígenos na comida.

Resposta: Nenhuma.

(Fonte: *Snopes.com*, a quem gostaríamos de agradecer por ser um ótimo repositório central para análise de rumores.)

Quando alguém lhe envia um e-mail ou liga a fim de expressar preocupação por seu bem-estar e, então, compartilha histórias que destacam "informações" como essa, você deveria automaticamente considerar isso uma mentira, independentemente da fonte? Sim. Baseado em experiência pessoal (e reconheço que isso é empírico), detectar um mentiroso nesses casos é uma simples questão de abrir os olhos. As pessoas que encaminham esses e-mails estão adormecidas diante do teclado.

MENTIRAS INDIVIDUAIS

É relativamente fácil desmascarar uma pessoa que estiver mentindo por desespero. No entanto, alguém que mente como se estivesse em um jogo é mais difícil de ser desmascarado, porque não tem nada a perder. A natureza da sua relação, e se você quer ou não que ela continue, determinará como você pode lidar com alguém que está mentindo para proteger reputação, sentimentos, segurança, outras pessoas etc. Mas, quando lidamos com alguém que mente por esporte, a coisa muda de figura: sua meta é desmascará-lo.

A história de Woody fornece uma excelente estrutura para usarmos algumas das técnicas a fim de mostrar como ele poderia ter pegado a antiga namorada mentindo, antes mesmo de suas conversas.

Antes de mais nada, o maior erro que qualquer um na posição de Woody poderia ter feito é projetar uma carência – ponto-chave apresentado no Capítulo 4 sobre Planejamento e Preparação. "Na posição de Woody" não significa especificamente ter uma antiga namorada que retorna e anuncia que você é o pai da filha dela; refiro-me a qualquer um retomando contato com alguém do passado. As pessoas podem reaparecer anos depois e você achar que ainda está conversando com aquele mesmo indivíduo, mas pode não estar. Na verdade, isso é muito pouco provável. Imagine relembrar um amor perdido há décadas, transformando lentamente a memória do relacionamento em uma ficção romântica. E, então, de repente, Mark Zuckerberg inventa o Facebook e você se vê com uma ferramenta mágica para encontrar aquela pessoa. Muitos estão lidando com esse misto de fantasia e realidade – e enfrentando um grande desafio para desassociar uma coisa da outra. O Facebook torna possível conectar-se com algo que talvez jamais existiu.

A carência que Woody projetou relaciona-se com sua mortalidade. Ele tem 58 anos de idade e é consciente de sua mortalidade. Quando ele decide retomar contato com sua antiga namorada e lhe conta os pontos mais importantes da sua vida nos últimos 25 anos, menciona que teve cinco filhos adotados – mas nenhum biológico. O resto do discurso – de modo implícito, claro – é que ele não deixou um legado. Com isso, projetou uma carência distinta e se abriu para a mentira.

No entanto, uma vez que a mentira já fora dita, e Woody encarou a real possibilidade de ser o pai biológico de alguém, seu cérebro cognitivo começou a despertar. Ele encarou uma grande responsabilidade, tanto emocional quanto, possivelmente, financeira. Eis alguns possíveis cenários de como ele poderia ter revelado a verdade.

Poderia usar o *passa pra frente-passa pra trás*. Woody começa o uso do passa pra frente com uma pergunta da qual qualquer pai iria querer saber a resposta: "Quando é o aniversário dela?".

"Doze de junho. Uma semana antes do seu."

"Então ela nasceu em doze de junho de 1986."

"Não, Woody, doze de junho de 1987. Nós nos separamos em 1986."

"É mesmo. Nós terminamos antes do Natal."

"Isso mesmo. Eu tinha acabado de comprar para você um par de abotoaduras de ouro com alto-relevo."

"E ela nasceu seis meses depois?"

Peggy percebe que cometeu uma gafe tática ao esquecer que Woody estava na Ásia, e rapidamente aumenta a trama. Se ela já está mentindo descaradamente sobre a data de nascimento, por que não mentir mais?

"Ela nasceu prematura."

"Mas eu fui embora no início de dezembro, porque tive aquela terrível viagem de negócios para Taipei. Nós terminamos logo depois de eu retornar."

"Isso."

"Então você sabia que estava grávida quando terminamos. Caramba, eu fiquei fora um mês."

Ao usar o passa pra trás, Woody diz:

"Que dia nós terminamos?"

"Foi uma quinta-feira, dia 23."

"E por quanto tempo estive fora?"

"Seis semanas. Você voltou dia dez de dezembro."

"Ah, é, e você fez uma cirurgia em outubro por causa daquela infecção."

Peggy faz uma careta

"É isso mesmo."

"Eu me lembro de levar você para tirar a radiografia."

O passa pra trás também faz Peggy escorregar na linha temporal. Ela passou por uma cirurgia em outubro, o que significa que a criança teria sido concebida antes disso. Por consequência, a matemática sugere que ela estaria grávida há mais de dois meses quando eles terminaram, então não é possível que ela não tivesse "a menor ideia" sobre a gravidez.

Ele também poderia usar a ferramenta de minimização.

Woody poderia ter usado essa ferramenta, que não é tão ruim assim, começando com elogios sobre o ótimo trabalho que ela fez ao criar as três filhas, extraindo os detalhes do aniversário da filha "dele", sua juventude e outros momentos da vida. Em algum momento, a história ficaria complicada o bastante para que ele desse o bote e dissesse: "Eu sei que estou pedindo que se lembre de décadas, por isso é provável que haja coisas que não façam sentido". Ela se sente aliviada e continua falando, permeando mais e mais complexidade na mentira, até Woody usar o passa pra trás, ou outra ferramenta, a fim de elucidar detalhes que lhe permitiriam dizer: "Te peguei!".

Ele também poderia usar o estilo reverso de minimizar, chamando a atenção dela para a linha temporal relacionada à concepção e ao nascimento da garota, e partindo para cima com uma acusação: "Eu estive em Taipei o mês inteiro em que ela teria sido concebida, então você devia estar me traindo com alguém!". Há grandes chances de que Peggy negasse veementemente para tentar salvar a relação renovada que tinha com ele. Ela preferiria admitir a mentira de que a garota era filha de Woody a admitir que traíra Woody enquanto eles estavam juntos, já que sabe que traição não tem volta para ele.

Lembre-se de amarrar as técnicas de desmascarar o mentiroso para o próprio mentiroso. Relacione as diferentes maneiras com que as pessoas mentem (Capítulo 2), e aplique esse conhecimento no estilo de questionamento que estiver usando. Eis algumas dicas gerais:

- Faça perguntas que forcem a pessoa a ter uma relação desconfortável com a informação que acabou de apresentar. Alguém orientado por tempo que não consegue relatar o ocorrido em meia hora é "pega". E, mesmo que não perceba a discrepância imediatamente, ela sabe que está lá e isso afetará sua linguagem corporal. Não significa, porém, confrontar a pessoa com um estilo conflituoso – não force a pessoa orientada por eventos a uma discussão sobre a temporalidade, por exemplo – mas, sim, imitar seu estilo e investigar em busca de mais e mais detalhes dentro daquele estilo.
- Faça as informações entrarem em conflito com os valores da pessoa: "Ou sua história é uma mentira, ou você não é a pessoa que achei que fosse". Nesse caso, Woody faz a mentira sobre a filha ser dele assumir outra problemática: "A pessoa que amei teria se sentido obrigada a me dizer que eu tinha uma filha, e não teria escondido esse fato de mim durante décadas". Uma afirmação dessas coloca a pessoa em conflito com a informação. Ela tomará distância o mais rápido possível, mesmo que precise contar outra mentira para encobrir a primeira.
- Envolva outra pessoa na história. Isso é chamado de *mentira em equipe*. A mentirosa diz que estava o dia inteiro no escritório, então você pergunta casualmente se a assistente dela, que se encontra de licença-maternidade, já voltou ou se a substituta estava lá de novo. As pessoas não gostam de incluir outras em suas mentiras, porque isso abre oportunidade para a história ser desmembrada. Mesmo que seja

um mero embelezamento, como "dei uma tacada certeira no jogo de golfe", uma pergunta do tipo "com quem você jogou?" pode deixar o mentiroso apreensivo. É possível até ver um ruborizar nas orelhas ou bochechas.

- Aproveite-se das vias de acesso da pessoa. Pessoas visuais não se lembrarão de conversas tão bem quanto as auditivas. Pessoas auditivas não se lembrarão direito sobre o que alguém vestiu ou quais pinturas estavam na parede. Pessoas cinestésicas podem se lembrar da temperatura do ar quando fizeram algo, mas não do dia em que isso ocorreu. Novamente, estabeleça laços interpessoais usando termos que se relacionem com as vias de acesso do mentiroso; extraia a história de maneira natural. Quando ouvir palavras fora do alinhamento, investigue.
- Faça uma pergunta em tom de conjectura se, depois de definir a linha de base, tiver uma forte sensação de que a pessoa está mentindo para você: "O que você acha que aconteceria se...?". Quando faz essa pergunta, se a pessoa não desviar de sua linha de base para memória, significa que estudou a história e está preparada para uma gama de perguntas relacionadas a ela. Está escondendo algo.

Agora, prepare-se para reunir as ferramentas e o processo a fim de conseguir o que deseja nas relações amorosas e profissionais.

Mentiras são frequentemente baseadas na verdade. As melhores mentiras, sejam teorias da conspiração, sejam pura bobagem, começam com um fundamento factual e continuam a partir daí. Ao conhecer os fatos, você pode forçar a pessoa até o ponto de não conseguir mais sustentar a mentira, ou acreditar na teoria. Tanto mentiras quanto teorias da conspiração exigem um pouco de ficção por parte do ouvinte para não questionar diretamente se aquilo é possível. Abra bem os olhos e deixe o ceticismo ajudar a iluminar seu caminho. Você ficará surpreso com o que verá.

SEÇÃO III:
APLICANDO AS FERRAMENTAS NO AMOR

Capítulo 8

DESCOBERTA

Você teve vislumbres da história de Woody e Peggy no decorrer do livro, mas agora quero ir até o fim com ela.

Woody não tinha motivos racionais para confiar em Peggy. Nenhum. Dito isso, "inocente até que se prove o contrário" é um princípio fundamental que a maioria de nós cresceu ouvindo. No entanto, Woody precisava encontrar um equilíbrio entre aquele nobre princípio e chamar Peggy de mentirosa imediatamente. Alcançar esse equilíbrio envolve o uso de técnicas para permanecer calmo e objetivo, ao mesmo tempo em que se aplicam ferramentas para desmascarar um mentiroso.

COMPREENDENDO OTHELLO

Enquanto preparava esta seção para a primeira edição, assisti ao programa *The Oprah Winfrey Show* durante uma hora num dia em que participavam maridos que haviam traído suas esposas. Antes de mais nada, se você ainda se sente culpado depois de ter tido um caso, não fique cara a cara com Oprah Winfrey. Mulheres de mais de cem países saberão que você é um perdedor.

Um dos dois homens estava em modo límbico intenso e, repetidamente, baixava os olhos. Aquela afirmação emocional podia significar que ele sentia um enorme remorso por conta da transgressão que cometera, ou podia significar que ele se sentia péssimo por ter sido descoberto e, ainda pior, por ter seu adultério transmitido em rede de televisão. Na verdade, deve ter sido uma mistura de ambos. Para início de conversa, o homem estava numa posição frágil, e depois encarou uma questionadora formidável: Oprah. Não paro de me perguntar se ele sequer chegou pensar: "Quanto valor agrega à minha relação ir a esse programa e encarar humilhações na frente de milhões de pessoas?".

Ao explorar as duas histórias com os casais, Oprah os levou ao momento da descoberta: como vocês se sentiram? O que fizeram? A mulher cujo marido era um adúltero incorrigível viveu em negação até que a negação pareceu insensata. A mulher cujo marido não parava de deixar a emoção vazar pelo movimento ocular admitiu que vociferou algumas "palavras feias" depois de obter provas irrefutáveis da infidelidade. As duas poderiam ter descoberto sobre a infidelidade muito antes e tomado atitudes para estancar a hemorragia no relacionamento, mas não cederam às suspeitas e não souberam detectar habilmente as mentiras.

Por você estar lendo este livro, talvez seja diferente delas. Você tem suspeitas que não pode descartar e quer apenas saber como se preparar para os confrontos que serão confirmados ou refutados.

O primeiro desafio é manter a racionalidade. Em um relacionamento, você tem noções preconcebidas e expectativas emocionais que não existem na maioria das relações profissionais. Também tem rituais que norteiam sua interação; quando seu parceiro dá um passo, você também dá um. Ao utilizar as técnicas descritas aqui, é mais fácil que você distorça o que vê. Assim como Otelo concluiu, a partir de provas circunstanciais, que Desdêmona, sua ingênua esposa, o traía, você pode descobrir que os medos e as suspeitas que sente interferem em seu bom julgamento. O antídoto é sua mente cognitiva.

Estas são três ideias e ações que poderiam ajudá-lo a sair do modo límbico e entrar no cognitivo com relativa rapidez:

- **Visualizar:** você verá pessoas que querem parar as lágrimas olhando para cima – normalmente, para cima e para a esquerda – em um esforço para reconquistar o controle. É uma manobra instintiva que você pode fazer de modo consciente para acessar uma memória que o acalme. Provavelmente, já deve ter notado qual é o inverso dessa ação – isto é, pessoas que desejam se afundar nas emoções permitem que os olhos se movam para baixo e para a direita.

- **Fazer uma lista:** essa é uma versão análoga a contar carneirinhos para adormecer. Após uma reunião muito irritante, uma amiga minha disse que se acalmou olhando para as pessoas da sala e fazendo uma lista mental de todas as plásticas que elas poderiam fazer para torná-las mais atraentes. Esse exercício em particular teve o efeito duplo de fazê-la se sentir mais no controle tanto da situação quanto de si mesma. Ela voltou a estar mentalmente preparada para a reunião quando a gritaria parou.
- **Beliscar-se:** não me refiro ao ato literal, embora possa experimentá-lo de vez em quando. O ponto é mudar o estado físico com a intenção de que o estado mental flua. Sem dúvida, você já viu filmes e novelas em que alguém está chorando e, de repente, outra pessoa chega e lhe dá um tapa na cara. Ela para de chorar e recobra a razão. O mesmo ocorre aqui, mas você descobre um jeito de fazer isso consigo mesmo. Rituais de todos os tipos condicionam seu nível de ansiedade.

Conhecer muito bem alguém lhe proporciona vantagens inerentes para tentar detectar uma mentira. Você tem razão para ficar curioso, e talvez até desconfiado, se seu cônjuge muda uma rotina de longa data sem motivo aparente. Se sua esposa, que geralmente sai de casa sem maquiagem, porque vai à academia antes do trabalho, passa a sair na mesma hora com maquiagem, você vai se perguntar o por quê. Ela tomou uma decisão consciente de romper com o padrão. Do mesmo modo, talvez seu marido tenha o hábito de colocar as chaves em certo lugar quando chega do trabalho, dar uma olhada na correspondência, trocar de roupa e, em seguida, tomar uma bebida. Então, num belo dia, você nota que esse padrão mudou. Ele joga a chave em qualquer lugar, evita a correspondência e pega uma bebida antes de trocar de roupa. Por que alguém muda essa sequência depois de dez anos fazendo exatamente o mesmo? A interrupção inconsciente desse ritual diz algo. Você só não sabe o quê. Uma quebra do ritual de limpeza do parceiro pode ter muito significado, sinalizando um leque de questões ocultas, desde doença até infidelidade. As rotinas diárias constituem a linha de base da pessoa; assim como em um interrogatório, elas indicam estresse, não dissimulação. Detectar dissimulação é uma arte – e você tem as ferramentas!

EXTRAINDO A VERDADE

No Capítulo 4, exploramos o conceito de Semper Gumby e o fato de que pessoas rígidas podem ser tiradas do eixo facilmente. No entanto, há uma desvantagem extrema quando falamos de relacionamentos pessoais: você pode tentar aplicar as técnicas deste livro dentro do contexto de seu casamento ou outro relacionamento sério. Se a outra pessoa envolvida tiver essas características de previsibilidade com roupas, por exemplo, e investe emocionalmente em controlar o próprio ambiente, você pode ver comportamentos terríveis resultarem de uma ruptura com essas externalidades. Isso é natural. Sua esposa ou parceira estaria respaldada por uma resposta de autopreservação. Você precisa conhecer sua fonte, mas é necessário também dar atenção ao contexto. Muito provavelmente, você não obterá as informações ou resultados que quer ao levar a esposa ou parceira a um acesso de ira.

Ao contrário do que é lidar com um prisioneiro de guerra, sua situação é bastante complexa; o que você faz afeta não só a outra pessoa da relação, mas também a relação em si. Além disso, você não vai querer estrear um personagem completamente novo para seu interrogatório. Se o fizer, onde esse personagem viverá quando a troca acabar?

Todavia, você deve pensar como um interrogador para conseguir usar suas ferramentas. Inicialmente, foque-se no fato de que deseja extrair a verdade, não uma confissão. Se tudo o que quiser for uma confissão, você só precisa de ferramentas cruéis.

Mude o cenário

Emoções podem desabrochar de repente devido a experiências passadas, rituais, aparatos e uma miríade de outras coisas. Para conseguir, de forma metódica, fazer seu cônjuge lhe contar a verdade, será benéfico que você se desconecte de alguns desses elementos.

Relações amorosas são uma dança muito sofisticada. A maioria envolve algum tipo de contrato – expresso ou tácito – que estabelece direitos naturais. Quantos desses contratos carregam expectativas não declaradas? Elas são compreendidas? Com o passar do tempo, você estabeleceu rituais de concessão mútua de direitos naturais e expectativas. Essa evolução criou rituais poderosos em torno de comida, sexo, sono, entre outros. Esse relacionamento também criou aparatos poderosos associados às expectativas. O conceito principal é que esse relacionamento dificulta bastante a condução de um exercício de interrogatório. Esteja atento.

Para realizar o exercício, o primeiro passo é mudar o cenário. Vá a algum lugar onde haja pouca ou nenhuma conotação ou conexão emocional com seus aparatos ou rituais. Isso reduz a probabilidade de haver bagagem associada com o processo e separa seu Eu de costume do Eu no exercício.

Faça o dever de casa

Blefar é uma péssima ideia. Quando se disfarça um fato, há boas chances de que ele volte a atormentá-lo. Saiba datas, épocas, lugares e números. Se não souber de todos os detalhes, pesquise o bastante para saber onde estão os espaços em branco, mas não os preencha arbitrariamente. Tenha em mente a orientação a respeito de coletar informações de base e a miríade de recursos disponíveis para você identificar fatos e separar fatos de ficção.

Defina a linha de base

Você sabe que existem rituais que ocorrem dentro dos limites do relacionamento, mas eles podem distorcer seus dados, quando se define a linha de base da pessoa amada. A melhor oportunidade para traçar a linha de base será quando seu cônjuge ou parceiro estiver com outros conhecidos. Então compare essa linha de base com aquela de suas interações diárias. Todos sabem que a maioria das pessoas é diferente ao lidar com outras de fora da família, e isso ocorre em razão das relações íntimas e dos rituais estabelecidos. Defina linhas de base em valores absolutos, arriscando estatísticas ou a distância em quilômetros até o shopping mais próximo. Faça perguntas que não incluam qualquer passado histórico ou emoção.

Papéis

Você quer recorrer à paixão dos tempos de escola, ao executivo bem-sucedido ou ao atleta de fim de semana? Quer ser a rainha do baile, a jornalista incisiva ou a mãe? Decida-se e siga até o fim. Não permita que os rituais o desviem do caminho.

Questionamento

Prepare-se para fazer perguntas novas, mas com a própria voz. Você não vai querer, de repente, começar a soar como eu – isso provavelmente seria um choque para sua companheira – portanto escolha um estilo que se adapte à atitude dela, mas permita alguns improvisos. Faça perguntas que obtenham respostas úteis ou que levem a conversa na direção das informações que pretende conseguir.

Leve em conta sinais e rituais, e esteja atento quanto a como você usa os sinais do relacionamento, porque a outra pessoa está sintonizada para ler aquela linguagem corporal específica tanto quanto você está sintonizado para ler a dela. Quando sua companheira lhe disser que passou o dia inteiro no trabalho e você inclinar a cabeça, ela reconhecerá o indício de descrença. Você pode estragar toda sua abordagem e linha de questionamento.

Às vezes, a confrontação funciona bem. As pessoas não conseguem esconder surpresa. As sobrancelhas sobem e os olhos arregalam. Nesse ponto, a pessoa surpreendida precisa dar o próximo passo, seja inventando uma história muito rapidamente, contando a verdade, ficando sem fala, chorando ou tendo alguma outra reação significativa. Se achar que uma mentira pode extrair a verdade com muito mais rapidez, use a abordagem da pergunta direta. Quantos detalhes uma pessoa que acabou de inventar uma história consegue criar? Você perceberá se eles são ensaiados; e, se não forem, a história cairá aos pedaços.

Confrontação direta não precisa ser maldosa. Veja como eu agiria com um prisioneiro enquanto estivesse interpretando o papel do cara bonzinho, recorrendo, principalmente, a uma abordagem de futilidade: "Não sejamos estúpidos quanto a isso. Você está em cativeiro. Você está aqui por um motivo: nós não gostamos do seu governo. Vamos encontrar uma saída. Somos uma superpotência e estamos ganhando. Vamos tornar sua vida agradável. Acabar com essa batalha. Levá-lo de volta para ver sua família. Vamos acabar com essa história".

Você pode usar a mesma estrutura com sua esposa infiel: "Eu sei que o seu carro estava no motel, porque eu vi. Liguei para o seu escritório no mesmo instante, só para me certificar. Você não estava lá. Vamos encontrar uma saída. Apenas admita e seguiremos em frente a partir daí. Vamos acabar com essa parte da batalha para que possamos encontrar uma maneira de fazer as pazes".

E se você blefou? Você tinha o fragmento sobre o carro, mas não ligou para o escritório. Sua esposa diz: "Emprestei o carro para o Billy e, sim, eu estava no escritório, na frente do computador, trabalhando no relatório mensal de vendas. Mesmo que tenha ligado quando eu estava no banheiro, meu telefone teria mostrado seu número como chamada perdida". Bem, agora você está com cara de trouxa, mas, pelo menos, um trouxa calmo e lógico.

Concentrar-se no método da sua esposa de filtrar informações é provavelmente a melhor manobra ofensiva e defensiva que pode adotar. Se ela estiver mentindo, é provável que se esforce ao máximo para pensar como você. Se for pontual (orientada por tempo), ela tentará recontar detalhes da mentira considerando o tempo: "Eu estava no escritório às 10h30 e, depois, fui para o almoço às 11h45". Talvez esse nem seja um esforço consciente. Digamos, porém, que a mentirosa seja uma pessoa orientada por tempo, e você, orientado por sequência. O fato de que ela estava no escritório às 10h30 não é relevante para o que aconteceu antes e/ou depois. Quando perguntar sobre isso, pode encontrar fissuras na história.

Quer use confrontação, quer use uma abordagem indireta, conforme sua esposa ou parceira responde, você pode começar a pensar: "Já passamos por isso outra vez". Deve ter cuidado para não se deixar levar por emoções do passado. As pessoas costumam entrar em ciclos de argumentos por conta disso: "Parece a última vez em que mentiu para mim!". Você precisa dar um passo para trás, mesmo que os aparatos sejam os mesmos; analise a conversa atual como um evento separado. Evite um *déjà vu* emocional – ou seja, encobrir a situação atual com experiências passadas.

Enquanto faz perguntas controladas e perguntas repetidas que explorem informações, não acuse. Odeie o pecado, não o pecador. Prepare-se para falar sobre o contrato e seus direitos naturais.

Capítulo 9

MUDE A FORMA COMO LUTA

A habilidade de discutir é parte integrante do interrogatório. Na escola de interrogadores britânica, eles incitam os novos alunos a discutir por uma bala de menta. Os dois novatos devem discutir racionalmente para saber quem deveria chupar a bala de menta primeiro. Quem ganhar, leva a bala. As coisas costumam acontecer assim:

"Por que você acha que merece a bala?"

"Acabei de almoçar. Estou com bafo de alho e acho que será melhor para você se eu ficar com ela."

Uma loira linda usou uma abordagem clássica de incentivo, curvando-se sobre a mesa e oferecendo ao interrogador homem algo que ele iria querer muito mais do que a bala. Além disso, ela precisaria da bala para refrescar o hálito.

Em interrogatórios, discutir são aquelas idas e vindas nas quais o prisioneiro acha que realmente tem chance de estabelecer uma dignidade intelectual ou de humilhar seu captor. O interrogador, porém, permanece no nível cognitivo, embora possa parecer emotivo, enquanto o prisioneiro afunda cada vez mais no modo límbico. Uma pessoa assume claramente o controle enquanto a posição da outra se torna mais e mais frágil. Apresentando-lhe orientações específicas sobre como discutir, estou lhe mostrando como usar as ferramentas das quais já tratamos para praticar uma das três ações:

1. Discutir engenhosamente para melhorar seu relacionamento.
2. Ganhar a qualquer custo.
3. Tirar uma discussão dos trilhos.

As pessoas aparentemente apaixonadas rosnam umas para as outras por dois motivos. O primeiro é o desalinhamento das emoções; o segundo, o desalinhamento de expectativas.

Você não tem condições de chamar seu chefe ou colega de trabalho de babaca, então reprime a emoção no ambiente profissional. Isso pode ser perigoso quando chega em casa, porque qualquer bobagem pode liberar uma raiva completamente desproporcional. Você acaba brigando feio com sua mulher por causa de algo feito pelo seu chefe. Em outras palavras, você desalinhou suas emoções.

Desalinhamento de expectativas relaciona-se ao fato de seu cônjuge ou parceiro violar suas emoções ou posses. Basicamente, ele ou ela mexeu em algo que você achava ser seu. Pode ser algo intangível, como direitos naturais no relacionamento – fidelidade, amor, demonstrações públicas de afeto, uma casa limpa, silêncio, respeito, conversa etc. –, mas também pode ter relação com algo tangível, como seus pertences. Não importa se a pessoa não lhe deu o devido valor, se subestimou sua expertise ou se jogou fora seus pertences, o efeito fisiológico é o mesmo: você perde o controle. Não há tempo para se preparar para esse tipo de discussão, você simplesmente explode. Então se torna aquele garotinho ruivo do qual todos tiram sarro, ou o *nerd* de pé torto que as crianças não escolhem para seus times, ou a garota de óculos fundo de garrafa que nunca está bonita. Você fica extremamente fragilizado nesse momento; sente-se violado e furioso.

REGRAS GERAIS PARA BRIGAS PRODUTIVAS

O ponto de partida para uma discussão eficaz é o pensamento cognitivo. Muitas vezes, durante ou depois de uma discussão acalorada, uma ou ambas as partes falarão: “Não tive a intenção de dizer isso”. Leve a frase no sentido literal. Quando as pessoas estão em modo límbico, dirão coisas irracionais. Discutir produtivamente se trata de dizer exatamente o que quer. Tentarei oferecer a você orientações para permanecer em modo cognitivo – como devem permanecer os interrogadores –, assim a discussão se torna um debate. Você quer conferir sentido ao que diz, ter razão e concluir de modo eficiente.

Regra #1

Mantenha a discussão focada no assunto, não na pessoa. Quando uma discussão parte para ataques pessoais, você mexe com pontos que dificultam muito a saída do modo límbico e o retorno para seu cérebro primata. Você quer reduzir o estresse inerente a um confronto para ter boas chances de manter a si e a outra pessoa em pensamento cognitivo.

Um homem nem sempre percebe que criticar como a mulher dirige é uma crítica a ela. Quase que invariavelmente, isso é como uma facada na competência da mulher. Em contrapartida, uma mulher talvez diga palavras duríssimas sobre a maneira como o marido alimenta os filhos. Isso pode soar como uma acusação de que ele é descuidado. Talvez as principais questões de um casal estejam relacionadas à competência e ao descuido, mas abordá-las de maneira obtusa pode ser comparado a tratar uma perna quebrada fazendo um curativo no nariz. Fale diretamente com o elefante na sala.

Atenção quando estiver se afastando do incidente e indo na direção dos ataques pessoais, para saber parar imediatamente:

"Não é de se admirar que você amassou o para-lama – você não pensa quando dirige!"

"Precisamos enfrentar isso de forma racional. Se você tem algum problema comigo, vamos falar sobre mim, mas essa batida não sou eu. Isso não se trata da minha incompetência. Não se trata de eu ser estúpida. Precisamos discutir sobre a batida do carro."

Regra #2

Só discuta sobre aquilo que você saiba. Quando discute sobre algo que não faz ideia do que se trata e perde constantemente, você estabelece um perigoso padrão. É também muito mais provável que você se emocione ao discutir tópicos que não deveriam afetá-lo emocionalmente. Mesmo que perca as discussões em cinquenta por cento das vezes, você ainda acaba por estabelecer um padrão ruim de mostrar-se ignorante e beligerante. Se apenas discute quando tem fatos sólidos na cabeça, você ganha. E, quando perceber que sua lógica ou memória não é capaz de encarar um desafio, saia de cena discretamente. Diga algo do tipo: "isso é interessante", ou faça uma pergunta que o leve a uma área da qual poderá dar conta.

Regra #3

Quando alguém começa a gritar, mantenha-se em silêncio. Não responda até que os gritos cessem. Utilize esse período se concentrando para refrear as emoções e acessar o córtex pré-frontal. Se gritar de volta, a outra pessoa encontrará justificativa para continuar gritando, e ambos afundarão numa espiral de insanidade conjunta.

Regra #4

Aprenda a falar a mesma língua. Seja porque você é do outro sexo, por ser de tipo Myers-Briggs diferente, por uma cultura diferente ou modo de aprendizado diferente, ou por qualquer outra razão, duas pessoas nunca têm estilos de comunicação idênticos. Se definirmos comunicação como duas ou mais pessoas usando um sistema comum de símbolos para o intercâmbio de ideias, rapidamente perceberemos onde reside o problema: *comum*. Essa é uma lição importante, esteja você querendo ganhar a qualquer custo ou apenas discutindo em prol de uma relação melhor. Se você for do tipo de personalidade SJ, que valoriza segurança e linhas temporais, e se casa com um NF, pode contar com alguns reveses. A clássica discussão "direto ao assunto" de Archie/Edith pode surgir a toda hora em um lar composto de uma pessoa que filtre os pensamentos por eventos e outra que os filtre por tempo. Queira você buscar um melhor relacionamento, queira apenas dominar as discussões, essa é a coisa mais importante a se aprender.

COMO VENCER POR VENCER

Se sua meta for apenas vencer, faça perguntas para redirecionar a discussão. Frequentemente, a maneira mais rápida de redirecionar é devolver a questão ao questionador:

"Como você pôde deixar o Johnny ir a uma festa daquela?"

"Por que você deixa sobre mim toda responsabilidade parental?"

O caminho mais eficaz é redirecionar a discussão para que os defeitos mais graves da outra pessoa recebam os holofotes. Seu marido começa a conversa repreendendo-a por causa de uma ralada no carro. Rapidamente, você torna os defeitos dele o centro das atenções. O descuido de seu marido já causou um acidente pior? Ele é negligente com relação à manutenção do carro? Quantas multas tomou para os valores do seguro terem aumentado tanto? Essa é uma maneira baixa, obscura e má de vencer, mas você vencerá. Certamente, ele não vai querer falar sobre os próprios defeitos – ninguém quer; ele quer falar sobre os seus. É claro que, se você escolhe lidar com a discussão dessa maneira, significa que valoriza mais a vitória do que o relacionamento.

Uma versão menos agressiva de redirecionar uma conversa é arrebanhando-a de modo a forçar a pessoa a sair do modo cognitivo e entrar no pensamento reativo. Chamo isso de arrebanhar, pois observei meus cães arrebanhando animais na fazenda e notei que os cachorros não conduzem o gado constantemente. Como diria um piloto, eles fazem correções no curso. Levam os outros animais em determinada direção e, depois, deixam que sigam livremente. Quando os cães percebem que chegou o momento de os animais virarem, então redirecionam o rebanho nessa direção. Fazer isso durante uma conversa permite a você "vencer" – isto é, obter pontos lógicos. Enquanto manobra o curso para lá e para cá – curso que você determinou –, a outra pessoa pode acabar falando algo que vai acabar com o argumento dela. Faça o que a mídia faz a toda hora: cite a pessoa fora de contexto. Quando a mídia acusou Mitt Romney de dizer: "Não estou muito preocupado com os mais pobres", eles o citaram fora de contexto. O contexto era: "Não estou muito preocupado com os mais pobres. Contamos com uma boa rede de proteção para eles. Se precisar ser reparada, eu vou consertá-la".

O padrão segue assim: conversa lógica; manobra que desperta alguma emoção, reduzindo, assim, a habilidade de discutir logicamente; investigar palavras ou ideias que lhe forem úteis; obter o que deseja.

Quando estávamos filmando um programa com prisioneiros voluntários para o Channel 4, na Inglaterra, julguei que um brilhante jovem nascido no Paquistão fosse um terrorista suspeito. Perguntei-lhe sobre ter organizado terroristas, e ele disse algo do tipo: "não há a possibilidade de eu ter feito uma coisa dessas. Eu sou um garoto. Não tenho essas habilidades organizacionais". Deixei passar naquele momento e resolvi usar isso mais tarde. Comecei a indagá-lo sobre suas lealdades. O jovem se descreveu como muçulmano e britânico. Perguntei-lhe o que era mais importante, e ele disse que era o islã. Continuei pressionando: "Qual dos dois é mais importante, Inglaterra ou Paquistão?". Ele respondeu que pertencia aos dois, então não conseguia escolher. "Como você faria para escolher se os dois entrassem em guerra, por qual você lutaria?" "Eu escolheria o que fosse mais justo", disse o rapaz. Então, usei contra ele suas próprias palavras: "Justo? Seu arrogante filho da mãe! Você está querendo se equiparar a Deus para determinar o que é justo, mas não passa de um garoto que não consegue organizar um punhado de gente?". Aquilo o incomodou, então ele respondeu com a alegação de que se basearia no julgamento de alguém em quem confiasse. Naquele ponto, eu o peguei.

Se tivéssemos continuado uma conversa lógica, jamais teríamos chegado àquele ponto de ruptura. A manobra pressionou sua habilidade de pensar, de puxar pela memória, portanto, tudo o que o jovem podia fazer era reagir. Como ele constatou, é difícil argumentar contra as próprias palavras. E, para o alvo da tática, nem pareceu que ele havia sido citado fora do contexto; a sensação era a do mesmo contexto, pois aconteceu durante a mesma discussão.

Arrebanhar uma conversa pode parecer duro, mas você provavelmente já fez isso de modo natural muitas vezes. A técnica envolve lançar ao vento pistas da própria fonte quando não se quer falar sobre um assunto, assim você conduz a conversa para outro lado. Nesse exemplo, a conversa envolve um aspecto conflituoso, sendo a técnica uma ferramenta para finalizar a disputa com a vantagem. Se seu "oponente" descobrir qual é o plano, você perde, é claro.

Uma tática que os interrogadores utilizam para deixar os prisioneiros num estado límbico extremo é usar preconceito e zombaria. Quando eu era garoto, as pessoas zombavam de mim por causa de meu cabelo ruivo e de minhas orelhas grandes. Quando adulto, passei da idade de me irritar com piadas sobre ruivos e orelhudos. No entanto, esse tipo de chiste incomoda muitos homens e mulheres já adultos, pois toca num ponto sensível para eles. Para algumas pessoas, ridicularizá-las por conta de uma pequena deformidade ou pela cor da pele é uma bobagem que evapora assim que chega aos ouvidos. Para outras, é sinal de "vamos cair na porrada", e uma onda enorme de emoções começa a tomar conta da pessoa. Elas não têm como evitar, porque não foram treinadas para conter as emoções. Uma de suas defesas ao discutir deve ser ignorar cada provocação e cada impropério, como se a pessoa que acabou de esbravejá-los tivesse apenas latido, gorjeado ou feito algum outro som sem sentido.

SABOTANDO UMA DISCUSSÃO

Perguntas controladas, perguntas repetidas, perguntas vagas – todas essas são ferramentas necessárias para interromper uma situação em que há uma pessoa atacando e outra se defendendo. É importante sabotar uma discussão, porque você não está preocupado em vencer e acha que nada de produtivo pode resultar disso. Uma boa hora para sabotar uma discussão é quando os dois já tomaram alguns drinques a mais.

A principal tática envolve mudar a direção da conversa, principalmente se quiser parar de abordar um assunto espinhoso ou um ponto que causa desconforto. Apegue-se a um comentário que permita uma bifurcação na história e siga pelo outro lado. Digamos que você é um ambientalista e comenta já ter tido um Mustang antes de se dar conta de que poderia economizar gasolina com um Honda Civic, e você é assertivo quanto a questões como poluição, responsabilidade civil e... "Mustang? Não sabia que teve um Mustang. De que ano era ele?"

"2002."

"Eu tive um 68. Era uma porcaria. As janelas caíram. Tive que comprar janelas novas. E essa nem foi a pior parte. As janelas foram fáceis de encontrar, mas as borrachas de vedação simplesmente não existiam. Então acabei usando uma cola na janela, mas ficou tudo enferrujado em volta. Levei dois anos para tirar a ferrugem, e depois joguei aquela porcaria fora."

Para ser educado, você provavelmente responderá ao meu comentário, e, quando eu retrucar, vou afastá-lo ainda mais do tópico. Para tornar essa tática ainda melhor, não direi nada que estimule a lógica e levarei você de volta ao tópico original.

Inverta a perspectiva. E se fosse você a pessoa querendo provar algo e alguém o tirasse do curso? Um jeito para fazer isso seria fixar-se numa palavra ou conceito, como "borracha de vedação". Seria possível seguir a via do ignorante e me interromper com: "O que é borracha de vedação?". E, quando eu terminasse de responder, você simplesmente voltaria ao ponto. Ou poderia se arriscar: "Esse problema não existe mais. O eBay tem tudo para carros antigos". Só então você volta para o seu ponto.

Capítulo 10

VOCÊ ESTÁ APAIXONADO OU EM CATIVEIRO?

CHOQUE DA CAPTURA

A primeira vez que você ouve, e talvez sinta, o abuso por parte de seu cônjuge, acontece o choque da captura. Como você pode se manter racional? Esse é o equivalente emocional de ter um capuz jogado sobre a cabeça e seus braços e pernas amarrados com uma corda no meio da noite. Você é o equivalente daquele guitarrista/soldado de uma banda de garagem, caminhando pela floresta durante uma patrulha sem esperar uma emboscada. Sua mente não tem uma caixa de correio para armazenar os dados da nova e esmagadora experiência.

Os motivos para se entrar num relacionamento variam de acordo com nossas necessidades e desejos, mas um fator que as pessoas têm em comum é que elas não entram num relacionamento para perder. Depois do choque da captura, o cérebro faz de tudo para voltar à vida e encontrar razões pelas quais esse incidente não é um sinal de fracasso. É só um mal-entendido, um problema que pode ser resolvido amanhã.

O desalinhamento de expectativas – a sensação de andar sobre cascas de ovos – figura com destaque nesse cenário. O captor muda constantemente as expectativas para estabelecer o papel de ser perfeito.

Interrogadores são agentes profissionais da ansiedade; a única diferença entre eles e os maridos e esposas abusivos é a palavra *pro-*

fissional. O cônjuge abusivo estabelece expectativas irreais e, depois, por meio de gentilezas e manipulações, cria inquietude, assim a pessoa não sabe o que virá a seguir. Os direitos naturais do relacionamento, como honestidade e a expectativa de que gestos bem-intencionados não levarão a tortura física ou emocional, são violados. Qualquer um que esteja numa relação pessoal tem esses direitos.

No entanto, qualquer um que esteja numa relação de interrogatório não tem esses direitos, e é por isso que o abusado e o abusador têm tanto em comum com o prisioneiro e o captor. A principal preocupação de um refém – autopreservação – faz com que só uma pergunta norteie virtualmente todas as suas ações: "Estou fazendo a coisa certa ou a coisa errada?". Assim como na relação entre prisioneiro e guarda, só o captor pode responder essa pergunta. Assim como o prisioneiro que foi capturado e levado para o cativeiro, a pessoa abusada é agora dependente de novas informações para definir um papel desconhecido. A pessoa abusada dá *feedback* ao abusador da mesma forma que o prisioneiro dá ao guarda.

Digamos que você esteja em uma situação fisicamente extrema. Seu parceiro dá tapas, bate em você e encontra várias maneiras pérfidas de deixá-la desconfortável fisicamente. Você é forçada a entrar no modo límbico. Sua amígdala está em sobrecarga, então você exibe constantemente os efeitos da emoção negativa. Esse estado permanente desgastará sua saúde, sua aparência e sua mente. Você irá figurativamente, e talvez literalmente, tropeçar pela vida, sem saber direito o que é certo ou errado.

Digamos que esteja numa versão extrema da situação a partir de uma perspectiva emocional. Talvez você não exiba os traços físicos do abuso, mas apresenta características idênticas às do prisioneiro de guerra, capturado no campo de batalha e conduzido através dos portões do inferno e adentrando o complexo do inimigo. Ao fazê-lo, você ouve constantemente, de alguma forma, "Seu idiota. Sua besta. Você não chega aos meus pés; é impossível". Em certo momento, isso começa a afetá-lo e você se sente sem qualquer valor.

Nos dois exemplos, quando você mergulha numa percepção de

que não vale nada, sua resistência a qualquer tipo de pressão começa a cair. Você tem os aparatos de uma vítima, os rituais de uma vítima, assim você facilmente preenche o papel de uma vítima. É assim que você se adapta à situação. Você confere ao "guarda" – isto é, seu parceiro ou parceira – os poderes máximos para ditar como e quando você se ajustará a ele ou ela. A pessoa o leva a esse ponto, pois sua meta é realizar a remoção sistemática de sua identidade. Invariavelmente, um elemento-chave desse fenômeno é o enclausuramento da vítima – separação da família e dos amigos. Você começa a internalizar cada palavra, porque não tem informações advindas da família e dos amigos sobre sua inteligência, charme, aparência e valor. Quando você é sequestrado, assim como o prisioneiro, você começa a ver tudo em preto e branco. Se você queimar o jantar, deve ser uma péssima cozinheira. Um acidente de carro e um jantar queimado significam que você não faz nada direito. A dança da sua vida cotidiana e o papel que você desempenha nela fogem do controle. O resultado final é que tudo se torna pessoal. Um ataque a um de seus filhos pode chegar a ser um alívio, e você pensa: "Pelo menos desta vez não foi comigo".

Da mesma forma que um prisioneiro de guerra, você começa a pensar que um ambiente dominado por um guarda é normal. Você sequer percebe enquanto a situação piora cada vez mais. Essa é a versão humana daquele mito sobre os sapos: ponha um sapo numa panela de água quente e ele pulará para fora. Ponha-o na água fria e eleve a temperatura aos poucos; ele não vai perceber a mudança e ferverá até a morte. A propósito, isso não é verdade, portanto aja como um sapo de verdade e pule quando a temperatura subir!

Como você acabou se tornando a vítima e o que fazer sobre isso?

Para o propósito da nossa discussão, digamos que você só tirava A na escola, era a capitã da equipe de líderes de torcida e graduou-se com honras em Química. Seus pais a consideravam a criança modelo para seu irmão caçula, um garoto obeso que não se dava bem nos estudos. Para você, o sucesso parecia inevitável. Você casou com um lindo advogado e teve dois filhos, mas, lá pelos trinta anos, sua vida se tornou um inferno. Ele nunca bateu em você, mas você passa todos os dias sob o terror do abuso verbal – ele critica de maneira implacável suas roupas, sua comida e sua celulite. Você continua achando que ele só dizia essas coisas para ajudá-la, para melhorá-la. É claro que ele ama você; caso contrário, ele nem se importaria. Assim sua vida segue até que a morte os separa. O que houve?

Esse é um cenário que vi muitas vezes com prisioneiros: sua caixa interior contém orgulho pelas conquistas/medo de fracassar. Eu colho os fatos enquanto converso com você sobre suas conquistas, e vejo a dor no seu rosto e corpo quando falo sobre um fracasso, como ter sido capturado. Faço coisas simples baseadas no seu medo de fracassar para manipulá-lo. Coloco duas latas de comida na sua frente e digo "Escolha uma. Essa será sua refeição de hoje". Você escolhe uma e está vazia. "Opa. Que pena, você escolheu a errada". É claro, as duas latas estavam vazias. Ele vai receber o jantar assim mesmo (é ilegal negar comida a um prisioneiro), mas ainda assim provei que ele é um fracasso, pois darei a ele um jantar por pena. Mostrei como sou ótimo e magnânimo; afinal de contas, eu sou o modelo. Um incidente após o outro, eu o convenço: "Você está errado. Eu estou certo". Lembre-se sempre de que seres humanos precisam de interação. Mas se a única interação humana que você tem é comigo, um homem habilitado na arte de destruir sua autoestima, sua necessidade está sendo suprida de maneira doentia, o que, por fim, acabará com aquele ímpeto dentro de você. Convenço-o de que a única maneira de se sentir digno outra vez é colaborando comigo, e você começa a acreditar em mim. Essa é a Síndrome de Estocolmo. Faça o que eu quero e me diga o que preciso saber, e você recobrará sua pessoalidade.

O marido do cenário não está, necessariamente, perseguindo-a de forma deliberada, embora alguns cônjuges saibam exatamente o que fazer para exercer seu poder sobre as companheiras. Contudo, independentemente de sua motivação ou nível de consciência a respeito disso, você está no cativeiro.

Agora acrescente uma complicação: você tem um caso com o professor do seu filho. Ele sempre a elogia por ter criado um aluno tão exemplar e um garoto tão educado. Ele valoriza que você sempre chega na hora para as reuniões de pais e mestres. Talvez ele até seja bonitão, mas o que mais lhe atrai nele é a forma com que ele honra o que existe dentro da sua caixinha: orgulho pelas conquistas/medo de fracassar.

Essencialmente, isso em nada difere da prática de mandar entrar o "policial bonzinho" depois de ter lhe exaurido em um interrogatório. Surge um colega de fala mansa que a corteja: "Alguém tão brilhante quanto você precisa saber disso...".

Fuja do cativeiro

Há diversas maneiras lógicas de se libertar de um relacionamento aprisionante, e há maneiras bizarras. Infelizmente, as últimas parecem muito mais fáceis. A vizinha de um amigo se sentia abusada pelo marido, então ela o denunciou para a polícia por molestar seus filhos pequenos. Na mente dela, essa mentira descarada era justificada. Sua mente lhe disse que a autopreservação tinha precedência sobre todo o resto, e que esse estratagema exploraria a lei para mantê-lo longe de casa.

Não posso lhe dizer como sair de seu relacionamento abusivo, mas posso afirmar que informações externas são absolutamente essenciais. Você não pode recorrer ao seu próprio julgamento da situação para ter uma visão mais clara; peça ajuda. Posso oferecer técnicas para rebater uma pessoa que faz você se sentir uma prisioneira, numa tentativa de ajudá-la a restabelecer um pouco de pensamento cognitivo. Elas são baseadas na noção de que você tem consciência de que a pessoa tentou, consciente ou inconscientemente, condicioná-la a aceitá-lo como uma figura de autoridade suprema e que você precisa tomar atitudes práticas para mudar isso.

Comece tentando mudar as regras gerais sobre discussão, críticas e até papos descontraídos.

- **Só discuta sobre assuntos dos quais tenha domínio (ver Capítulo 9)**: neste exato momento, uma horda de psicólogos e conselheiros matrimoniais querem minha cabeça por dizer a você como discutir com seu cônjuge abusivo. Em resposta, só posso dizer que este é um livro sobre técnicas de interrogatório para investigar, defender, sobreviver e prosperar. Deixo a terapia com os terapeutas.
- **Não fique na defensiva**: ao filmar *We Can Make You Talk* para o History Channel, uma das prisioneiras era uma americana exuberante, descendente de uma família do Sri Lanka. Em uma abordagem de jogar o orgulho para baixo, que é o que o mau marido faz nesse tipo de cenário, um dos interrogadores zombou de seus "quadris largos de parideira". Olhando bem nos olhos dele, ela respondeu que gostava de ter quadris de parideira, pois ela queria ter filhos algum dia.
- **Aprenda a sabotar uma discussão que está esquentando:** essa é uma técnica comum em coquetéis que também pode ajudar a evitar uma discussão dentro de casa. Você percebe estar sendo sugada para dentro de uma conversa sobre um discurso político controverso, então você pega uma única palavra ou frase e persegue uma direção diferente: "Minha prima assistiu a esse discurso um dia antes de dar à luz suas gêmeas". Dessa forma, você corre o risco de suscitar uma crítica sobre "como você não consegue seguir uma linha lógica de pensamento"ou qualquer coisa que soe "você é muito burra para essa conversa". Esteja preparada para isso, e deixe que sirva como lembrete de que precisa procurar ajuda de um terapeuta imediatamente.

SEÇÃO IV: APLICANDO AS FERRAMENTAS AOS NEGÓCIOS

Capítulo 11

TOME AS RÉDEAS DA SITUAÇÃO

A orientação proposta neste capítulo visa focar na participação e na organização de reuniões e encontros que tenham propósito, assim como o tiveram minhas "reuniões" com prisioneiros. Além disso, este capítulo também ajudará o leitor a encontrar utilidade em reuniões recorrentes de trabalho que, independentemente de terem ou não qualquer ponto relevante a ser discutido, costumam acontecer com frequência.

PLANEJAMENTO E PREPARAÇÃO

A maioria dos empresários que conheço diz nunca ter sido aconselhada sobre esta importante questão: antes de qualquer reunião empresarial, explore todo tipo de documentos disponíveis sobre a pessoa ou companhia. Leia artigos, pesquise referências on-line e o que mais estiver disponível para adquirir o máximo de conhecimento prévio sobre a pessoa (ou empresa) com quem vier a se encontrar. Mas como eu sei que a maioria das pessoas não faz isso? Porque, em nossos encontros, elas sempre tagarelam sobre si mesmas e fazem perguntas superficiais sobre mim. Se tivessem pesquisado o mínimo, saberiam que sou um consultor de negócios diferente justamente por ser um especialista em interrogatórios, assim não perderiam tempo com perguntas vagas e irrelevantes.

Muito do que você aprende sobre seu "objeto de estudo" talvez nunca venha à tona durante a conversa, mas seu conhecimento profundo pode vir a afetar o modo como alcançará o resultado desejado.

Pois bem, depois da leitura de artigos e quaisquer outras referências encontradas, questione pessoas que já tenham se relacionado previamente com seu contato principal, ou seja, indivíduos que tenham trabalhado ou tido contato com seu "sujeito" no passado por meio de conexões sociais ou empresariais. Tenha em mente que não entregar todas as informações de primeira é uma característica da natureza humana, por isso, o fato de, ao serem questionadas, as pessoas, muitas vezes inconscientemente, deixarem de fornecer alguns detalhes sobre seu interesse principal é normal. "O que mais você pode me contar sobre essa pessoa?" é uma boa pergunta para obter fragmentos pertinentes de informação que inicialmente ficam guardados.

Interrogadores coletam informação de pessoas próximas ao prisioneiro – nesse caso, os guardas. No mundo dos negócios, contudo, os colegas de trabalho fazem a vez dos guardas. Se você tiver acesso a um deles – à recepcionista, por exemplo –, é possível, casualmente, fazer perguntas que contribuirão para que seu encontro corra com mais tranquilidade.

"Tenho uma perguntinha breve sobre nossa reunião amanhã. A pessoa responsável pode me atender agora?"

"Não será possível, ela está em reunião pelos próximos trinta minutos."

"Ela parece uma pessoa ocupada. Viaja bastante também?"

Com tais abordagens, as pessoas associadas, mesmo sem querer, lhe darão mais informação sobre sua fonte primária do que ela mesma faria em uma reunião.

Você deve realizar essas perguntas não apenas para adquirir *insights* sobre os diferentes papéis daquela pessoa, mas também ter uma ideia de suas prioridades e entender o modo como ela trabalha. Esse tema será mais aprofundado a seguir.

Outros elementos críticos de preparação incluem as seguintes orientações:

- **Instrua meticulosamente qualquer pessoa que você leve à reunião:** certifique-se de que um não interrompa o outro e que ambos saibam quem define as regras, quem faz as perguntas difíceis e quem encerra a reunião. Combine sinais que indiquem quem assume a parte seguinte da questão, quem será o responsável por comprar o almoço ou quaisquer outros assuntos que possam surgir.
- **Tenha seu material de apoio à mão:** não fique vasculhando seus pertences em busca de uma tabela e nem perca tempo fuçando nos arquivos do seu computador procurando o documento de que precisa.
- **Vista-se de acordo:** suas ideias precisam assumir um papel e refletir em você como um todo. Dessa forma, escolher uma vestimenta que cause boa impressão faz toda a diferença. Você pode parecer pretensioso, subserviente, profissional, sexy, infantil, desleixado, tudo depende do traje escolhido, da cabeça aos pés.

SELECIONANDO AS MELHORES TÁTICAS PARA EXERCER INFLUÊNCIA

Nos negócios, os elementos usados para exercer influência espelham aqueles usados com prisioneiros. Contudo, cada fator exige uma abordagem diferente. É claro que você não vai gritar e nem dar socos na mesa quando estiver lidando com uma situação de negócios. Ainda assim, pode ser categórico ao mostrar com bastante clareza e magnitude todo o impacto do problema antes de se oferecer para consertá-lo. Lembre-se de que a tática para ganhar influência deve ser trabalhada apenas depois, quando todo o resto já estiver em prática. Entender e conhecer o estilo, o tipo, a posição e as necessidades daquela pessoa lhe possibilita também encontrar o ponto fraco dela. Deve-se chegar a um ponto extremo: nele, você será a única pessoa capaz de solucionar o problema do outro; caso contrário, ele continuará a sofrer sozinho. Esse método é a ferramenta que o ajudará a criar, aumentar ou suturar essa ferida – por um preço.

Ao participar de uma reunião, tenha pleno domínio dos seguintes tópicos:

- **Estados físicos e mentais:** um CEO cuja empresa está no topo do mercado de ações e acabou de sair na capa da *Forbes* terá um tipo de estado mental. Por outro lado, o CEO de uma companhia em queda estará desesperado e obcecado por solucionar seus problemas. O estado mental também pode influenciar o conforto físico da pessoa, o que geraria uma necessidade de se cercar de mordomias reconfortantes. Contudo, tanto a idade como a experiência podem mitigar essa necessidade.
- **Idade e experiência:** há quanto tempo essa pessoa está em sua posição atual? Por quanto tempo esteve em uma posição similar? Um executivo que já tenha trabalhado com muitas empresas de alto nível talvez não se abale com a queda do mercado de ações. Na verdade, se essa pessoa for mesmo um funcionário exemplar, vai se ver exatamente onde gostaria de estar, pronta para explodir de genialidade e poder. Mesmo sem ser perita na área, uma experiência de gerenciamento de problemas a longo prazo pode ter causado ótima adaptação ao estresse, assim como prisioneiros de longa data desenvolvem mecanismos de autodefesa para se tornarem menos sensíveis ao próprio enclausuramento.
- ***Background*:** essa pessoa construiu a empresa do zero ou cresceu por meio de outras companhias, assumindo a liderança de um novo lugar? Ela teve seu ponto de partida no maior escalão do poder corporativo graças a algum mentor ou a algum contrato de sorte? O contraste aqui ocorre entre alguém que sente muito orgulho e confiança na própria posição e alguém que ainda está tentando encontrar seu lugar no mundo corporativo.
- **Duração do encontro:** você passará uma hora ou uma tarde com essa pessoa? É alguém que você verá todos os dias por

um período de tempo? Se não tiver certeza da resposta para essas perguntas, então perdeu o seu poder de influência – você não é mais o interrogador, agora é o prisioneiro.

REGRAS BÁSICAS PARA UMA REUNIÃO

Quantas vezes você se sentou em uma sala de espera e aguardou o início de uma reunião se perguntando se o objetivo de tal encontro seria impedir o progresso da empresa, postergar ações, atrapalhar o cronograma ou acariciar o ego de alguém? Tudo isso parece bastante similar com o que um prisioneiro habilidoso faria na hora do interrogatório. Sendo assim, não permita que sua reunião seja minada. Crie algumas regras para você e para qualquer outra pessoa que seja sua interlocutora nesse encontro.

Já no começo, verbalmente informe os tópicos aos participantes, ainda que já tenham sido notificados por e-mail ou por meio de algum aviso formal:

- Cronograma.
- Tempo disponível para discutir o cronograma.
- Como passar de item a item do cronograma (apresentações, uma abordagem "orgânica" guiada por meio de discussões, e assim por diante).
- Problemas ou questões difíceis que serão discutidos.
- Papéis que todos devem assumir (especialistas em determinados assuntos, consultores, secretariado etc.).
- Resultados desejados.

Lembre-se de que a autoridade é algo dado, não exigido. Em outras palavras, são as outras pessoas, por meio da maneira como respondem a você, que lhe conferem autoridade. Ao deixar claro que há um plano para a reunião, ainda que esteja cercado de inimigos, as pessoas se sentirão inclinadas a enxergá-lo como uma figura de autoridade.

Em uma reunião entre duas pessoas, na qual você é a encarregada de expor seus argumentos à outra que tomará as decisões da empresa, por exemplo, é possível usar a mesma técnica, embora de modo mais sutil:

- **Cronograma:** "Obrigada por aceitar me encontrar para discutir o contrato".
- **Tempo disponível para discutir o cronograma:** "Nós tínhamos combinado quarenta minutos. Esse período de tempo ainda é válido?". Use palavras que tenham significado e soem como obrigação.
- **Como passar de item a item do cronograma:** "Tenho algumas perguntas preparadas. Tudo bem se começarmos por elas?".
- **Peça *sugestões* à pessoa com relação às listas de seu cronograma:** isso faz com que a lista também seja dela.
- **Problemas ou questões difíceis que serão discutidos:** "Essas são as questões-chave que eu gostaria de debater. Tem algo que você gostaria de acrescentar?".
- **Papéis que todos devem assumir:** antes mesmo de entrar na reunião, você decide se será o dançarino que conduzirá ou se seguirá os passos do outro. Será o dançarino com passos inovadores e diferentes, ou aquele que segue os passos de dança marcados com pegadas no chão? Também cabe a você decidir com quem quer dançar e qual será o papel de todas as outras pessoas do grupo.
- **Resultados desejados:** "Espero resolver todas as suas preocupações e dar respostas diretas a todas as suas perguntas, a fim de que você consiga tudo o que deseja com esse contrato".

LOCALIZAÇÕES PARALELAS AO SEU OBJETIVO

Você com certeza já ouviu falar dos três aspectos mais importantes no ramo imobiliário: localização, localização e localização. O local que você escolhe para sua reunião também é muito importante, assim como o tamanho do seu território.

A posição que você assume à mesa importa. Se não importasse, por que as figuras tradicionais paternas sempre se sentariam à cabeceira da mesa? Por que os presidentes corporativos sempre se sentam à cabeceira da mesa? Simples, porque isso importa. Marcar e estabelecer o próprio território são questões primordiais para os humanos, assim como para os outros primatas.

Ao escolher um lugar para se sentar durante uma reunião, escolha um que o ajude a causar a impressão certa. Isso não significa que você deva agir como se fosse conduzir a reunião, se não for esse seu trabalho. Muito pelo contrário, ao se encontrar com um cliente, por exemplo, você fará questão de lhe oferecer a cabeceira da mesa, esperando que ele se sinta honrado com a posição.

Geralmente, quando as pessoas chegam para uma reunião e começam a espalhar seus papéis, suas pastas e celulares na mesa, elas estão reivindicando aquele território. Assumem uma postura ereta – mesmo sem perceber – e tornam-se maiores, mais altas, mais altivas. Inconscientemente, o grupo presta atenção nos lugares à mesa e acredita que as pessoas sentadas nos melhores lugares são as mais importantes.

Um amigo meu trabalhou por muitos anos como consultor de empresas comerciais de grande porte. Por acreditar que cada uma das trinta pessoas sentadas à mesa era um membro importante da companhia, o anfitrião arrumava as cadeiras de modo equidistante. Quando as pessoas entravam na sala, viam que os lugares eram todos paralelos. Contudo, a consultora sempre tinha folhas de apoio e panfletos para entregar ao grupo. Sendo assim, vendo seu território invadido por pessoas dos dois lados, reivindicando seus materiais de apoio e seu espaço, ela começou a pedir uma mesa extra para organizá-los. Essa atitude de tomada de território tornou-se tão corriqueira durante as reuniões, que, automaticamente, o próprio grupo cedia mais espaço a ela. Como consequência, ficavam ansiosos para receber os panfletos, pegando-os antes mesmo do fim da reunião. A consultora causava uma dupla impressão: a de ser uma pessoa importante (por precisar de mais território), mas também de ser generosa (dava aquilo que eles queriam).

Quando convocado para uma reunião, sente-se sempre do mesmo lado da mesa em que se sentou a pessoa responsável pelo encontro. Se possível, sente-se ao lado dela. Essa proximidade leva a dois resultados: criar uma associação entre você e aquela figura de autoridade, e tornar menos provável um confronto direto entre vocês dois. Além disso, caso você esteja em pé, fazendo uma apresentação, e seja confrontado por alguém da sala, caminhe até aquela pessoa. Fique parado na frente dela enquanto conversam. Quanto mais perto estiver de uma pessoa, mais difícil será para ela gritar com você. A postura ereta é tremendamente poderosa e intimidante, em especial enquanto você estiver segurando um bastão, figurativamente falando (como autoridade), ou não (ponteiro laser).

Seu objetivo não deve ser reduzir o conflito, mas, sim, saber administrá-lo a fim de realizar uma disputa de poder. Usei essa tática na primeira reunião de *The Guantanamo Guidebook* com pessoas de um canal de televisão do Reino Unido. Assim que entrei na sala, vi uma mesa com formato de ferradura. Em um lado da mesa, estavam sentados a chefe do canal, a advogada dela e seis pessoas da equipe de produção. Do outro lado, estavam um conselheiro militar e o que imaginei ser o psicólogo do projeto – alguém para garantir o bem-estar dos voluntários. Sentei-me ao lado dele. Escolhi aquele lugar intencionalmente para que todas as palavras pronunciadas por mim parecessem ter sido ditas por nós, ou melhor, por ele. Comecei o discurso com: "A primeira coisa com a qual estou preocupado é o bem-estar dessas pessoas. Elas vão sair daqui com muita bagagem. Preciso ter certeza de que serão muito bem cuidadas. Afinal, o processo judicial será de vocês, mas a consciência é minha". Fazendo isso, estabeleci uma preocupação primária que eles não poderiam confrontar. O produtor, então, trouxe à baila a ideia de usar o Alcorão como "arma" de interrogatório. Fui bastante severo: "Ouça atentamente ao que vou lhe dizer. Isso não vai acontecer. Essa é uma questão ética. Não vamos andar com o Alcorão por aí como se não fosse nada. Não tem qualquer relação com o que acredito ou deixo de acreditar. Isso tem relação com a religião de um grande grupo de pessoas, não só com os 'caras maus'". Eles insistiram e insistiram, mas, no fim das contas, o "lado bom" da mesa prevaleceu. Tornei-me um especialista em garantir o bem-estar da equipe e dos voluntários.

LIDANDO COM QUESTÕES CONTROVERSAS

Outro tipo de disputa de poder relaciona-se com a sua intenção de ser indicado para se sentar à cabeceira da mesa. Seus rivais também estarão na reunião. Comparado a eles, talvez você seja relativamente desconhecido na competição. Assim, uma boa estratégia é usar questões controversas para se estabelecer como um criador de alianças. Mantenha-se neutro, mas aponte diretamente como os outros candidatos estão em lados opostos. Se conseguir fazer com que pareçam em desacordo com o resto do grupo, terá a oportunidade de parecer superior a eles.

Por outro lado, se estiver competindo diretamente com outra pessoa e disposto a ganhar a qualquer custo, force-a a entrar em um debate com você. Aborde um tópico que fará com que ela se comporte de maneira emocional. Sua intenção é agir de modo que ela deixe transparecer emoções negativas, que se comporte mal na frente do grupo. Após a altercação, contudo, lembre-a, publicamente, de que o debate é apenas sobre questões gerais, não algo pessoal. Seu objetivo com isso é projetar uma autoridade presidencial para transmitir a ideia, nas palavras de Alexander Haig depois da tentativa de assassinato do presidente Ronald Reagan, de que: "*Eu* estou no controle aqui".[4]

Uma questão comum de discordância nas reuniões é o fato de as pessoas sempre divergirem sobre como se deve resolver um problema específico. Use perguntas controladas, perguntas condutoras

---

4 Alexander Meigs Haig foi um general do Exército dos EUA e Chefe de Gabinete durante os mandatos de Nixon e Gerald Ford, bem como Secretário de Estado de Ronald Reagan. O episódio citado refere-se à tentativa de assassinato sofrida pelo ex-presidente Ronald Reagan, em 30 de março de 1981. Após o atentado, Haig teria dito à imprensa a célebre frase "I'm in charge here", dando a enteder que estaria no comando da Casa Branca enquanto Reagan estivesse em recuperação. (N.E.)

e perguntas repetidas, e tente fazer o grupo refletir sobre elas. Uma coisa é certa: pode-se esperar uma decisão ruim em um grupo no qual o ganhador do debate foi quem fez o maior barulho e causou o maior transtorno.

Em uma reunião individual, ocorrem situações que exigem mais tato, pois costumam envolver medidas disciplinares, ou até mesmo demissão. Ao demitir alguém, você pode se distanciar da ansiedade do momento agindo como se demitisse a função, e não a pessoa. Você deve ser capaz de dizer: "Isso não tem nada a ver com sua personalidade, mas, sim, com seu desempenho". Um elemento de planejamento e preparação pode ajudar nessa situação. Realize aconselhamentos mensais com seus funcionários, independentemente do desempenho deles. Se alguém se sair bem, faça um aconselhamento por escrito. Se alguém se sair mal, faça um aconselhamento por escrito. Escreva tudo o que for bom, à esquerda, e tudo o que for ruim, à direita. Quando aquele funcionário estiver em uma situação delicada, olhe para aquele aconselhamento escrito. Deixe que a folha de papel guie o seu julgamento.

Em uma reunião, independentemente do número de pessoas, se aprender a manipular efetivamente os papéis, você terá um enorme controle sobre as questões controversas. Deve trazer a pessoa certa para a dança e convidar aquela (ou aqueles) com quem deseja dançar. Não é necessário prever que papel os outros vão representar na reunião, mas você pode partir da premissa de que um papel só pode ser mantido enquanto existir contexto para ele. Por exemplo, peça a um ator que esteja interpretando o rei Arthur na peça *Camelot* que atue, de uma hora para outra, em uma obra sobre gangues urbanas. Ele será incapaz de se manter no personagem, pois, ali, ninguém vai tratá-lo como trataria o rei Arthur de *Camelot*. Ninguém ali vai enxergá-lo como a um rei. E se, ainda assim, ele insistir em continuar nesse personagem, a atuação se tornará cômica por conta da discrepância entre ele e os outros atores.

O que o ator precisa fazer para "continuar no personagem"? Deixar o roteiro para trás e redefinir o papel. Em uma reunião contenciosa com um CEO, por exemplo, você pode usar outros aparatos, informações de *background* e os próprios papéis e rituais, a fim de mudar o contexto e forçar uma troca. Aborde questões controversas, torne o problema dele seu, e use linguagem corporal que sinalize força e acolhimento. Como resultado, o CEO volta a ser o cara enérgico e relaxado que não se importava com o conselho de diretores ou com a campanha de um novo produto. Tente trazer à tona a pessoa que um dia deu origem à empresa.

Nas relações pessoais, fazemos isso o tempo todo. Imagine que seu cônjuge chegue em casa depois de um dia estressante de trabalho, ainda no papel de funcionário infeliz. Seu papel é assumir um ar maternal até que ele abandone a carranca e se transforme em uma criança feliz e mimada. O truque, se é que existe um, consiste em se comprometer por inteiro com o papel que você se propôs a assumir, como um bom ator faria.

Tive uma reunião difícil com alguém de uma empresa para a qual trabalhei como consultor. Essa pessoa forçou a barra e me confrontou de um modo que considerei bastante inapropriado. Eu disse: "Olha, conheço seu filho e tenho muito respeito por ele. O nome dele, para mim, é sinônimo de *integridade*". Esse homem passou muitos anos da vida criando o filho para que se tornasse um bom homem, então, ao dizer tais palavras, consegui fazer com que o papel paterno dele tomasse o lugar do papel do homem durão e grosseiro que me confrontava. Naquele momento, apesar da alta posição dele na empresa, retomei o controle, e pudemos seguir adiante.

Capítulo 12

CONDUZA A ENTREVISTA

O objetivo deste capítulo é evitar que você seja a vítima em uma entrevista ou negociação salarial, independentemente do lado da mesa em que estiver. Você deve estruturar a experiência para obter o resultado desejado.

Primeiro, tenha isto em mente: o trabalho envolve diferentes papéis, logo, antes de ir a uma entrevista ou conduzir alguma, assuma o papel apropriado. Em uma entrevista de emprego, você não é o pai, o cônjuge, o paquera, o tenista ou o comediante. Você está vendendo uma solução. Se não houvesse problemas, por que, então, a empresa procuraria alguém que os resolvesse? Descubra a gravidade da ferida e se mostre capaz de curar essa dor.

Outro ponto a considerar é que seu chefe certamente tem expectativas a seu respeito, esteja você perto ou longe do topo de sua empresa. Tal arranjo não é uma via de mão única. Por isso, logo depois de ser contratado, esclareça a seu chefe as expectativas que você carrega. Desde metas postas no papel até levantamentos regulares, deixe claro que tipo de comportamento irá ajudá-lo a realizar um bom trabalho.

CONDUZINDO UMA ENTREVISTA DE EMPREGO

Antes de entrar na entrevista, tenha duas coisas em mente. Primeiro, você não precisa ser o melhor que existe, mas deve ser o melhor pelo preço que está pedindo. Você representa o produto que está vendendo, e este precisa ter um custo-benefício ótimo. Em segundo lugar, saiba que a probabilidade de alguém aparecer com um conjunto de habilidades idêntico ao seu é rara, mas a percepção pode ser a de que muitas pessoas tenham exatamente os mesmos talentos que você. Por isso, você deve se diferenciar da multidão. Responda a esta pergunta: "O que estou trazendo à mesa que outras pessoas não têm?". Se os candidatos com sua experiência e educação apresentarem A, B e C, quais serão os seus D e E? Seu principal diferencial pode ser um bom amigo que trabalhe para o jornal local.... Use isso! Ou, talvez, você fale fluentemente três idiomas. Diga isso e explique a importância dessa competência. Por exemplo, o árabe não é a língua mais útil para os negócios na América do Norte, mas eu não hesitaria em lembrar a um potencial empregador que uma mente capaz de se adaptar a novas formas de pensar é inestimável.

Na entrevista, faça certos movimentos logo no início do processo para estabelecer uma medida de controle. Isso pode ser tão simples quanto se inclinar um pouco quando você balançar a mão da pessoa. Se ela se curvar para trás, a fim de manter o próprio espaço, já está cedendo algo.

Mais do que isso, você precisa se projetar imediatamente como uma pessoa de carne e osso. É muito mais difícil dizer "não" a um ser humano com quem você forjou uma conexão do que a um currículo que, por acaso, tem um rosto e um corpo ligados a ele. Isso mostra o valor do papo de elevador. Só de falar sobre o clima chuvoso ou do fato de vocês dois terem crescido em uma fazenda, é possível cativar o outro. Mas esteja atento a qualquer reação desconfortável enquanto faz isso. A pessoa pode ter tempo limitado para essa reunião e talvez tente sinalizar que você deve chegar rapidamente ao ponto. Nesse caso, corte logo o bate-papo.

Agora, vire a mesa: imagine que você seja o entrevistador. Talvez queira tratar logo dos negócios para poder, confortavelmente, dizer "não". Então, responda à tentativa de bate-papo com uma resposta curta e vá diretamente às questões relacionadas ao trabalho.

Confira imediatamente as barreiras. Elas podem ser uma mesa, um computador, a posição das mãos sobre a escrivaninha – qualquer coisa que esteja entre você e a outra pessoa. Assim, é necessário determinar logo de cara se essas barreiras vão ajudar ou prejudicar a sua entrevista.

Como observado no Capítulo 11, o lugar escolhido na mesa projeta uma mensagem. Na medida do possível, tire proveito disso em uma entrevista de emprego, bem como em reuniões com seus colegas. Chegue cedo para a entrevista; com sorte, alguém vai lhe mostrar um lugar onde você possa encontrar uma ou várias outras pessoas da empresa. A situação ideal é que você permaneça em uma sala enquanto diversas pessoas entram e saem da entrevista. Nesse caso, você pode afastar um pouco a sua cadeira da mesa para remover a barreira e estabelecer uma atmosfera amigável, como se acolhesse alguém no seu espaço. Se possível, incline também a outra cadeira para que vocês pareçam parceiros em uma conversa.

Outra boa alternativa é se posicionar do lado oposto da mesa, caso você veja uma barreira que possa ajudar – por exemplo, escondendo as pernas que você agita quando fica nervoso. Quando coberto da cintura para baixo por uma barreira, você não transmite tanto estresse.

Você também pode usar uma barreira quando souber que várias pessoas irão se encontrar ao mesmo tempo. Nesse caso, é possível colocar as cadeiras dos outros de maneira relativamente próxima umas das outras, do outro lado da mesa, posicionando apenas a sua na outra extremidade, como se aquele fosse o seu escritório e aquela, a sua mesa. Esse arranjo lhe dará, subliminarmente, certa autoridade.

Outra possibilidade é seu entrevistador convidá-lo a se sentar em uma mesa já "marcada" como dele. Por exemplo, pode haver livros e revistas sobre a mesa que fica entre vocês. Essa papelada fortalece a barreira, então você deve se livrar dela o quanto antes. Há duas escolhas: encontrar algum modo de reduzir a barreira ou um jeito de se mover por trás dela. Você pode fazer isso mostrando muito interesse em algo, e então movendo o objeto para o lado. Pode também apenas se sentar em uma cadeira diferente, mais próxima do entrevistador, talvez na premissa de que você gostaria de lhe mostrar algo.

Estabelecer laço emocional (*rapport*) depende da sua preparação prévia – o que você conhece sobre o entrevistador e a empresa – e das informações que você capta por meio da linguagem corporal e de outras mensagens durante a entrevista. Por exemplo, uma mulher segura de si pode se conectar rapidamente, em um nível emocional, com seu potencial chefe (ou cliente) se ela souber que na vida dele há uma mulher com certos traços de personalidade. Vendo uma foto da esposa desse homem em que esta veste um tailleur, ela poderia dizer: "Conheci uma advogada chamada MacDougal. Por acaso ela é a sua esposa?". Se ele disser: "Não, minha esposa é lobista de empresas farmacêuticas", a pessoa passa a ter informações importantes. Se ele disser: "Não, o único contato da minha esposa com doutores é no clube", então isso tem um significado bastante diferente. De qualquer forma, ele está à vontade e atraiu (presumimos) uma mulher profissional bem-sucedida.

Para reforçar a conexão, use uma linguagem corporal que projete características simpáticas, que façam você parecer alguém com quem seria um prazer trabalhar (honestidade, interesse genuíno, energia etc.). Espelhar os gestos alheios ajuda a estabelecer certo nível de conforto, mas você deve ter cuidado para não se tornar uma espécie de mímico. Sorria, mas não aquele sorriso muito chamativo ou amarelado. Use o mais natural, o que os seus amigos veem nos seus momentos de descontração.

Quando você é o candidato, deve ficar alerta a qualquer sinal facial ou movimento do corpo que indique estresse. Essa pessoa está entrevistando você, então, por que ela estaria estressada? Talvez algo em você a deixe tensa, alguma coisa que ela não poderia dizer nem se perguntasse. Talvez ela saiba que você não é a pessoa certa para o trabalho, mas não consiga encontrar uma maneira educada de dizer: "Isso não vai funcionar, você pode ir embora". Se você notar os olhos do seu entrevistador baixos e voltados para a direita, por exemplo, significa que ele chegou a um estado emocional que complicará o seu projeto, a menos que você saiba exatamente como aliviar a dor dele.

Seu entrevistador pergunta sobre uma de suas fraquezas. O que você responde? Deve driblar esse assunto o quanto antes para voltar a um ponto mais vantajoso. Sua oportunidade de trabalho pode ser para diretor de vendas regionais de uma empresa de softwares corporativos, por exemplo. Então lhe perguntam como venderia softwares de gerenciamento de projetos, quando seu forte é, na verdade, comprar softwares. Um caminho possível seria dizer: "Acabei de ler um artigo sobre a complicação que é para os executivos decidir que tipo de gerenciamento de projetos e softwares eles devem comprar. Pela minha experiência, sei que você pode reduzir o aborrecimento de comprar software dizendo...". Uma ótima abordagem é se apresentar com a voz do cliente: "Eu entendo esse sofrimento".

Por outro lado, se você é o entrevistador e percebe essa artimanha, sempre pode voltar para seu próprio planejamento: quais respostas são as mais importantes para você? Se a pergunta sobre o software de gerenciamento de projetos estava no topo da sua lista, então você deve simplesmente dizer: "Muito interessante. Mas como essa lição se aplica ao software de gerenciamento de projetos?". Como entrevistador, você tem uma vantagem inerente. Use isso. Não precisa ser grosseiro, mas sempre pode reafirmar sua pergunta de um jeito diferente. "O que estou procurando é alguém que seja bom em vender o nosso novo produto para grandes e médias empresas. Então preciso saber disso."

Nesse ponto, o entrevistado poderia seguir duas rotas: uma autodepreciativa e verídica, e a outra, mentirosa. Uma admissão autodepreciativa deve ser honesta, mas precisa apresentar algo favorável antes: "Meu conhecimento sobre os requisitos da empresa e as pessoas que tomam decisões de compra são inquestionáveis. Mas, infelizmente, eu não tenho muita experiência com softwares de gerenciamento de projetos". O mentiroso, porém, seguiria uma rota diferente, talvez algo assim: "Vendi dez milhões de dólares em softwares para empresas (essa é a parte verdadeira), e isso inclui muitos softwares de gerenciamento de projetos (essa parte é mentira)". Se você for bom nisso, e souber conduzir.

Um fato patético é que, todos os dias, muitas pessoas conseguem empregos justamente contando mentiras como essa – mais uma razão para estudar as lições deste livro.

Aí vão quatro dicas úteis para uma entrevista de emprego:

1) Mostre-se uma pessoa real: se sua principal motivação para se candidatar a um determinado emprego for ficar perto de casa, melhore sua apresentação de qualificações com uma admissão honesta: "Tenho filhos pequenos em casa e não quero ficar longe deles por conta de viagens longas. Sei que sou adequado a esse trabalho e ficaria especialmente feliz por trabalhar aqui, porque assim estaria perto da minha família".

Certa vez, ao realizar entrevistas para a Trane, perguntei a um homem que queria se transferir para uma posição melhor: "Por que você está na Trane? Você é fluente em mandarim, não é? Se ama línguas, certamente é romântico, e os românticos não cabem bem no negócio de ar-condicionado".

A resposta dele foi elegante e honesta: "Eu vivi o lado romântico da minha personalidade amando minha esposa e minha família". Então eu lhe disse: "Essa é a coisa mais honesta que alguém já me disse em uma entrevista de emprego. Honestamente, isso significa muito para mim". Ele conseguiu o trabalho.

2) Não se desvalorize e evite discutir seus pontos fracos: uma diretora de recursos humanos me perguntou uma vez: "O que você não faz bem?". Eu respondi: "Você não precisa se preocupar com isso. Conheço minhas fraquezas e garanto-lhe que elas não impedirão meu bom desempenho". Como se pode imaginar, isso atraiu chumbo grosso: "Você deve falar de suas fraquezas com seus colegas de trabalho. Isso deixa a equipe melhor". Eu disse a ela que essa era a estratégia dos comunistas. Como Mao Tsé-Tung, ela usava a tática de convencer as pessoas a admitir o que haviam feito de errado.

3) Não basta se sentar e responder. É preciso assumir o controle fazendo também algumas perguntas: "Quais são os seus desafios como empresa? Que tipo de problemas vocês esperam que a pessoa contratada resolva?" Você quer que, depois de sair, o entrevistador acredite que não poderá viver sem você, afinal você entende os problemas dele e deseja consertar cada um deles. Você se distingue dos outros, os que perguntam o que a empresa poderia fazer por eles. Tente pensar nisso como um encontro amoroso. Se sua acompanhante não fizer nada além de dizer quão fantástica ela é, você ficará interessado em um segundo jantar?

4) Não tente ser engraçado: o senso de humor é um traço muito pessoal; o que faz você rir pode facilmente ofender o entrevistador. Em vez de quebrar a tensão e esquentar a sua "plateia", você corre o risco de se queimar para valer.

UMA ENTREVISTA APÓS LONGO TEMPO DESEMPREGADO

Quem não está empregado há um longo tempo preenche o papel de desempregado. Essas pessoas se adaptam a tal condição, não necessariamente por escolha, mas devido às circunstâncias. Então começam a adotar os trejeitos, os pontos de vista e os figurinos de uma pessoa desempregada. Sei disso porque eu fui esse cara quando deixei o Exército pela primeira vez. Tentei encontrar um bom trabalho – realmente tentei –, mas só consegui empregos que ofereciam salário mínimo. Não há desonra nisso, mas eu estava decepcionado comigo mesmo. Eu tinha acabado de deixar o Exército com uma alta distinção em interrogatórios militares e tudo o que conseguia eram trabalhos que não exigiam pensar. Foi quando entendi o que era ter a autoestima trucidada até aquele ponto em que você se transforma em outra pessoa, pois foi exatamente isso que fiz com os prisioneiros que interroguei. Empurrei cada um deles para a aversão de si mesmos.

O processo de desmoronamento é muito simples. Quando falamos de um desempregado, sua imagem como "trabalhador" não é alimentada, então começa a se apagar. Quanto mais tempo você permanece desempregado, mais fraca é a sua imagem de "trabalhador". O mesmo acontece com um prisioneiro de guerra que tinha a imagem de soldado. Sem qualquer colaboração para reforçar esse papel, ele se perde. Isso tira o valor de qualquer pessoa, já que essa imagem representava algo muito importante. Quando você trabalha, parte de sua identidade vem do trabalho e das pessoas com quem você divide suas experiências. Você perde o estímulo que recebia da "colmeia", além de perder certo tipo de inteligência quando trabalha isolado ou desconectado de um grupo, tal como ocorre quando está desempregado.

Estar desempregado também pode isolar você de amigos, afinal, eles têm horários diferentes e renda maior. Desse modo, sua vida muda. Talvez você perca a confiança em seu ser social, pois não convive diariamente com pessoas. Você essencialmente se torna alguém diferente – como se estivesse em um cativeiro. Quando a autopiedade e a impotência crescem, você se torna um prisioneiro. O mundo passa a ser visto em preto e branco, e todas as questões parecem pessoais. Quando sua esposa diz: "O dinheiro está ficando um pouco apertado", você ouve: "Você é um perdedor! É culpa sua não termos mais dinheiro!".

Assim, quando for para a sua próxima entrevista, você precisará de aprovação a todo custo. Encontrará uma figura de autoridade que parecerá a promessa da sua libertação do cativeiro, e você fará o que for preciso para ver essa pessoa feliz. É por isso que a entrevista seguirá rapidamente uma curva descendente. Você responderá às perguntas buscando satisfazer o entrevistador, mesmo que isso signifique não ser honesto. Tudo porque precisa de aprovação. Qualquer entrevistador que ouvir suas respostas logo pensará: "Ele está simplesmente repetindo a descrição do trabalho para mim". Isso porque você não projeta o papel de "trabalhador".

Para fugir desse desespero, é preciso construir um muro entre você e as pessoas que estão desempregadas. Isso é possível quando você desenvolve um novo papel vinculado a algum tipo de realização enquanto não está trabalhando. Quando estava desempregado, por exemplo, eu corri muito. Assim, diariamente conquistava algo, em termos de tempo, distância, ritmo e desempenho. Enfim, aprenda algo, construa algo, passe um tempo de qualidade com seus filhos, seja voluntário em sua igreja ou ajude a cuidar do jardim da sua mãe.

Andy Drews passou quatro anos em uma penitenciária federal, punido por tráfico de drogas no início dos anos 1970. Ao contrário de muitas pessoas, Andy fez com que o diretor soubesse que ele era capaz de consertar carros e caminhões, que tinha habilidades de carpintaria e conhecimentos sobre paisagismo. Ao longo de seu tempo na prisão, o diretor manteve o prisioneiro ocupado, de modo que, quando Andy saiu, ele havia construído um currículo com realizações legítimas. Bill Sanchez agiu do mesmo modo quando era prisioneiro de guerra, durante a maior parte da Segunda Guerra Mundial. Em ambos os casos, quando deixaram o cativeiro, eles estavam mentalmente preparados para entrar na força de trabalho.

Aqui estão três dicas para superar os efeitos de um desemprego prolongado:

1) Escreva um diário enquanto estiver desempregado: a compreensão das mudanças que ocorrem em atitudes, interesses e sentimentos em relação a si mesmo enquanto você não tem um emprego vai ajudá-lo a combater os efeitos nocivos.

2) Sempre que tiver uma entrevista, tenha um sucesso recente na cabeça: pode ser algo tão simples quanto ter corrido quinze quilômetros pela primeira vez. O sucesso confere poder.

3) Tire o foco do seu currículo nos primeiros minutos: deixe claro quem você é. Descreva seu conjunto de habilidades e como elas combinam com os problemas que o contratante deseja resolver.

CONTROLANDO A NEGOCIAÇÃO DE SALÁRIO

Realizar negociações de qualquer tipo se trata de limitar opções. Durante sequestros, por exemplo, os negociadores alcançam seu objetivo limitando as opções dos sequestradores. Estes se fecham em um prédio com os sequestrados. O negociador, então, corta a energia elétrica e o telefone. Mais tarde, fornece aos sequestradores um telefone para que possam conversar. Quando começam a falar, o negociador sai do telefone por um minuto, como se algo mais importante exigisse a sua atenção. Ao fazer isso, ele começa a criar uma expectativa de controle. Assim, passa a limitar as opções dos sequestradores. Aos poucos, estes sentem suas opções minguarem, o que lhes causa uma sensação de desesperança. É quando, oferecendo o mínimo de esperança suficiente, o negociador convence os sequestradores a se entregarem.

Em certo grau, as pessoas exercem controle sobre nós o tempo todo, e fazem isso limitando nossas opções. Você entra em uma padaria e pede um salgado e um pão doce. "Que pena, o pão doce acabou... Que tal um bolo de cenoura?"

Se você combinar a estratégia para limitar opções com o conhecimento de indicadores de estresse, terá controle absoluto em uma negociação salarial.

A Trane me contratou para realizar entrevistas com vários candidatos. Parte da minha responsabilidade era negociar salários. Certa vez, um candidato ficou em minha cabeça por ter um espectro de qualidades desejáveis – acadêmicas, profissionais e pessoais –, mas ele se desvalorizou em razão de alguns pequenos deslizes. Esse homem altamente qualificado cometeu três erros:

1. Revelou o que era importante para ele – ou seja, não ter que se mudar e ficar em casa o máximo possível com o filho. Com isso, ele me deu espaço para barganhar.

2. Apresentou como pretensão salarial algo entre 60 e setenta mil dólares anuais. Ao sugerir que trabalharia por 60 mil, ele descartou qualquer chance de que eu recomendasse um salário de 70 mil.

3. Chegou à negociação sabendo muito pouco sobre mim.

Combinando essas três falhas, ele me deu muitas oportunidades para limitar as opções. Ao mesmo tempo, não criou nenhuma oportunidade para limitar as minhas. Eu também conhecia as técnicas de linhas de base, algo de que ele não fazia ideia.

O ideal é que, no momento em que você chega a uma negociação salarial, já tenha tomado duas providências: conhecer a pessoa com quem está negociando e estabelecer seu valor no contexto desse ambiente. Se você está pedindo um salário especial, quando olhar para o entrevistador, deve saber o que o rosto e o corpo dele fazem conforme ele calcula, cria e reage emocionalmente à sua proposta. Quando eu disse que o homem que entrevistei me revelou o que era importante para ele, eu me referia a uma reação emocional visível quando mencionou o filho. Sem muito questionamento, concluí que trabalhar em casa teria mais apelo para ele do que um salário elevado. A lição aprendida aqui é a de que revelar suas prioridades pessoais, seus pontos sensíveis e suas preocupações pode prejudicar as negociações verbais. Assim, você dá à outra pessoa formas de limitar suas opções.

Uma segunda lição a aprender do seu fracasso é a de que, sendo você aquele que espera algo, não deve ser o único a jogar números sobre a mesa. Geralmente, quem joga primeiro tem a mão mais baixa. Você deve levar o contratante a lhe apresentar alguma proposta. Isso se refere a qualquer tipo de negociação, não apenas à relacionada ao salário. Você quer que o contratante estabeleça um limite. Se este não lhe for razoável, vá para a próxima fase de negociação.

A terceira lição aprendida durante aquela entrevista é a de que se deve projetar o próprio valor. O entrevistado não me comunicou, efetivamente, por meio de palavras ou linguagem corporal, o valor que agregaria à empresa.

Há também uma quarta lição escondida, relacionada ao planejamento e à preparação. Nenhum de nós teve grande controle sobre os números. Ele não tentou alavancar seu montante salarial; ao mesmo tempo, eu tinha uma janela estreita para trabalhar e não podia ultrapassar uma determinada quantia. Ele precisava ter se apresentado com a maior quantidade possível de informações sobre como a empresa remunerava tal posição.

Dependendo de como você lida com os números, ou de quão bem se preparou para a negociação, pode até mesmo usar a minimização. Por exemplo, você pede 52.500 dólares, mas a empresa oferece 52 mil dólares. Você olha para o entrevistador e diz: "Essa é uma diferença de 25 centavos por hora. Nós dois sabemos que eu valho esses 25 centavos adicionais". É possível até acrescentar: "Eu poderia começar a trabalhar agora ou você poderia gastar mais de quinhentos dólares na próxima série de entrevistas". (Uma carta para a sua manga: o ano de trabalho padrão nos Estados Unidos é de duas mil horas. Se o valor negociado está acima de dois mil dólares, então o valor disputado por hora é de um dólar.) No entanto, tenha cuidado, use esse estratagema uma vez apenas com cada pessoa. Se repetir essa mesma estratégia, você passará de um negociador inteligente para um realmente irritante.

Se estiver na outra ponta da negociação, é claro, você também pode minimizar o valor. Ao empregado que pede um aumento, pode dizer: "Você tem bastante tempo de casa, três semanas de férias pagas e bons benefícios. Você arriscaria tudo isso para começar em outro lugar?". Ou, para um candidato, pode dizer: "Você realmente considera desistir dessa oportunidade por causa de 25 centavos por hora?".

Arrecadadores de caridade e vendedores televisivos que atuam em infomerciais sempre minimizam valores. Pense em quando eles lembram que 120 dólares não são mais do que 10 dólares ao mês para ajudar a comunidade, ou quando perguntam: "Uma pele linda não vale 5 dólares por semana?".

Certamente, você deve monitorar as reações alheias à medida que joga esse jogo. Se você lança com segurança uma quantia de 72 mil dólares como salário-base e nota surpresa nos olhos de um entrevistador, isso significa que provavelmente está pedindo muito. No entanto, se você se aproxima do alvo, os olhos dele podem ir para a esquerda, indicando que ele se lembra dos números que esperava propor. Quando os olhos se direcionam para a direita, isso significa que ele está pensando em uma contraproposta. Depois disso, é possível que olhe para a esquerda e para baixo, pois está calculando que tipo de aumento ele pode oferecer. Se, por acaso, você estiver perto da quantia aceitável, mas mesmo assim ele não puder arcar com o valor, os olhos dele ficarão imóveis. É claro que também há a possibilidade de que o entrevistador seja um grande jogador de pôquer e saiba blefar como ninguém. No entanto, se notar a pele dele pálida e os lábios finos de decepção ou estresse, nesse caso, você pode pagar para ver.

Por fim, talvez você esteja negociando um salário ou termos de contrato com alguém que odeia falar sobre dinheiro. O simples pensamento de conversar sobre finanças aumenta o nível de estresse dessa pessoa, então o comportamento dela não se enquadra no processo lógico. Desse modo, sua tarefa é tornar o assunto o menos emocional possível. Ao envolver a pessoa em uma discussão aberta sobre o seu valor e tratar especificamente sobre os fundos disponíveis para pagar você pelo seu alto desempenho, talvez você deixe o interlocutor exausto. Nesse caso, dizer que "são apenas 25 centavos a mais por hora" pode levar a negociação a um âmbito mais intelectual, evitando, assim, uma resposta emocional. Seu objetivo é garantir que as despesas não "machuquem" o empregador, o que pode ser realizado, por exemplo, ao subitamente lembrar a pessoa de que não se trata do dinheiro dela, mas, sim, da empresa.

Um último elemento a considerar em entrevistas e negociações é o quanto você pode fazer a balança pender para o seu lado. Com algumas exceções, a nossa autoridade nos é dada pelas pessoas ao nosso redor, em grande parte devido ao nosso modo de andar e falar. Você, sem dúvida, já conheceu pessoas "no comando" – em seu escritório, seu pelotão ou mesmo na sua casa – que decidiu ignorar porque, apesar de possuírem classificação, não tinham autoridade. Sendo assim, leve sua autoridade com você a uma negociação.

Além disso, fique atento para não deixar o condicionamento cultural atrapalhá-lo. Se está condicionado a pensar que as mulheres não podem possuir autoridade, por exemplo, elas não ficarão a seu favor em uma entrevista de trabalho, em uma negociação ou mesmo na interação cotidiana. Se sua cultura encheu-lhe a cabeça de preconceitos, então você assumirá que as pessoas do outro lado de seu viés ideológico não são dignas de mais dinheiro, não são capazes de tomar boas decisões ou alguma outra ideia estúpida. Tente se lembrar de que você também pode estar do outro lado desse preconceito. Os limites não passam daquilo que você encara como seus limites. Você não terá autoridade a menos que desafie todos os rituais que o impedirem. Onde estaria Oprah Winfrey se ela não tivesse feito isso? Como já afirmei, sua autoridade vem de dentro. Leve isso com você a cada entrevista ou negociação.

Capítulo 13

FECHE O NEGÓCIO

Se for capaz de criar um mercado para seus serviços, você fechará negócios. Como interrogador, eu "crio mercado" ao oferecer soluções para problemas que eu mesmo criei. Para ilustrar o que estou dizendo, vou lhe contar algo pessoal. Quando era criança, tive um sonho em que um homem cortava minha garganta com uma faca. Enquanto eu sangrava até a morte, ele disse ao meu pai: "Sou médico. Posso resolver isso por quinhentos dólares". O negócio foi fechado.

PROSPECÇÃO ATIVA

Certa vez, eu estava viajando com amigos que traziam seu cachorro na viagem, e nós acabamos em um local sem qualquer opção de hotel que aceitasse animais. Como não podíamos simplesmente deixar o cachorro no carro, eu o peguei no colo e caminhei decidido, passando pelo balcão da recepção e subindo para nosso quarto. Ninguém disse uma palavra. Moral da história: aja como se estivesse fazendo a coisa certa e as pessoas raramente irão questioná-lo. Prospecção ativa significa passar pelo porteiro, e isso não vai acontecer se você não o convencer de que tem todo o direito de estar lá com o cachorro nos braços.

Uma prospecção ativa deve ser uma "incógnita" apenas para a pessoa que você está prospectando. Aproxime-se sabendo muito sobre o sujeito, ainda que ele não saiba nada sobre você. É necessário ter informações suficientes para abordar a pessoa e saber qual problema você vai solucionar, que dor aliviará. Vá direto ao ponto; uma tomadora de decisões não vai conversar com você o dia todo para descobrir o que pode fazer por ela. Aposte no básico: planejamento e preparação, assim como as fases do interrogatório: estabelecer controle, estabelecer uma relação (*rapport*), usar táticas para ganhar influência, passar à fase de questionamento, dar seguimento ao questionamento e chegar à conclusão. Esses são os passos firmes rumo ao fechamento do negócio.

OS DOIS LADOS DA NEGOCIAÇÃO DE AUTOMÓVEIS

Em uma típica transação de automóvel, o papel de interrogador é da pessoa que está vendendo. Você quer inverter essa lógica e colocar a si mesmo, enquanto consumidor, no papel de interrogador.

A primeira vez que fui comprar um carro novo foi aos 23 anos. Eu e minha esposa podíamos pagar trezentos dólares por mês e não tínhamos nada para oferecer como garantia. Nós éramos donos de um caminhão batido que mal resistira a um acidente, então parecíamos um casal de caipiras dirigindo pela cidade. Naquela época, minha esposa trabalhava para um cara que tinha um Cadillac, então nós o pegamos emprestado para ir à concessionária. Eu queria passar a impressão de que tínhamos dinheiro. De fato, assim que chegamos, o vendedor correu para nos atender.

Ele se comportou tal qual um interrogador: leu nossas táticas. Se você aparece dirigindo um caminhão amassado e vestindo um macacão, o vendedor pressupõe que está em busca de algo barato. Se aparece vestindo calças cáqui em um Cadillac, ele pressupõe que você é abastado. Logo, ele conduz a abordagem baseada nessa suposição. A ênfase pode estar no motor, no suposto sucesso que você desejaria projetar ou no seu desejo de gastar o mínimo de dinheiro possível – em outras palavras, paixão pela velocidade/performance, massagem do ego e amor-próprio ou a motivação para economizar.

Estabeleça controle antes que ele coloque essa abordagem em ação. Comece com o planejamento e preparação. Determine precisamente quanto você tem para gastar e adeque o valor a um conjunto de requisitos – um conjunto de requisitos por escrito. Parece básico? A maioria das pessoas entra em uma concessionária como vítima da própria falta de planejamento, o que rapidamente as torna vítimas do excelente planejamento de outra pessoa. Portanto, entre nessa com expectativas, assim como o profissional de vendas.

As táticas de seu planejamento e de sua preparação devem incluir impressões de websites, do Livro Azul e de sua lista de verificação pessoal. Esses materiais de apoio lhe permitem assumir o papel da pessoa que fará as perguntas. Tire toda a vantagem possível do fato de poder acessar a internet e descobrir o preço do veículo dos seus sonhos em cinquenta estados e em qualquer país, desde Aruba até a Zâmbia.

Vou sugerir dois estilos para lidar com a negociação de veículos, dependendo do que você considerar mais eficiente para assumir o controle do alvo em particular.

Estilo nº 1

Vá até ele, dê um aperto de mão e se apresente. Quando ele perguntar: "O que você está buscando no mercado, Sue?", responda: "Estou dando uma olhada".

"Tem ideia de algo que lhe interessaria?"

"Sim." E então comece a caminhar pelo *show room* em direção às picapes ou carros esportivos, ou próximo às SUVs, dependendo da categoria de veículo que deseja. Ao fazer isso, você está desalinhando as expectativas do vendedor. Ele se sente pisando em ovos, o que a coloca no controle da situação. Muito provavelmente, ele vai começar a tentar enquadrá-la perguntando quanto você pretende gastar. Nesse momento, a transação é parecida com a negociação salarial: não fale sobre números ainda. Não lhe diga quanto você pretende gastar; exponha seus requisitos. Deixe que ele mostre quais carros disponíveis satisfazem suas exigências.

Controle seu entusiasmo quando estiver olhando os veículos, mesmo diante de seus preferidos. Continue fazendo perguntas que desalinhem as expectativas dele: "Por que esses caminhões estão no fundo da loja?", "Você pode explicar os números de eficiência do combustível neste modelo? Li que foram superdimensionados". Em particular, refira-se ao Livro Azul e aos papéis em suas mãos quando ele responder às suas perguntas. Faça anotações. Marque itens da sua lista.

Especialmente no caso de carros usados, encontre erros específicos no inventário. Quilometragem em excesso; arranhões que fazem parecer que o carro foi enrolado em arame farpado; pintura precária. Questione sobre o dono anterior. Sua abordagem é orgulho e ego para baixo, e assim você o convida a adotar uma abordagem incentivadora.

Não estou encorajando você a abandonar os bons modos. Há um modo de conduzir essa tática que não torna sua negociação um exercício de humilhação. Estou insistindo para que você se mantenha objetiva. Apontar o que está errado com os carros a mantém nessa posição de modo mais efetivo do que focar em quão incríveis eles são. Isso evitará que você perca o controle do "interrogatório".

Passe pelo veículo que você deseja. Revise todos os componentes. Revise suas notas. Então pergunte a ele: "Quais são os preços para o azul, o branco e o vermelho?" ou como você preferir designar os veículos em potencial. Quando o vendedor disser: "Me dê um minuto", a manobra mais clichê para fazê-la sentar e saborear a ideia de ter o carro que você realmente quer; apenas se acomode com suas notas e as leia.

Em resposta ao preço, use a informação de que dispõe: "Por que seu preço está dois mil dólares acima do estipulado no Livro Azul? O que você pode me oferecer para que eu prefira comprar aqui e não em outra concessionária?". Ou pode simplesmente dizer: "Muito caro. Estou disposta a pagar dezoito mil. Não vou dar 23 mil por ele".

Durante essa fase, leia sua fonte. Você percebe alguma emoção transparecendo, algum sinal de estresse? Quando fizer as perguntas decisivas "por que" e "o que você pode fazer por mim", avalie se ele está calculando – ao baixar o olhar para a esquerda, ou talvez inclinar a cabeça – ou se você desencadeou alguma emoção – caso ele baixe o olhar para a direita. O vendedor pode não saber a resposta para a pergunta e, dessa forma, inventar algo, ou ele pode não querer responder a ela. Talvez seja possível baixar o preço, mas ele perderia tanto na comissão que o negócio não valeria o tempo investido para fechá-lo.

Estilo nº 2

Vá até o vendedor, cumprimente-o e se apresente. Quando ele perguntar: "O que você está buscando no mercado, Sue?", comece com um elogio: "Que belo *show room*! Ouvi dizer que você administra um excelente negócio aqui". Em seguida, prossiga com uma crítica: você também ouviu dizer que o modelo que lhe interessa não tem valor no mercado secundário; a lista impressa dos websites em suas mãos atesta o fato. Então, um elogio: mostre-se contente com o modo com que ele tratou sua questão. Crítica: "Infelizmente – você acrescenta – o fabricante foi alvo de problemas de *recall* e o modelo é notoriamente ineficiente no uso do combustível". Elogio: você está satisfeita em ter alguém instruído dando atenção às suas preocupações.

No processo de elevar e baixar a moral do vendedor, você demonstra conhecimento legítimo sobre o carro enquanto desalinha as expectativas dele. Observe a linguagem corporal para ter certeza de que ele está prestando atenção aos seus interesses verdadeiramente, e não inventando respostas na hora. Se o vendedor estiver sendo franco, você pode continuar com a negociação. Se suspeitar de falsidade, dê meia-volta, independentemente do quanto tenha gostado do automóvel. Há outros modelos no mundo.

Agora, a todos os vendedores e vendedoras de carros pelo mundo, chegou a sua vez. Vocês já conhecem discursos de abordagem efetivos, tais como: "Alguém da sua classe merece esse carro", "Depois de criar três filhos, está mais do que na hora de você dirigir um carro que lhe dê prazer" e "Você parece feliz dirigindo esse carro". Muitos de vocês também têm outra atitude certeira em termos de jogar com as emoções dos clientes, mas o fazem por acidente. Em algum treinamento, vocês provavelmente ouviram que a maioria das pessoas é destra, então, quando apresentam os documentos da compra, tipicamente posicionam a caneta à direita do comprador. Isso é mais do que uma conveniência. Seus clientes têm que baixar o olhar para a direita a fim de pegar a caneta e assinar na linha; assim vocês acabaram de estimular uma conexão emocional subconsciente com a compra. Se o cliente já chegou às etapas finais do negócio e está diante de uma caneta, essa ação provavelmente vai reforçar ainda mais a satisfação ao comprar o veículo. Tentem usar essa estratégia alguns passos antes no processo. Usem seus jargões mais calorosos enquanto apontam para o carro de modo que o cliente olhe para baixo e para a direita na direção do veículo. Digam-lhes enquanto deslizam o catálogo do carro pela mesa, para que o cliente baixe o olhar à direita novamente.

E se você for o cliente, mova a caneta para a esquerda a fim de que consiga calcular se o negócio vale a pena ou não.

ADVOGADOS E JÚRIS

Os tribunais não são ambientes cotidianos, nem mesmo para advogados, e são particularmente desconhecidos para o restante de nós. Os aparatos e rituais por si só podem induzir tanto estresse que estabelecer uma linha de base se torna altamente desafiador. Se você é advogado, "fechar o negócio" consiste em conduzir um bom questionamento e determinar as motivações e os estilos de aprendizagem de potenciais jurados e testemunhas. Se você está do outro lado das perguntas, seu trabalho é simples: permaneça calmo e diga a verdade.

Seleção dos jurados

Allan R. Stein, professor da Escola de Direito da Universidade Rutgers e coautor de um livro de casos em processos civis, ressalta que, na seleção dos jurados, a regra é "há muitas regras". Ao redor do país, há variações em uma série de elementos. Quem faz as perguntas? São perguntas pré-preparadas, obrigatórias para cada grupo de potenciais jurados? O defensor pode fazer perguntas abertas? O juiz aceitará perguntas dos advogados?

Uma questão auditiva ou de controle visual que lhe revele se a pessoa possui uma memória orientada à esquerda ou à direita é o que você precisa para estabelecer sua linha de base. Com essa informação você terá uma visão geral da inclinação de uma pessoa, mesmo que as perguntas posteriores sejam respondidas com "sim" ou "não". Os pensamentos cognitivo e emocional estão, segundo minha experiência, sempre nos mesmos pontos: os olhos vão para baixo e para a direita quando a parte emocional do cérebro é acessada, e se direcionam para baixo e para a esquerda quando as funções cognitivas são acessadas.

Para perguntas abertas, a capacidade de permitir que a pessoa se recorde de memórias visuais ou auditivas pode ser a solução se o seu caso estiver estreitamente ligado a elementos fixados pela visão ou audição.

Linguagem corporal

Certa vez, viajei de avião ao lado de um advogado especialista em julgamentos. Estávamos retornando de Washington D.C., onde eu acabara de ministrar aulas de linguagem corporal. A conversa nos levou à história de uma defesa realizada por ele a favor de um homem acusado de estupro. O advogado havia apresentado o caso e, conforme se aproximou, notou uma jurada que olhava para ele e desabava em lágrimas. Ele se sentiu confiante de que tinha conseguido influenciá-la. No entanto, quando o júri condenou o homem em decisão unânime, ele perguntou à moça o porquê de sua reação. Ela respondeu que, ao olhar para ele, não conseguia imaginar como alguém podia defender aquele filho da puta que estava sendo julgado.

Ele fizera uma suposição genérica baseada em um momento pontual – uma pequena peça do quebra-cabeças da linguagem corporal. O desafio é reconhecer padrões de comportamento antes de tirar conclusões precipitadas a partir de uma única reação.

Questionamento

Perguntas eficientes obtêm o máximo de informação no menor tempo possível. Essa é a missão declarada do interrogatório, e seu objetivo ao usar tais ferramentas. Manter um bloco de anotações, virtual ou real, lhe permite continuar no caminho certo, usando as questões corretas para conduzir as respostas na direção adequada.

Suas perguntas devem ser claras e concisas e, na maior parte dos casos, devem provocar uma resposta discursiva. A razão primordial para uma resposta narrativa é a habilidade de corroborar ou refutar fatos cedo ou tarde durante o questionamento. Perguntas como "Explique a situação..." permitem o livre pensar e deixam a mente do outro decidir quais informações serão dadas e quais serão omitidas. Quando as perguntas seguem esses formatos, bloqueiam as opções e levam a fonte a espiralar dentro da sua esfera de controle. Boas perguntas incentivam a fonte a recordar informações exatamente como foram armazenadas e permitem ao interrogador monitorar as respostas.

Perguntas pré-preparadas

Advogados são semelhantes a interrogadores em sua adaptabilidade e mutabilidade no expediente diário. Na Inteligência aplicada aos Negócios, usamos um modelo chamado "resumo de apoio à inteligência" para ajudar na compreensão de conceitos e tipos de perguntas a fazer. Com base nisso, criamos perguntas pré-preparadas para tópicos específicos que são detalhados ou técnicos demais para memorizar. Levando em conta que é preciso tornar-se especialista por um dia, isso também deve ser tremendamente útil para advogados.

Perguntas ruins

Você já ouviu dizer que uma pergunta nunca pode ser ruim? Pura bobagem. Aqui estão algumas péssimas perguntas no contexto do tribunal:

- Perguntas condutoras podem ser destrutivas para a busca da verdade, mas também fazem você perder detalhes importantes ao negligenciar as pistas que a fonte revela. ("Quão mal você se sentiu depois de atirar nele?" em oposição a "Como você se sentiu depois de atirar nele?")
- Perguntas negativas criam um dilema confuso para qualquer um que não seja um gramático experiente. ("Por que você não deixou de ir à livraria depois que terminou as compras?")
- Perguntas compostas permitem à fonte escolher ambas as respostas ou qualquer uma delas. Elas desperdiçam seu tempo e causam confusão. Além disso, também oferecem uma oportunidade perfeita para desviá-lo do caminho. ("Você fechou aquele ônibus escolar no trânsito ou dirigiu até a igreja no carro vermelho?")
- Perguntas vagas permitem à fonte redirecionar a conversa. ("Quando você chegou à loja, parecia que havia muitas pessoas observando coisas ao redor?")

Dicas

As dicas são simplesmente os ganchos no meio da conversa ou as respostas que direcionam a mente para um novo tópico. Pense nas idas e vindas das conversas cotidianas. Se não conseguir definir prioridades para essas pistas, ficará como um esquilo perdido no meio da estrada. As dicas podem ser classificadas em três tipos:

1. **Quentes:** são mais importantes do que sua linha atual de perguntas e devem ser exploradas imediatamente.
2. **Frias:** são relevantes, mas podem esperar até a conclusão da linha de questionamento em curso.
3. **Enganosas/desinformativas:** sua fonte deliberadamente plantou informações que soam como suculentos petiscos na forma de dicas quentes, mas servem apenas para desviá-lo do caminho.

Fazer a transição na conversa a partir de uma dica quente devidamente utilizada requer prática. Sem a ajuda de anotações para lembrá-lo de onde parou, as chances de retornar ao ponto correto são baixas. Tenho usado anotadores para me manter informado sobre o ponto exato onde deixei o percurso. Também costumo manipular a conversa até uma palavra-chave que certamente ressurgirá no instante em que eu terminar de explorar as possibilidades da dica.

Assim como os interrogadores, os advogados do tribunal trabalham em busca de um objetivo e dentro das restrições de tempo. Para tornar seu tempo mais produtivo, basta usar as ferramentas, os tipos de personalidade e a linha de base, além de aplicar o estresse, abordagens eficientes e um bom questionamento para explorar informações. Em última instância, o verdadeiro desafio consiste em vincular a percepção de sucesso dos jurados ao seu sucesso. Limite as conclusões ao que for bom para você e para o júri, ou ao que for considerado fracasso para o júri, caso o seu sucesso não seja considerado.

No julgamento de Susan Smith, na Carolina do Sul, o júri rapidamente a declarou culpada de assassinato. Na etapa da sentença, essa mulher condenada por matar seus dois filhos foi sentenciada à prisão perpétua em vez de à morte na cadeira elétrica. Mais tarde, os jurados disseram que a decisão foi baseada em parte na proximidade da comunidade e no impacto da dor sofrida pela família de Susan durante o julgamento. Esse é um exemplo claro de conciliação entre o sucesso do argumento e o bem-estar do júri. É uma decisão binária que só permitirá o sucesso do jurado se Susan também sair ganhando.

SEÇÃO V: AUTODEFESA

Capítulo 14

COMO EVITAR SER VÍTIMA DESTAS TÉCNICAS

Você pode ter pulado direto para este capítulo por suspeitar que alguém esteja usando estas técnicas com você – e não com boas intenções. Deixe-me assegurá-lo de algo: você não precisa saber como usar as técnicas para ser capaz de reconhecer que está sendo vítima delas. Você perceberá as táticas para ganhar influência sem precisar saber exatamente o nome delas. Você se sentirá escrutinado. Primeiro, pergunte-se por que essa pessoa faria isso. Segundo, considere que, se alguém foi tão longe nos esforços para extrair informações de você ou forçar uma mudança, talvez você deva sair dessa relação imediatamente. O caminho mais simples para a autodefesa poderia ser um divórcio ou um novo emprego.

O conselho de autodefesa mais básico que posso oferecer é que você diga: "Não brinque comigo" quando tiver certeza de que outra pessoa está tentando manipulá-lo com estas técnicas. Uma defesa ligeiramente mais complexa é manter-se consciente a respeito da direção para onde se movem seus olhos e quais emoções seu corpo deixa transparecer. O resto deste livro lhe dará pistas de como se tornar autoconsciente.

Você saberá com certeza que alguém está usando essas técnicas em você se sentir-se um cavaleiro ruim guiando um bom cavalo. Testemunhei um cavaleiro inexperiente montando um cavalo cuja especialidade na vida era carregar pessoas. Ele usou as rédeas e alguns chutes na tentativa de controlar o comportamento do animal.

Sem qualquer cerimônia ou demonstração de emoções, o cavalo se aproximou de uma cerca e esfregou a perna do cavaleiro com tanta força que ele implorou por misericórdia. Se é assim que você se sente, precisa saber como agir para que essa pessoa se afaste da cerca.

SOBREVIVENDO NO CATIVEIRO DOS NEGÓCIOS

Em uma reunião na qual seu empregador ou colega de trabalho depreciam sua performance ou juízo, você precisa adotar o mecanismo de sobrevivência de um refém. A situação poderia ser uma disputa frente a frente com um chefe que deseja demiti-lo, ou uma grande reunião na qual alguém quer que você perca espaço. Enquanto desempenha o papel de funcionário da empresa, você necessita de *feedback* constante de seu empregador. Não se trata do seu "eu" completo – esse é apenas um de seus papéis –, mas esse papel está sendo atacado nesta reunião. O ataque é potencialmente fatal para sua posição na empresa. A única coisa que você precisa fazer é sobreviver. Os passos para fazê-lo são:

- **Mostre-se humano**: o indivíduo que está atacando você precisa vê-lo como um ser humano em sua totalidade. Em março de 2005, durante o encontro de Ashley Smith com o assassino Brian Nichols (ela foi a empática garçonete que convenceu o assassino em série a se entregar após ele invadir seu apartamento), ela fez perguntas a ele e contou-lhe fatos pessoais que criaram uma conexão entre os dois. Quando o assassino passou a conhecê-la como ser humano, sua capacidade de machucá-la diminuiu. Se o seu chefe chamar você com a intenção de demiti-lo, certifique-se de que ele o vê como uma pessoa, e não como um objeto, e que essa pessoa é parte integral de seus negócios diários. Você precisa se conectar com ele a fim de assegurar que seja visto como um aliado, de modo que a atenção aos seus interesses seja equivalente ao cuidado com os próprios interesses dele. Alguém – talvez ele mesmo – escolheu você especificamente para essa função. Demiti-lo, portanto, soa mais como um equívoco da parte dele do que como uma ação necessária e objetiva. (Perceba como essa é uma virada no conselho do Capítulo 11 a respeito de demissões: se você está do outro lado, deve se focar na função, e não na pessoa como um todo. Em nenhum dos casos, contudo, o funcionário é um objeto.)

- **Invista no que você faz de melhor:** eu posso trazer à tona minha parte mais confiante, poderosa e instruída. Ashley Smith buscou em seu lado espiritualizado, cuidadoso e confiável. Você pode encarnar o nerd que sabe solucionar problemas que ninguém mais é capaz de resolver, ou o cara legal que levanta o moral quando todos os outros funcionários estão para baixo.

SOBREVIVENDO NO CATIVEIRO DO AMOR

A melhor autodefesa em uma discussão amorosa, assim como nos negócios, é personalizar o argumento a fim de tornar perigoso para a outra pessoa continuar com essa linha de pensamento, porque atacar você significaria atacar a ela mesma. Você quer que a pessoa tenha interesse em mantê-lo intacto. Fundamentalmente, é uma variação do argumento utilizado com seu chefe que tentava demiti-lo: "Você me escolheu e é uma pessoa inteligente, então como eu poderia ser ruim?".

Infelizmente, nas discussões privadas, sabemos que não é tão simples. Talvez o melhor seja sair da situação com algum autorrespeito. Enquanto alguém está atacando você verbalmente, procure pelas fraquezas da pessoa. Não refute de imediato – nem em qualquer outro momento. Apenas guarde os erros factuais, as inconsistências lógicas e as reações emocionais. Deixe que essas idiotices construam sua resistência enquanto a pessoa estiver tentando derrubá-lo.

Não caia na lógica circular. Ela não passa do uso equivocado de uma única etapa do pensamento como princípio fundamental de todo o processo.

Esta é a montanha mais difícil de se escalar nessa região.

Como eu escalei essa montanha, estou em forma.

Como estou em forma, posso escalar montanhas.

Como escalei essa montanha e isso exigiu muito de mim, mas estou em forma, essa só pode ser a montanha mais difícil de escalar de toda a região.

Vivemos uma época em que nossas vidas se encontram tão saturadas pela mídia que podemos ter dificuldades em separar o fato da ficção. Toda vez que estiver lidando com alguém que não consegue definir a razão de algo, desafie a pessoa a descobrir de onde veio isso; volte ao Capítulo 7 e à discussão sobre teorias da conspiração e lendas urbanas. Na maior parte das vezes, você vai descobrir que o argumento mora na suposição original para sustentar sua existência. A lógica circular em discussões permite a alguém que o arraste para um caminho distorcido sem fundamentação em fatos. Quando uma pessoa projeta os próprios fracassos em você por tê-la contratado, de modo que a demitir refletiria em você mesmo, isso é a lógica circular. Defenda-se dela com a lógica realista.

Quando eu era um Especialista (E4) de 21 anos, um brigadeiro gritou comigo por 45 minutos ininterruptos. Como parte de sua bravata, ele me lançou alguns palavrões e esbravejou: "Você nunca vai usar insígnias verdes no meu batalhão!". Insígnias verdes são uma designação simbólica concedida aos membros da infantaria e tropas de combate quando alcançam um posto de liderança. Eu não tinha uma Especialidade Ocupacional Militar, ou MOS, que me qualificaria para ganhar as insígnias verdes. Depois de 35 anos no Exército, esse cara devia saber disso. Sua ignorância me divertiu, o que me distanciou de sua fúria. Esse é exatamente o tipo de estupidez na qual você deve se focar quando alguém está enraivecido.

Outra parte de sua estratégia de autodefesa consiste em revelar para a pessoa como ela pode atacar você. Por exemplo, eu quero que você me ataque por ser um moleque ruivo com orelhas de abano, porque sei como me defender disso. Mas não quero que você me ataque por minha incompetência em consertar o telhado, ou minha procrastinação do conserto que está transparecendo. Se me sinto culpado por essas coisas, minhas defesas se tornam mais fracas .

O que seu parceiro estaria mais inclinado a usar para atingi-lo? Você é gordo. Você é magro demais. Você tem um nariz grande. Você é vencido pelos obstáculos. Você se choca contra os obstáculos. Você reprovou a oitava série. Você é um péssimo cozinheiro. Você está desempregado. Você não sabe soletrar. Você bebe demais. Seja o que for, você já conhece os próprios defeitos. Fixe, em sua mente, uma palavra-chave que o coloque em um forte estado defensivo, e faça-a reverberar repetidamente toda vez que alguém usar sua fraqueza para atacá-lo. Seja capaz de pensar: "Se isso é tudo o que tem, então você não é de nada. Há muito mais sobre mim além disso, e você não pode me atingir".

Para reiterar, eis três técnicas que vão ajudá-lo a sair da discussão com uma boa dose de autorrespeito e lucidez:

- Neutralize o efeito dos ataques verbais focando nos erros cometidos.
- Projete a parte de você que a pessoa pode atacar. Foque a atenção em algum aspecto seu do qual facilmente poderá se defender. Evite quaisquer palavras e ações que o coloquem em modo límbico.
- Ative seu campo de força. Você vive com essa pessoa e conhece as bases para os ataques dela ou dele. Tenha pensamentos protetivos firmemente plantados em sua mente: "Se eu ouvir X, eu penso em Y".

E quando sentir que está caindo em um modo límbico, saia dessa imediatamente. Visualize a situação. Imagine quanto custaria tirar uma semana de férias em Cancun. Tome qualquer outra atitude que o traga de volta ao pensamento cognitivo.

ANTECIPANDO MÉTODOS DE GANHAR INFLUÊNCIA

As abordagens para ganhar influência que você está propenso a usar nos negócios são as mesmas que quer que usem com você. Com isso, quero dizer que sua melhor defesa contra alguém usando adulação, apelo emocional ou um discreto suborno para conseguir informações ou ações de você é incitar uma abordagem para a qual esteja preparado. Você decide quem entra na dança, e não escolherá para isso a sua parte vulnerável.

Por exemplo, é possível convidar a uma abordagem crítica revelando que se sente inseguro a respeito de algo. Seus cabelos estão ficando brancos, então você os colore ou usa um chapéu para disfarçar esse sinal de envelhecimento que o deixa "desconfortável". Então, será isso o que a pessoa tentará usar para exercer poder. Ótimo, pois você não tem problemas com o amadurecimento e, não importa o que o outro diga, você é resistente a esse tipo de abordagem. Ele pode continuar insistindo chamar você de "bruxa velha", mas não aumentará a influência sobre você.

A vantagem desse tipo de situação abusiva é o fato de você permanecer no controle de suas emoções. Você tem a distância de que necessita para de fato compreender o que a pessoa está tentando forçá-lo a fazer ao invés de simplesmente reagir ao insulto.

Em uma situação de negócios, um modo fácil de influenciar a abordagem alheia é colocar certos tipos de adereços nas paredes de seu escritório. Pendure suas graduações, seus prêmios e uma foto sua com o presidente dos Estados Unidos e certamente ouvirá bajulações. Fotos de sua esposa e família convidam a uma abordagem emocional. Você quer falar sobre sua família – é simples; e as fotos estimulam essa conversa. Falar sobre ela não confere à pessoa vantagem alguma sobre você. Ao mesmo tempo, você obtém uma linha de base com o outro para conduzir a própria abordagem. Se quer que alguém use incentivos como método para exercer influência, indique o que é importante para você: fama, dinheiro, liberdade, bons aplicativos para seu celular e assim por diante.

COMBATENDO MÉTODOS DE GANHAR INFLUÊNCIA

Os métodos que você provavelmente vai encontrar no amor e nos negócios têm defesas bastante simples. Sugeri algumas aqui, e você poderá encontrar outras inúmeras. No entanto, o que todas as defesas têm em comum é a necessidade de permanecer ou retornar ao pensamento cognitivo.

- **Não responda sempre às perguntas diretas**: condicione a pergunta a fim de conduzir a conversa para outra direção.
- **Pondere incentivos**: nada é dado de graça nos negócios. Se alguém se oferece para aplacar suas necessidades em proporções extraordinárias, procure pela etiqueta de preço oculta. Não tome decisões imediatas baseadas no que parece uma abordagem de incentivo. Tome distância, em termos de tempo e espaço, entre você e a pessoa antes de responder à oferta. Em um relacionamento, a história muda: há dádivas de amor sem compromisso. Uma oferta como essa, entretanto, não constitui uma abordagem estratégica. A abordagem de incentivo em um relacionamento significa que seu cônjuge ou parceiro quer uma concessão ou atitude de você e está disposto a suborná-lo com sexo, um jantar ou um dia inteiro cuidando das crianças. A mesma orientação dada aos negócios se aplica aqui: não responda imediatamente. Tomar distância da pessoa e da oferta irá melhorar sua perspectiva.
- **Mantenha suas emoções em particular:** não deixe que alguém em uma reunião de negócios saiba o que você ama ou odeia. Em um relacionamento, não há essa opção, então sua melhor defesa ainda é o pensamento cognitivo. Quando sentir que alguém está forçando-o na direção de um resultado indesejável usando seu amor pelos filhos e pelo lar ou mesmo a raiva pela sua sogra, recorra a uma das técnicas que sugeri para acionar seu cérebro de primata.

- **Rejeite qualquer sugestão de futilidade**: a abordagem de futilidade no amor e nos negócios é ridícula. Apenas não ceda a isso. Sempre há outras opções.

DESVIANDO

Um método comum para rastrear pistas que parecem insignificantes, mas rendem enormes ganhos, é por meio de conversas que se arrastam indefinidamente e parecem não chegar a lugar algum. De tempos em tempos, o interrogador fará uma pergunta que pode ou não sinalizar interesse real. Algumas pessoas aprenderam a fazer isso de modo a extrair valiosas informações de negócios em festas. Outras também aprenderam que essa tática funciona para levar alguém para casa depois do bar. Sem dúvida, você já se deparou com alguém assim em algum nível e depois pensou: "Eu não acredito que disse isso a ela!". O verdadeiro truque aqui é assumir o controle da situação e guiar a conversa a um fim inútil. Todos conhecem alguém que faz isso naturalmente. Uma vez trabalhei com uma interrogadora que, por sua própria natureza, desviava todas as conversas para falar sobre cavalos. Isso enlouquecia a maioria das pessoas, mas eu conseguia tolerar. Eu também conseguia desviar a conversa porque sabia o suficiente sobre cavalos para fazer perguntas que ela não conseguia responder confortavelmente.

Se você sabe que alguém está coletando informações, transfira o assunto para algo que não tenha caminho de volta. Foque em um conceito ou palavra que vai desviar a conversa para tão longe que não haverá retorno. Você cumprirá seu objetivo de evasão sem parecer mal-educado. Por exemplo, você encontra a representante de outra empresa na recepção de uma conferência, e ela fala sobre as viagens que fez recentemente. O objetivo da moça é descobrir se você também tem viajado bastante, porque os lugares onde você esteve podem oferecer uma pista sobre os novos mercados em que sua empresa pretende penetrar. Você abre um grande sorriso e diz: "Finalmente encontrei um jeito de viajar que adoro. Eu e minha esposa montamos na minha Harley e caímos na estrada. Faz sua própria vizinhança parecer exótica! Você já viajou de motocicleta alguma vez?". Nesse momento, puxar você de volta para uma conversa sobre negócios não se torna apenas difícil, mas provavelmente também confirmará suas suspeitas sobre as razões dela para tocar no assunto.

Olhe para o desafio de outro ângulo: você é o mentiroso da conversa. Você se dá conta de que alguém o está questionando porque não acredita em sua história. Você ouve perguntas relacionadas ao horário da ocorrência, à natureza do evento, à sequência de ações ou outras exigências que parecem destacar uma curiosidade indevida. Esteja mentindo ou não, você pode usar a pergunta para conduzir o cético curioso por um caminho de sua escolha.

Você acabou de mentir por omissão a respeito de sua corrida matinal. Disse que estabeleceu um novo recorde pessoal ao fazer 12 km/h e que correu quase 13 quilômetros. Na verdade, você correu uns 2 quilômetros a 12 km/h e mais uns 6 quilômetros a 9 km/h. A pessoa pergunta a que horas você saiu de casa; ela estava pensando em chamá-lo esta manhã, mas não tinha certeza sobre o horário que você costuma despertar. Então você responde que levantou às 6h30 e estava na porta por volta das 6h45. Em algum momento mais tarde, ela encontra uma maneira casual de lhe perguntar a que horas retornou da corrida. Sua resposta para que ela não examine sua mentira pode ser algo como: "Eu sei exatamente a que horas eu voltei porque meu relógio tem uma função que me ajuda a cronometrar minhas corridas. Na verdade, tem até um monitor cardíaco. Já viu um desses? É incrível. Deixe-me mostrá-lo". E então você sorrateiramente fez uma manobra para se esquivar da verdade – pelo menos por enquanto.

Não recomendo essa prática. Mentiras inúteis e aparentemente inofensivas como essa podem assombrá-lo mais do que você imagina.

Você também pode estar na ponta que recebe o desvio. Sem a mínima reflexão a respeito, as pessoas costumam minar o controle que um chefe ou parceiro está tentando estabelecer dando-lhe respostas atrapalhadas e constrangidas. Você chama um funcionário para discutir uma falha de desempenho e ele olha para o relógio e diz que tem apenas cinco minutos porque está tentando resolver um problema que você mesmo delegou. Você diz ao seu parceiro que deseja falar sobre o orçamento da família, e ele começa a agradecer o maravilhoso jantar de aniversário que você fez. Articular as razões específicas do encontro é essencial para centrar a conversa e ajudá-lo a recuperar o controle. Pense sempre: por que você está falando com essa pessoa, nesse momento e sobre esse assunto?

EVASÃO

Condicionar a pergunta é uma manobra de evasão projetada para ocultar os fatos. Ela permite que você responda dizendo a verdade – ou seja, o que for verdadeiro para você –, mas não diz ao questionador o que ele quer saber.

Quando o presidente Clinton disse: "Não tive relações sexuais com essa mulher" em resposta à questão sobre Monica Lewinsky, ele condicionou a pergunta. E, desde a análise jurídica até as piadas sobre o assunto, o comentário suscitou um debate sobre o que significa dizer a verdade, porque as pessoas sabiam que o interrogador esperava um "sim" ou "não" como resposta. Ao invés disso, o presidente Clinton respondeu com uma declaração que refletia a verdade para ele.

Recentemente, participando de um programa de TV britânico sobre técnicas de interrogatório, comecei meu questionamento a um dos "prisioneiros" voluntários com: "O que você estava fazendo lá?". Ele respondeu: "Eu não estava fazendo nada de errado". O homem olhou diretamente nos meus olhos e disse a verdade, mas obviamente não estava respondendo à *minha* pergunta.

Quantas vezes você reagiu dessa forma a assuntos embaraçosos? Sua mulher diz: "Querido, o carro está com um arranhão feio do lado do passageiro. Você bateu em algo?". Sua resposta é: "Eu não bati em nada!".

A verdade é que você deixou escapar um carrinho de supermercado abarrotado e ele raspou a lateral do carro. A propósito, a esposa desse homem saberia que ele estava escondendo a verdade se o marido costumasse usar contrações na linguagem, mas não o fizesse na afirmação em particular. Tais divergências nos padrões de fala acentuam a mentira.

Condicionar a pergunta ou moldá-la convenientemente é uma técnica utilizada para perpetuar a desonestidade sem (tecnicamente dizendo) mentir. Então, como vencer o astuto jogo de palavras e desmascarar o sujeito que está tentando enganá-lo em algum nível? Ao mentir, você emite sinais auditivos – volume, tom de voz e escolha de palavras – que se associam a alterações na postura corporal, microexpressões faciais e outros indicadores que descrevi anteriormente.

EXERCÍCIO

Ouça embaixadores, legisladores e outras autoridades no noticiário. Com que frequência eles respondem "sim" ou "não" a perguntas diretas? Com que frequência condicionam a pergunta e dão uma resposta ensaiada?

NEUTRALIZANDO

Para neutralizar uma situação de confronto em potencial, particularmente se alguém está tentando rebaixá-lo na frente de outras pessoas, confie em seus talentos e bagagem. Esse é o momento de ser engraçado, erudito, despretensioso ou o que vier naturalmente para mudar os estados emocionais das pessoas ao redor ou mesmo descarrilar alguém em uma linha de questionamento.

Nos Estados Unidos, a forma com que determinados termos são usados revela a origem da pessoa. Um nativo da Geórgia provavelmente vai usar "Coca" como um termo genérico para "soda", que é o mesmo que "refrigerante" na Pensilvânia. Um simples regionalismo como esse deixa as pessoas à vontade ao lembrá-las de um vínculo em comum. Uma expressão regional também pode acalmar os ânimos se o grupo nunca a tiver ouvido antes. Certa vez, durante uma conferência telefônica com pessoas de todas as partes do país, acalmei um grupo conflituoso ao dizer: "Vocês precisam me explicar a situação com clareza. Eu pareço um porco olhando para um relógio de ouro quando o assunto é finanças".[5] Com exceção dos texanos na linha, ninguém jamais ouvira a expressão, então eles riram e se tornaram muito mais flexíveis.

Agora, inverta a situação: preste atenção nesse tipo de gracejo se você estiver na ofensiva. Expressões regionais podem ser tão engraçadas e cativantes que não apenas o desviam do ponto, como humanizam a pessoa a um grau que torna difícil manipulá-la. Homens sulistas – e posso dizer isso porque sou um deles – são mestres em fazer comentários autodepreciativos. Se queremos que você pense que somos menos inteligentes, menos poderosos ou menos abastados, sabemos como fazer isso usando frases rudimentares.

Tradicionalmente, sulistas também não se tornam conflituosos com a mesma empolgação de alguém que veio do nordeste. Se você é da região sul e um associado de Nova Jersey aparece na sua frente, use todas as ferramentas possíveis para manter o pensamento cognitivo. Todas aquelas explosões, toda aquela linguagem – não significam nada, *galera*. E, se você é do nordeste, sabe que esse comportamento muito provavelmente vai colocar alguém do sul em modo límbico com rapidez. É possível acelerar seu processo apenas se comportando naturalmente, mas soará como uma abordagem intimidadora para a pessoa a quem está se dirigindo.

CRIANDO MEMÓRIAS

Eu nasci equipado para mentir. Tenho o tipo de mente que me permite imaginar as possibilidades a ponto de acreditar que são reais. Se você se encaixa no tipo de temperamento intuitivo/sensitivo, é provável que tenha esse "dom" também. Faça um teste: tente

5 Da expressão "Like a hog with a wrist watch", típica do sul dos EUA, que indica um estado de confusão diante de um assunto ou situação desconhecidos. (N.T.)

memorizar a visão de uma mentira simples – digamos, trocar um pneu furado esta manhã. Você consegue acessar esse fato em sua memória visual?

Mesmo meu cérebro, com suas qualificações singulares para a mentira, pode ser trapaceado sob muita pressão. Totalmente ciente disso, quando era aluno da escola SERE, carregava comigo uma foto da minha ex-esposa, outra do meu sobrinho e minha aliança. Meus interrogadores usaram contra mim a foto da minha esposa, uma loira, e meu sobrinho (suposto filho), que era moreno: "Como uma loira e um ruivo poderiam gerar um garotinho de cabelos castanhos?" eles gritaram enquanto se referiam à minha mulher com os termos mais insultuosos. Consegui lhes dizer em qual hospital ele havia nascido, quantos anos tinha, a data de seu aniversário, seu nome do meio e uma infinidade de outros detalhes. Isso foi simplesmente a transferência de fatos da vida do meu irmão para a minha, a fim de sustentar as informações. Para as pessoas que não conseguem visualizar mentiras enquanto fatos, a transferência é o melhor recurso. No entanto, esteja ciente de que isso não vai protegê-lo se estiver tendo pensamentos límbicos graves, e que suas chances contra um bom interrogador são poucas. No dia a dia, porém, a não ser que você trabalhe em um ramo mais obscuro, isso deve funcionar bem.

CONFRONTANDO

Comecei este capítulo recomendando um "não brinque comigo" como uma reação legítima contra um manipulador. Porém, às vezes, a confronto deve ser menos óbvio.

A linguagem corporal concentra um tremendo poder tanto para estabelecer controle quanto autodefesa. Todos sabemos que nas interações sociais e profissionais a estatura pode mudar o modo como você se relaciona com alguém, e mesmo estabelecer ou prejudicar o controle alheio. A despeito de seu tamanho, peso ou medidas do tórax, use o que tem para transmitir seu recado: "Não mexa comigo".

Sente-se com a postura ereta, incline-se para a frente, alinhe os ombros e use os braços para reger a situação, e então poderá comunicar poder independentemente de seu porte. Observe políticos de baixa estatura para obter algumas dicas de como fazer isso. Em *O Grande Ditador*, o personagem fictício Adenoid Hynkel, uma alusão a Hitler, interpretado por Charles Chaplin, brinca com a importância da estatura em uma cena em que encontra o personagem que parodia Mussolini, que é muito mais alto do que ele. O ditador falha ao tentar impressionar seu rival na disputa pela dominação mundial usando cadeiras de diferentes alturas, então Chaplin resolve subir em cima da mesa para encenar sua superioridade. Não recomendo que você faça isso, porque já vi uma variação dessa cena ao vivo em um país asiático e, acredite, ainda é uma piada.

Uma pessoa com determinados atributos físicos – aparência, peso, circunferência e até mesmo uma deficiência – pode se sobressair e ganhar vantagem apenas se estiver diante de alguém a quem falte confiança, ou fatos, ou neurônios, ou um plano.

A primeira coisa a manter em mente é que qualquer pessoa que confie primariamente em qualquer um desses aspectos externos para conseguir o que quer é apenas vulnerável. Usando sua confiança, fatos, cérebro e/ou um bom plano, você pode acabar facilmente com o poder relacionado a características físicas. O que está dentro da sua cabeça é a ferramenta mais poderosa que você tem, e não é uma questão de QI. É sua habilidade de pensar sob estresse, de adaptar suas habilidades a situações extremas e projetar seus resultados.

O impacto pretendido ao mostrar dominância física é fazê-lo sentir-se submisso. Não deixe que esse efeito o atinja. Se você suspeita que alguém está apostando nesse jogo com você, pergunte a si mesmo como se sente. Eles podem assumir o controle da reunião – às vezes é conveniente –, mas isso não significa que tenham controle sobre você.

DICAS RÁPIDAS PARA ALIVIAR O ESTRESSE

Mecanismos de alívio rápido do estresse podem ajudá-lo a recuperar o controle e a voltar ao pensamento cognitivo quando alguém está martelando sua cabeça. Teste estas dicas para descobrir o que o acalma mais rápido:

- Respire profundamente pelo nariz.
- Boceje.
- Imite um ruído de cavalo com a boca. Conforme suas bochechas vibram soltas, você relaxa os músculos faciais, o que afeta os níveis de tensão em todo o corpo. Esta é um pouco óbvia, mas, se você quer interromper a onda de pensamentos da pessoa enquanto se recompõe, funciona muito bem.
- Espirre. Em humanos, o espirro pode ser um reflexo fótico – ou seja, uma reação à luz. A reação de um cavalo é sacudir a cabeça. Eu descobri esse fato observando meus cavalos e imaginando qual era o comportamento correspondente em seres humanos. Pratique a indução de espirros na luz do sol ou com alguma luz brilhante em seu rosto. Apenas não olhe diretamente para o sol ou para a lâmpada. Se já tirou as sobrancelhas, deve ter sentido algo parecido e soltado um espirro, ou talvez tido a sensação de que estava prestes a espirrar.

QUANDO TUDO MAIS FALHAR

Você pode ter todas as ferramentas de que precisa para manobrar pessoas na direção dos resultados que deseja e ainda assim falhar. Por quê?

1. Você não tem autorrespeito e/ou autoconfiança suficientes para usá-las.

2. Você encontrou alguém com um núcleo irredutível, uma pessoa extremamente autoconsciente e confiante, e que possui ferramentas equiparáveis às suas.

Se você estiver na primeira categoria, não sou capaz de mudá-lo, mas posso oferecer conselhos fáceis de serem seguidos: realize seu planejamento e preparação. Ou seja, investigue sua fonte, preste atenção aos sinais faciais e à linguagem corporal, perceba rituais e táticas, pense não apenas sobre a melhor abordagem para as circunstâncias, mas também nas perguntas que precisa fazer. Mesmo que nunca tenha executado os próximos passos, terá se preparado para desmascarar um mentiroso.

Caso esteja na segunda categoria, divirta-se com ele ou ela. O provável resultado desse encontro é que ambos dirão a verdade. Que mal poderia sair disso?

CONCLUSÃO

Neste livro, nós usamos generalidades quando falamos sobre regras ou padrões de comportamento. Lembre-se, quando for aplicá-los ao seu dia a dia, de que seres humanos são criaturas complexas e que nenhuma pessoa incorpora totalmente um estereótipo. Todos temos nosso lugar em um *continuum*, que pode mudar de uma hora para outra. Algumas pessoas são habitualmente mais rígidas nos movimentos; outras são mais fluidas. Por essa razão, não faça projeções. Procure ter uma linha de base e monitore as variações. Pare de preencher lacunas das outras pessoas com projeções (é uma tendência natural) e você ficará surpreso ao saber o que elas realmente estão tentando dizer.

Uma das razões pelas quais você não deve usar estas técnicas com pessoas com que esteja pessoalmente envolvido é o fato de que a sensação de ser manipulado pode despertar sentimentos de euforia. Você não esperava por isso, não é mesmo? Na realidade, sua especialidade em explorar os sentimentos das pessoas e guiá-las para os resultados designados por você pode aumentar seu charme. De certa forma, você se torna, pelo menos enquanto está por perto, mais atraente. O inconveniente é que, quando você sai de cena, pode deixar um gosto residual. A pessoa começa a perceber que estar em sua presença causa uma sensação boa, mas se pergunta por que a desconfiança se instala depois que você vai embora. Essa percepção pode ter um efeito perturbador em um relacionamento.

Vendedores que manipulam efetivamente o comportamento de seus clientes – usando as técnicas de forma consciente ou apenas "agindo naturalmente" – enfrentam um problema semelhante: eles precisam manter contato constante para assegurar que o cliente se sinta bem. É claro que, se o manipulador trabalha em uma loja de eletrônicos ou em uma empresa de telemarketing, essa pessoa não teria razão para se importar com o bem-estar do cliente e provavelmente não daria a mínima. Mas, como cliente, você está propenso a associar um sentimento de repulsa ao produto que comprou e/ou à empresa.

Uma consequência não intencional deste livro é a possibilidade de você, pelo menos inicialmente, se sentir muito transparente e vulnerável. Uma vez que você começa a compreender quão fácil é ler as pessoas e entender seu comportamento, pode se tornar obsessivo por cada movimento que faz. Relaxe. E pratique. Dessa forma, você sempre estará um passo à frente.

GLOSSÁRIO

Adaptadores: ações que aliviam o estresse e relaxam o corpo para aumentar o nível de conforto.

Barreiras: posturas e gestos que usamos quando estamos desconfortáveis.

Choque da captura: sensação de ser esmagado pelos acontecimentos repentinos e anormais em uma situação de aprisionamento; o choque de captura pode ocorrer em qualquer situação em que o indivíduo vivencie a perda brusca de controle e normalidade nas mãos de outra pessoa. É o estágio mais extremo do desalinhamento das expectativas.

Condicionar uma pergunta: oferecer respostas que não correspondem exatamente ao que foi questionado. Por exemplo: "Você teve uma reunião esta manhã?, "Eu me juntei a dois caras no escritório para verificar algumas coisas".

Desalinhamento de expectativas: expectativa baseada em um conjunto de premissas que não são mais válidas. É usada por interrogadores e parceiros abusivos, por exemplo, para deixar o sujeito se perguntando. "Como posso fazer isso parar?" ou "Como posso agradar essa pessoa?".

Dica da fonte: informações que a fonte solta durante a conversa, as quais o interrogador pode considerar valiosas para aprofundamento. Por exemplo, em uma entrevista de emprego, o candidato pode dizer: "Obrigado por marcar às nove horas" porque ele tem um torneio de golfe ao meio-dia; o entrevistador pode voltar a esse ponto para determinar se o golfe teria preferência em relação ao trabalho.

Direito natural: algo tangível ou intangível a que você acredita ter direito, como fidelidade, amor, uma casa limpa, respeito ou permissão para usar o carro toda tarde.

Filtro: mecanismo interno que interpreta estímulos. Filtros podem ser sensoriais, culturais, religiosos, étnicos, físicos, raciais etc.

Interrogatório sutil: estilo de interrogatório creditado ao interrogador alemão Hanns Scharff, que usava técnicas para ganhar a confiança dos prisioneiros. O método baseia-se na compreensão do comportamento humano e da psicologia, em oposição a qualquer tipo de crueldade física.

Linha de base: estratégia que determina como uma pessoa se comporta ou fala sob circunstâncias normais ou de baixa tensão.

Lógica circular: retornar a um pressuposto para fazer um comentário, ou usar um fato para sustentar outro precedente. Por exemplo: "Conheço três crianças canhotas que são muito espertas. Crianças canhotas são espertas. Molly é canhota, logo ela certamente é esperta".

Memórias dependentes da condição vigente: memórias de eventos ou circunstâncias que ocorreram durante um estado emocional alterado e que podem ser recuperadas ao retornar a tal estado. Por exemplo: uma memória formada durante uma intoxicação pode ser acessível somente no mesmo estado de torpor.

Memórias ocultas: quando o sistema límbico transfere informações para a memória em um estado altamente emocional, a lembrança do ocorrido pode surgir de maneiras imprevisíveis; um beco escuro é capaz de despertar uma memória de estupro, por exemplo.

Modo límbico: estado em que as emoções se apoderam da pessoa; perda da habilidade cognitiva.

Passa pra frente-passa pra trás: retirada do gerenciamento de projetos, é a habilidade de mover-se por uma sequência de eventos em ordem cronológica e reversa para examinar relações interdependentes. Constitui uma forma de responder à pergunta:

"Os elementos da história fazem sentido na ordem e na linha do tempo usadas pelo mentiroso?".

Pergunta composta: questão que embute duas ou mais perguntas em uma: "Você está indo à loja ou ao aeroporto?".

Pergunta condutora: pergunta que projeta a resposta na própria questão. Por exemplo: "Quão envergonhado você está por avançar o sinal vermelho?" ao invés de "Descreva suas ações na intersecção entre a Avenida Principal e a Oitava Avenida ontem às 11h30".

Pergunta controlada: pergunta cuja resposta você já sabe.

Pergunta em tom de conjectura: pergunta que convida à imaginação, como em: "Como teria sido sua viagem se...?". É valiosa para determinar para onde um sujeito olha enquanto constrói uma história, ao contrário de quando se recorda de alguma.

Pergunta repetida: a mesma pergunta feita com palavras diferentes. É usada como um meio de determinar se a fonte está dizendo a verdade.

Pergunta vaga: pergunta nebulosa que pode simplesmente ter sido mal formulada ou está sendo usada para desviar do ponto principal da conversa. Por exemplo: "Quando você foi ao hotel, parecia que muitas pessoas estavam apenas passeando pelo saguão?".

Reger: usar uma parte do corpo (braço, dedo ou joelho caso esteja sentado) para reforçar um argumento importante. É chamado assim porque a pessoa usa a parte do corpo como o maestro usa a batuta para conduzir a orquestra.

Síndrome de Estocolmo: senso de vínculo que o prisioneiro desenvolve pelo seu captor. Consciente ou inconscientemente, o captor convence a pessoa de que a única maneira de sentir-se digna novamente é cooperando.

Vaguear: falar de modo que o final das frases praticamente desapareça; podem ser sílabas murmuradas, lenga-lenga ou apenas o ato de baixar a voz. Algumas pessoas vagueiam enquanto falam normalmente, outras fazem isso apenas quando não querem que você ouça o que estão dizendo.

BIBLIOGRAFIA

DAMÁSIO, A. *The Feeling of What Happens*: Body and Emotion in the Making of Consciousness. Orlando: Harcourt, 1999.

DOBSON, M. *GamePlan for Getting Results with Project Management*. Arlington: GamePlan Press, 2010.

EKMAN, P. *Telling Lies*. New York: w.w. Norton, 1991.

HARTLEY, G.; KARINCH, M. *The Body Language Handbook*. Pompton Plains: Career Press, 2010.

_________. *Get People to Do What You Want*. Pompton Plains: Career Press, 2008.

HOHL, D.; KARINCH, M. *Rangers Lead the Way*. Avon, Mass.: Adams Media, 2003.

HOWARD, P. J. *The Owner's Manual for the Brain*: Everyday Applications from Mind-Brain Research. Austin: Bard Press, 1999.

MORRIS, D. *Manwatching*: a Field Guide to Human Behavior. New York: Abrams Books, 1979.

TIPOGRAFIA	ALÉGRE SANS E BEMBO
PAPEL DE MIOLO	OFF SET 90 /m²
PAPEL DE CAPA	CARTÃO 250g/m²
IMPRESSÃO	IMPRENSA DA FÉ